Tom H. Lautenbacher

Die Entwicklung von Geschäftsideen

Tom H. Lautenbacher

Die Entwicklung von Geschäftsideen

Ein Leitfaden zur systematischen Erzeugung, Bewertung und Auswahl von Ideen für neue Geschäftsfelder im Rahmen des Internal Corporate Venturing

VDM Verlag Dr. Müller

Impressum/Imprint (nur für Deutschland/ only for Germany)
Bibliografische Information der Deutschen Nationalbibliothek: Die Deutsche Nationalbibliothek verzeichnet diese Publikation in der Deutschen Nationalbibliografie; detaillierte bibliografische Daten sind im Internet über http://dnb.d-nb.de abrufbar.

Coverbild: www.ingimage.com

Verlag: VDM Verlag Dr. Müller GmbH & Co. KG
Dudweiler Landstr. 99, 66123 Saarbrücken, Deutschland
Telefon +49 681 9100-698, Telefax +49 681 9100-988
Email: info@vdm-verlag.de

Herstellung in Deutschland:
Schaltungsdienst Lange o.H.G., Berlin
Books on Demand GmbH, Norderstedt
Reha GmbH, Saarbrücken
Amazon Distribution GmbH, Leipzig
ISBN: 978-3-639-32386-3

Imprint (only for USA, GB)
Bibliographic information published by the Deutsche Nationalbibliothek: The Deutsche Nationalbibliothek lists this publication in the Deutsche Nationalbibliografie; detailed bibliographic data are available in the Internet at http://dnb.d-nb.de.

Cover image: www.ingimage.com

Publisher: VDM Verlag Dr. Müller GmbH & Co. KG
Dudweiler Landstr. 99, 66123 Saarbrücken, Germany
Phone +49 681 9100-698, Fax +49 681 9100-988
Email: info@vdm-publishing.com

Printed in the U.S.A.
Printed in the U.K. by (see last page)
ISBN: 978-3-639-32386-3

Vorwort

Aufgrund der hohen Dynamik und der zunehmenden Kurzlebigkeit von Geschäftsmodellen hat es sich für Unternehmen in der heutigen Wettbewerbssituation zu einer entscheidenden Kompetenz herausgebildet, systematisch neue und erfolgversprechende Geschäftsfelder aufbauen zu können. Corporate Venturing leistet dabei einen wesentlichen Beitrag, um ein Unternehmen als Ganzes in den dafür erforderlichen Zustand der kontinuierlichen Innovation zu versetzen.

Für den Erfolg eines neuen Geschäftsfeldes ist die Idee, auf der dieses basiert, von maßgeblicher Relevanz. Aussichtsreiche Ideen für neue Geschäftsfelder entstehen dabei nicht zufällig, sondern können mit Hilfe eines strukturierten Verfahrens planmäßig erzeugt werden. Hierfür ist ein systematischer Prozess zur Ideengenerierung und -evaluierung erforderlich.

Für das betrachtete Beispielunternehmen HELLASIMAGE wird im Rahmen dieser Arbeit ein ganzheitliches, auf die spezifischen Bedürfnisse des Internal Corporate Venturing zugeschnittenes Prozessmodell entwickelt, das als Navigation durch die komplexe Phase der Erzeugung, Bewertung und Auswahl von Ideen für neue Geschäftsfelder verstanden werden kann.

Dabei wird zunächst gezielt nach internen und externen Chancen gesucht, die einen Ansatzpunkt für neue Geschäftsfelder bieten können. Hierauf aufbauend erfolgt im nächsten Schritt die Suche nach Ideen für eine bestmögliche Nutzung dieser Chancen. Schließlich werden die gewonnenen Ideen einem innovativen Bewertungsverfahren - im Sinne eines dreistufigen Filterprozesses - unterzogen, um sukzessive die aussichtsreichsten Ideen herauszufiltern und für eine anschließende Realisierung auswählen zu können. Dieses Bewertungsverfahren wird mithilfe einer für diesen Zweck entwickelten Datenbank umgesetzt, welche über

Evaluierungskriterien verfügt, die speziell für Ideen für neue Geschäftsfelder modelliert wurden.

Das Ergebnis der vorliegenden Untersuchung ist ein ganzheitliches und praxisorientiertes Prozessmodell, das ein konkretes Vorgehen für die sukzessive Durchführung der Erzeugung und Bewertung von Ideen für neue Geschäftsfelder im Beispiel HELLASIMAGE aufzeigt. Hierbei handelt es sich um einen integrativen Ansatz, der neben elementaren Gestaltungsempfehlungen auch die entsprechenden Tools zur Verfügung stellt, um dem Unternehmen eine praktische Umsetzung zu ermöglichen. Diese Tools bestehen neben der Ideen-Datenbank aus Vorlagen, Checklisten und Mindmaps.

Ich hoffe, dass es mir mit diesem Buch gelingt, wertvolle Anregungen und Hilfestellungen für zukünftige Internal Corporate Venturing Projekte zu geben und einen wesentlichen Beitrag für die Weiterentwicklung des Internal Corporate Venturing als Managementinstrument zu leisten.

Um den Leser bei der Umsetzung des vorgestellten Prozessmodells im Rahmen eigener Projekte zu unterstützen, sind die hier vorgestellten Tools auf der Webseite zum Buch gratis zum Download bereitgestellt. Ebenfalls sind dort die meisten Abbildungen dieses Buches hinterlegt, so dass diese bequem und in hoher Auflösung z.B. in Präsentationen oder wissenschaftlichen Arbeiten verwendet werden können. Die Webseite ist erreichbar unter:

www.lautenbacher.biz/publications/geschaeftsideen

Ich würde mich sehr über Ihr Feedback zu diesem Buch freuen, sowie über Verbesserungsvorschläge und Korrekturhinweise. Sie erreichen mich per E-Mail unter:

tom@lautenbacher.biz

Bei der Entstehung eines solchen Buches ist wie immer nicht nur der Autor beteiligt. Mein herzlichster Dank gebührt deshalb allen, die an der erfolgreichen Entwicklung dieses Buches mitgewirkt und mich hierbei tatkräftig unterstützt haben. Insbesondere gilt mein Dank den Projektbeteiligten bei HELLASIMAGE, die mit Ihrem Einsatz und Engagement dazu beigetragen haben, dass die Grundlage zu diesem Buch geschaffen wurde.

In großer Liebe und Dankbarkeit widme ich dieses Buch meiner Lebensgefährtin, Frau Diplom-Kauffrau (FH) Julia C. Helbeck. Ohne ihre Unterstützung und Vertrauen wäre diese Arbeit nicht möglich gewesen.

Tom H. Lautenbacher

Inhaltsverzeichnis

Abkürzungsverzeichnis

A

Abb. .... Abbildung

AfA .... Absetzung für Abnutzung

B

BEvAfA .... Betriebsergebnis vor AfA

BUR .... Brutto-Umsatzrendite

D

DTP.................. Desktop Publishing

E

EDV .... Elektronische Datenverarbeitung

EgG.................. Ergebnis der gewöhnlichen Geschäftstätigkeit

EVA.................. Economic Value Added

F

F&E.................. Forschung und Entwicklung

G

GuV.................. Gewinn- und Verlustrechnung

H

HGB .... Handelsgesetzbuch

I

ICV .... Internal Corporate Venturing
inkl. .... inklusive
IT .... Informationstechnik
IuK .... Information und Kommunikation

J

JÜJF .... Jahresüberschuss / Jahresfehlbetrag

K

K.O. .... Knock-Out
KMU .... Kleine und Mittlere Unternehmen

M

MECE .... mutually exclusive and collectively exhaustive

R

RdV .... Rentabilität des Ventures
RE .... Rohergebnis
RHB .... Roh-, Hilfs- und Betriebsstoffe

U

US .... United States
USA .... United States of America

Abbildungsverzeichnis

1 Einführung

In diesem einführenden Kapitel werden zunächst die Ausgangssituation und die sich hieraus ergebende Problemstellung vorgestellt. Darauf aufbauend werden der Untersuchungsgegenstand und die Zielsetzung dieser Arbeit erläutert.

Im hierauf folgenden Abschnitt werden die Vorgehensweise und der inhaltliche Aufbau der Arbeit dargestellt. Abschließend erfolgt eine kurze Vorstellung des Unternehmens HELLASIMAGE, das im weiteren Verlauf der Arbeit als Referenz für eine umfassende Konzepterstellung herangezogen wird.

1.1 Ausgangssituation

Die aktuelle Umweltsituation von Unternehmen ist geprägt durch schnelle Rhythmen, zunehmende technologische Diskontinuitäten, immer kürzer werdende Lebenszyklen und sich ständig verändernde Wettbewerbskonstellationen. Hiervon sind längst nicht mehr nur Produkte betroffen – auch Strategien, Wettbewerbsvorteile und ganze Geschäftsmodelle werden immer kurzlebiger.[1]

In Folge dessen geht es in zunehmendem Maße für Unternehmen nicht mehr lediglich um die Entwicklung eines isoliert zu betrachtenden, neuen Produktes oder einer neuen Technologie. Immer häufiger – und viel weit reichender – geht es um ein Verwischen von bisherigen Industriegrenzen oder gar eine Verschmelzung von Industrien, bis hin zur Entwicklung gänzlich neuer Branchen mit zum Teil radikal veränderten Regeln und Paradigmen. Der klassische Technologiewettbewerb wurde erweitert zu einem Geschäftsmodell-Wettbewerb.[2]

Um unter diesen Umweltbedingungen langfristig erfolgreich sein zu können, müssen Unternehmen in ihrer Gänze in einen Zustand von permanenter Innovation und Neuanpassung gelangen. Sie müssen weiterhin

[1] Vgl. Klein 2002, S. 1.
[2] Vgl. Klein 2002, S. 1, Seeliger 2004, S. 3 f.

strategische Handlungsflexibilität beweisen und ihr Portfolio in immer kürzer werdenden Intervallen mit neuen, zukunftsträchtigen und wachstumsstarken Geschäftsfeldern anreichern. Um dies zu gewährleisten, können sich die Innovationsaktivitäten nicht mehr allein auf eine separierte Forschungs- und Entwicklungsabteilung beschränken, die eine vom Unternehmen losgelöste Innovationsarbeit betreibt. Vielmehr erfordert es die ganzheitliche Einbeziehung des gesamten Unternehmens und dessen Umfeld in den *Innovationsprozess*[3].[4]

Das *Corporate Venturing* stellt in diesem Zusammenhang einen viel versprechenden Ansatz dar. Corporate Venturing bildet den Dachbegriff für ein strategisches Organisationskonzept für etablierte Unternehmen, mit dem Ziel, den Erfolg der Innovationsentwicklung im eigenen Hause zu verbessern und neue Ertragsquellen zu erschließen.[5] Ein wesentlicher Bestandteil des Corporate Venturing ist das unternehmensintern durchgeführte Aufbauen neuer Geschäftsfelder.[6]

Wenn ein Unternehmen im Rahmen des Corporate Venturing ein solches neues Geschäftsfeld aufbauen möchte, so steht am Anfang seiner Bemühungen das Finden einer geeigneten Geschäftsidee. Die Qualität dieser Geschäftsidee ist dabei von herausragender Wichtigkeit für den Erfolg des neuen Geschäftsfeldes.[7] Denn unabhängig davon, wie exzellent die operative Umsetzung der Geschäftsidee durchgeführt wird – die Obergrenze des finanziellen Ertrags wird stets durch das der Idee inhärente Potential bestimmt. Die Idee ist somit der limitierende Faktor des Erfolgs.[8]

Folglich ist es für ein gewinnmaximierendes Unternehmen von essenzieller Bedeutung, die aussichtsreichste und am meisten Erfolg versprechende Idee zu finden und zu verwenden. Dies sollte in keinem Fall dem

---

[3] Der aus dem Lateinischen abgeleitete Begriff *Innovation* heißt wörtlich *Neuerung* oder *Erneuerung*. Im Deutschen wird der Begriff heute im Sinne einer Idee oder Erfindung (*Invention*) verwendet, welche wirtschaftlich verwendet wird. Eine *Innovation* ist folglich eine wirtschaftlich verwendete *Invention*, vgl. wikipedia.org [Innovation].

[4] Vgl. Seeliger 2004, S. 4 f.

[5] Vgl. Seeliger 2004, S. 5, 11.

[6] Vgl. Klein 2002, S. 5.

[7] Vgl. Barringer / Ireland 2006, S. 18.

[8] Vgl. Fiet 2002, S. 1.

Zufall überlassen werden. Vielmehr müssen Chancen für den Aufbau neuer Geschäftsfelder proaktiv und systematisch aufgespürt und anschließend konsequent und entschlossen genutzt werden.

1.2 Problemstellung

Um im Rahmen des Corporate Venturing viel versprechende Ideen für neue Geschäftsfelder zu finden, erfordert es zwei Dinge: Zum einen ist es notwendig, eine möglichst hohe Anzahl von Ideen zu generieren, denn nur die wenigsten Ideen sind tatsächlich von großem Wert. Erst wenn das Unternehmen aus einer Vielzahl von Ideen auswählen kann, besteht eine realistische Chance, eine tatsächlich wertvolle Idee zu finden. Zum anderen erfordert es die Fähigkeit, innerhalb der großen Anzahl von Ideen die wenigen wertvollen tatsächlich zu erkennen.

Dies stellt *Großunternehmen* und die Gruppe der *Kleinen und mittleren Unternehmen* (*KMU*)[9] vor jeweils unterschiedliche Herausforderungen:

Großen Unternehmen fällt es häufig schwer, viele Ideen zu erzeugen. Nach wie vor tendiert die Mehrzahl der Großunternehmen zu starren, bürokratischen und schwerfälligen Strukturen mit langen Entscheidungswegen. Ihre Organisationsstruktur, aber auch ihre Organisationskultur ist oft auf die Verwaltung und Konservierung des Status Quo ausgerichtet, bestenfalls auf dessen graduelle Evolution. Ein solches Umfeld hemmt Kreativität und Innovationen.[10]

KMU sind in der Regel weniger von dieser Ideenarmut betroffen. Aufgrund ihrer vergleichsweise geringeren Größe und schlankeren Strukturen sind sie tendenziell flexibler und können rascher auf Veränderungen der Marktbedürfnisse reagieren.[11] Ihre Innovationsfähigkeit ist tendenziell hoch, denn sie sind meist stark spezialisiert und erfahren viel über die Bedürfnisse ihrer Kunden. Dies macht sie sensibel für deren Probleme

---

[9] Gemäß der Definition der EUROPÄISCHEN UNION gehören zur Gruppe der *KMU* solche Unternehmen, deren Mitarbeiterstamm unter 250 Mitarbeitern liegt und entweder Umsatzerlöse von bis zu 50 Millionen Euro oder eine Bilanzsumme von bis zu 43 Millionen Euro aufweisen. Unternehmen, die diese Grenze überschreiten zählen zur Gruppe der Großunternehmen. Vgl. europa.eu [1], wikipedia.org [Kleine und mittlere Unternehmen].

[10] Vgl. Seeliger 2004, S. 178.

[11] Vgl. europa.eu [2].

und stärkt ihre Fähigkeit, neue Ideen und Konzepte für Problemlösungen zu entwickeln. Jedoch fehlt es vielen KMU an spezifischer Methodenkompetenz zur erfolgreichen, systematischen Umwandlung von Ideen in neue, prosperierende Geschäftsfelder.[12] Dadurch finden sich KMU häufig in der Situation wieder, zwar viele Ideen zu entwickeln, aber nicht differenzieren zu können, welche die wirtschaftlich sinnvollste ist.

Für beide Unternehmenstypen ist es deshalb essentiell, dass ein strukturierter Prozess zu Grunde gelegt wird, der sowohl das Erzeugen (*Generieren*) von möglichst vielen Ideen, als auch das anschließende systematische Bewerten (*Evaluieren*) von Ideen für neue Geschäftsfelder ermöglicht.

Corporate Venturing ist ein relativ junger Ansatz, der sich noch in einem vergleichsweise frühen wissenschaftlichen Stadium befindet. Dadurch ist die Abhandlung in der Literatur längst nicht in all ihren Teilgebieten erschöpfend:[13] Zwar wird der Idee grundsätzlich eine Schlüsselrolle für den Erfolg von Corporate Venturing zugesprochen, jedoch wird dieser Themenkomplex meist nur oberflächlich und sehr abstrakt im Gesamtkontext des Corporate Venturing behandelt.[14] Dieser Abstraktionsgrad eignet sich nicht, um einem Unternehmen als konkrete Handlungsanweisung für eine Umsetzung in die Praxis zu dienen. Somit lässt sich konstatieren, dass ein für die Praxis geeignetes Konzept für das systematische Generieren und Evaluieren von Ideen für neue Geschäftsfelder bislang nicht vorliegt.

1.3 Untersuchungsgegenstand und Zielsetzung

Der Untersuchungsgegenstand der vorliegenden Arbeit ist die systematische Generierung und anschließende Evaluierung von Ideen für neue Geschäftsfelder im Rahmen des Corporate Venturing.

[12] Vgl. Schwarz / Krajger / Dummer 2006, S. 19 f.
[13] Vgl. Klein 2002, S. 6.
[14] Vgl. Klein 2002, S. 217.

Dabei stehen im Fokus der Untersuchung insbesondere:

- Der konkrete prozessuale Ablauf
- Das Identifizieren von ergiebigen Quellen für Ideen mit hohem Potential
- Die Formulierung von geeigneten Kriterien zur anschließenden Bewertung von Ideen

Das Ziel dieser Arbeit ist es, für das Unternehmen HELLASIMAGE ein ganzheitliches, praxistaugliches Konzept zu entwickeln, welches die Unternehmensführung beim Finden und insbesondere beim anschließenden Selektieren von Ideen für neue Geschäftsfelder unterstützt.

Im Rahmen dieser Konzepterstellung soll ein Prozess modelliert werden, der als konkreter Handlungsleitfaden fungiert und der Unternehmensführung eine optimale Vorgehensweise aufzeigt.

Um die Umsetzung des Prozesses in der Praxis zu ermöglichen, soll darüber hinaus eine geeignete Auswahl an Werkzeugen zusammengestellt, beziehungsweise dafür entwickelt werden. Unter Werkzeugen, im weiteren Verlauf *Tools* genannt, werden hier zum Beispiel Managementinstrumente, Checklisten, Software-Programme[15] und Arbeitsvorlagen verstanden. Hierbei liegt der Schwerpunkt der Arbeit insbesondere auf der Erstellung eines umfassenden Tools zur systematischen Ideenbewertung.

Die folgende Abb. 1 visualisiert diese Zielsetzung schematisch.

Abb. 1: Ziel der Arbeit – Ganzheitliches Konzept aus Prozess und Tools

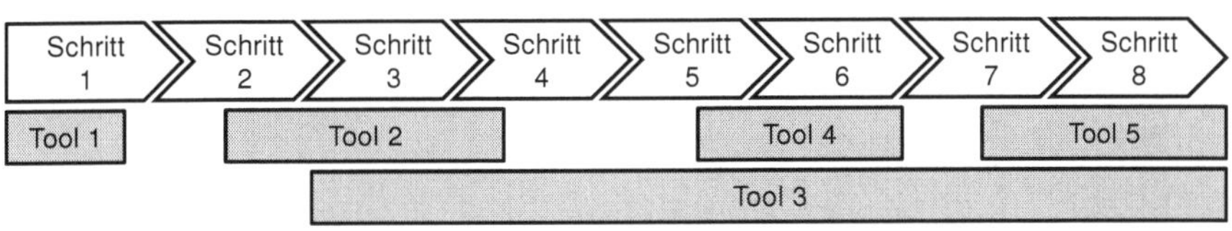

Quelle: Eigene Darstellung

[15] Hierbei ist es Teil der Zielvorgabe, dass auf vorhandene Software-Ressourcen des Unternehmens HELLASIMAGE zurückgegriffen wird und Spezial- und Insellösungen vermieden werden. Diese Einschränkung geschieht in Hinblick auf Kosteneffizienz, eine einfache Erlernbarkeit sowie die Möglichkeit zur einfachen Erweiterbarkeit der Lösung durch Dritte.

1.4 Vorgehensweise und Aufbau des Buches

Dieses Buch umfasst fünf Kapitel. Die folgende Abb. 2 zeigt eine Übersicht in Form eines *Mindmaps* (Gedankenkarte). Im weiteren Verlauf dieses Buches wird jeweils zu Beginn eines Hauptkapitels auf dieses Mindmap zurückgegriffen, um dem Leser eine Orientierungshilfe zu bieten.

Nachdem im ersten Kapitel die Ausgangssituation, die Problemstellung sowie die Zielsetzung dieser Arbeit beschrieben wurden, erfolgt im zweiten Kapitel eine Einführung in die theoretischen Grundlagen des Corporate Venturing. Um den Leser an die Materie heranzuführen, wird dabei in drei Stufen vorgegangen – vom Allgemeinen zum Speziellen: Zunächst wird der gesamte Themenkomplex *Corporate Venturing* betrachtet. Anschließend wird der Fokus auf die prozessuale Dimension des Corporate Venturing gesetzt und der idealtypische Prozessverlauf des Corporate Venturing dargestellt. Abschließend wird derjenige Teil des Prozessverlaufs vertieft, welcher die *Idee* betrifft, die so genannte *Ideenphase*.

Das dritte Kapitel behandelt den Teil der *Ideengenerierung*. Hierbei werden nacheinander die Schritte aufgezeigt, die nötig sind, um systematisch Ideen für neue Geschäftsfelder in hoher Stückzahl zu generieren. Dabei werden an den relevanten Stellen die entsprechenden Tools vorgestellt.

Das vierte Kapitel behandelt den Teil der *Ideenevaluierung*. In diesem Kapitel wird eine im Rahmen dieser Arbeit für HELLASIMAGE entwickelte Datenbank vorgestellt, welche die Speicherung und insbesondere die anschließende Bewertung der Ideen in einem dreistufigen Filterprozess ermöglicht.

Im fünften und letzten Kapitel erfolgt eine rückblickende Zusammenfassung des Verlaufs der Untersuchung. Daran schließt sich eine kritische Würdigung der Ergebnisse dieser Arbeit an. Abschließend wird auf mögliche Ansatzpunkte für weiterführende Untersuchungen eingegangen.

Abb. 2: Aufbau des Buches

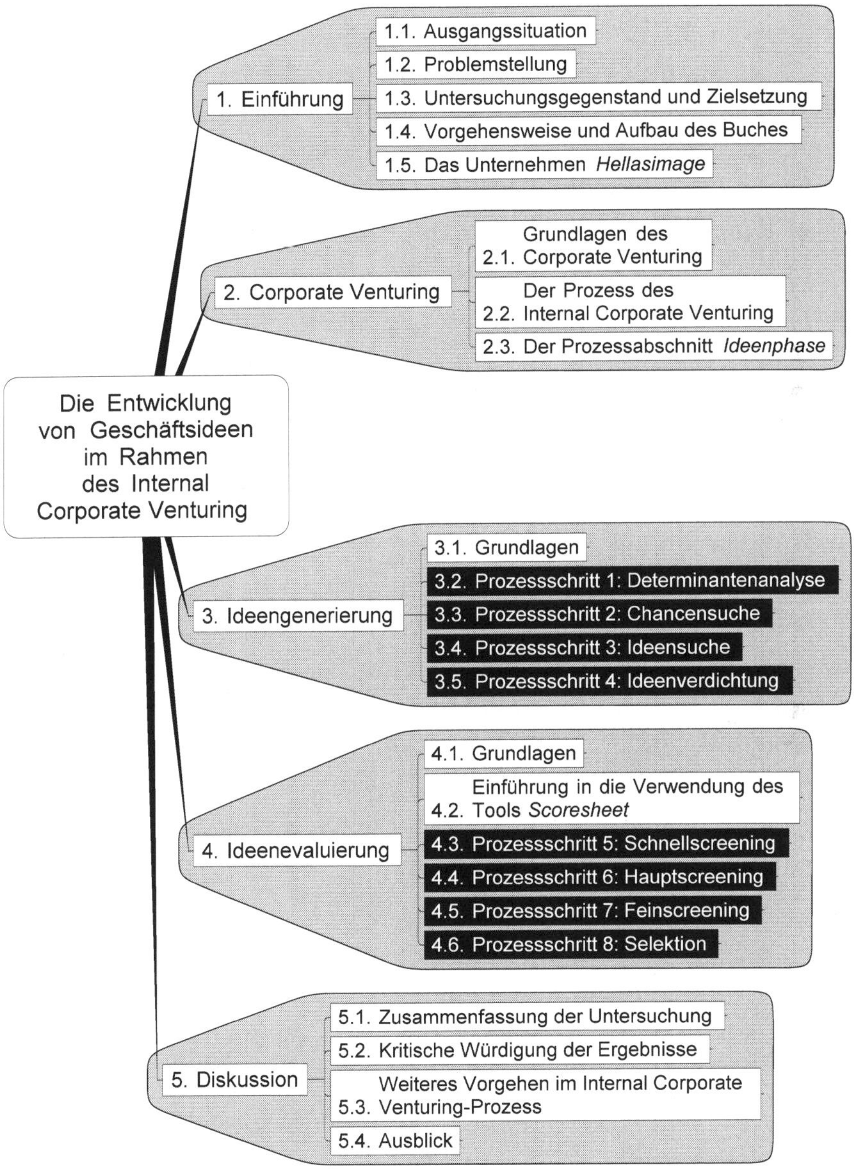

Quelle: Eigene Darstellung

1.5 Das Unternehmen HELLASIMAGE

HELLASIMAGE ist ein zur Gruppe der KMU zählendes, inhabergeführtes Unternehmen mit Sitz in Athen, Griechenland. Es besteht in seiner Grundform seit 1981 und ist in den Märkten Fotografie, Werbung und Printmedien tätig. Dort positioniert es sich als Anbieter qualitativ hochwertiger Produkte[16] im Premiumsegment.

Zum Leistungsspektrum gehören Mode-, Katalog- Werbe- und Still-Life-Fotografie, digitale Bildbearbeitung sowie *Desktop-Publishing*-Dienste[17], hierbei insbesondere das Anfertigen von Layouts für Printmedien. Die nachfolgende Abb. 3 zeigt Beispiele für die genannten fotografischen Fachbereiche: oben sind Mode- und Katalogfotografie, unten Werbe- und Still-Life-Fotografie dargestellt (jeweils von links nach rechts). Abb. 4 zeigt ein Beispiel für die digitale Bildbearbeitung. Dabei sind links in der Abbildung ein unbehandeltes Foto zu sehen und rechts dasselbe Foto nach seiner Bearbeitung.

Zum Kundenstamm von HELLASIMAGE gehören Werbeagenturen, Verlagshäuser, Mode- und Lifestyle-Magazine, sowie Produzenten, insbesondere von Schmuck und Textilien. Darüber hinaus zählen auch Einzelpersonen zu den Kunden, beispielsweise Personen des öffentlichen Interesses wie Politiker oder Schauspieler.

Das Unternehmen verfügt über einen festen Stamm von sechs Mitarbeitern, die für die Bereiche Unternehmensführung, Vertrieb, Projektkoordination, Fotografie, digitale Bildbearbeitung, Layout und Drucküberwachung verantwortlich sind.

---

[16] In dieser Arbeit wird nicht explizit zwischen Produkten und Dienstleistungen unterschieden, sondern der Definition von KOTLER & ARMSTRONG gefolgt: Ein *Produkt* ist demnach alles, was in einem Markt zum Gebrauch oder Verbrauch angeboten werden kann und ein Bedürfnis befriedigt, z. B. physische Objekte, Dienstleistungen, Orte, Personen, Ideen. Vgl. wikipedia.org [Produkt (Wirtschaft)].

[17] Desktop Publishing (DTP) steht für das *Setzen* hochwertiger Dokumente mittels eines Desktop-Computers. *Setzen* bezeichnet das Erstellen einer drucktauglichen Form aus einer Vorlage, dem *Satz*. Der *Satz* kann aus Texten und Bildern bestehen und später als Publikationen, wie zum Beispiel als Broschüren, Magazine, Bücher oder Kataloge seine Verwendung finden. Der Begriff stammt aus dem Englischen und lässt sich mit *Publizieren vom Schreibtisch aus* sinngemäß übersetzen. Vgl. wikipedia.org [Desktop Publishing], wikipedia.org [Satz (Druck)].

Abb. 3: Mode-, Katalog-, Werbe- und Still-Life-Fotografie

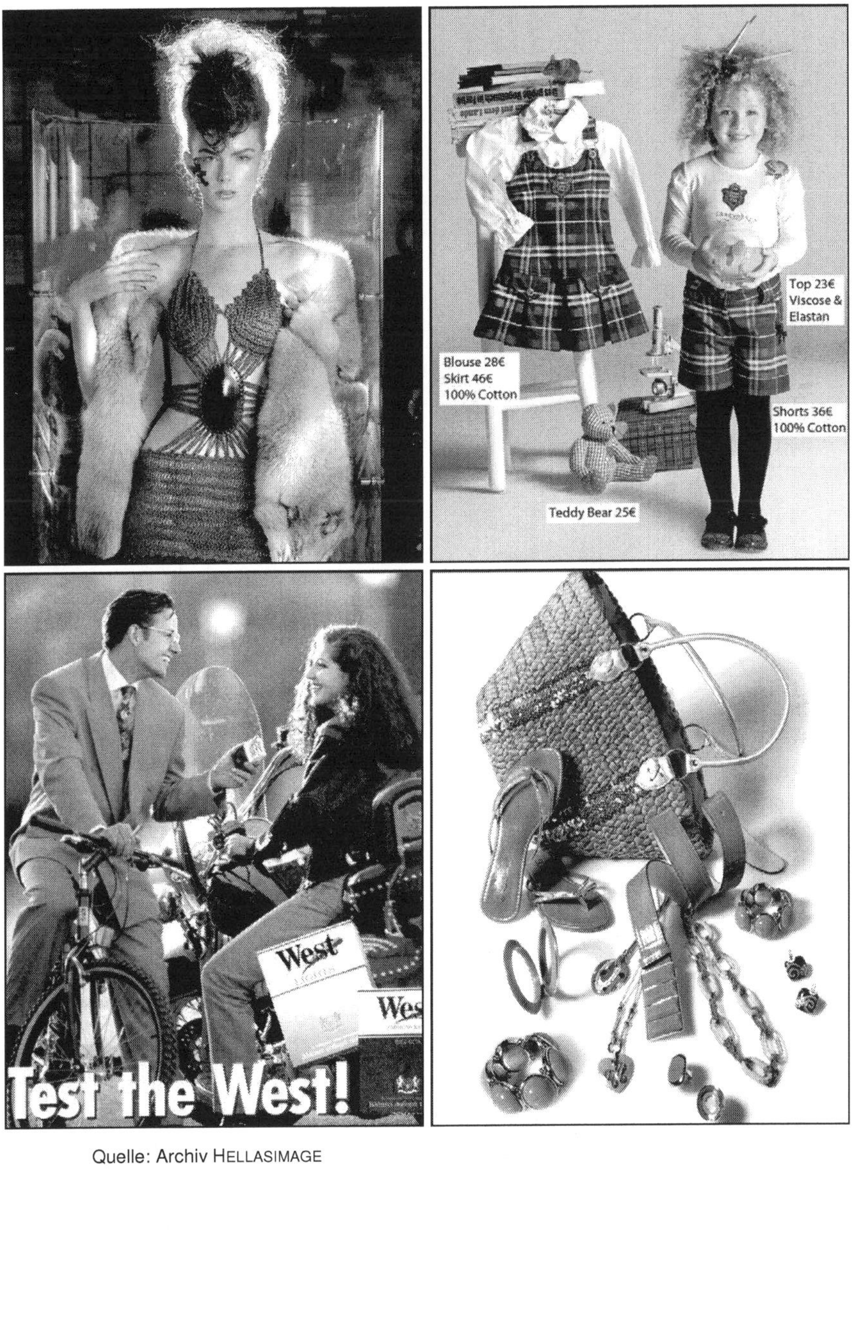

Quelle: Archiv HELLASIMAGE

Abb. 4: Digitale Bildbearbeitung

Quelle: Archiv HELLASIMAGE

Darüber hinaus kooperiert HELLASIMAGE mit einer Vielzahl von freien Mitarbeitern, die prozessabschnittsbezogen hinzugezogen werden. Dies sind insbesondere Fotografen und Grafikdesigner, Fotomodelle, Make-up- und Haar-Spezialisten sowie Stylisten. Der Offset-Druck[18] ist ausgelagert, HELLASIMAGE übernimmt dabei jedoch die Drucküberwachung.

Abschließend wird dargelegt, worin das aktuelle Interesse der Geschäftsführung von HELLASIMAGE an Corporate Venturing begründet liegt:

HELLASIMAGE hat bereits in der Vergangenheit erfolgreich ein Corporate Venturing-Projekt durchgeführt. Ursprünglich war die Fotografie das einzige Geschäftsfeld des Unternehmens. Im Jahr 2000 ist HELLASIMAGE dem technologischen Wandel von der klassischen Analogfotografie zur Digitalfotografie gefolgt – durch Umrüstung des Fotostudios und entsprechender Anschaffung von EDV-Hardware. Dies führte zu einer Kompetenzentwicklung in den Bereichen digitale Bildbearbeitung und

[18] Der Offsetdruck ist ein indirektes Flachdruckverfahren, welches für den Bücher-, Zeitungs-, Prospekt-, oder Verpackungsdruck weit verbreitet ist. Vgl. wikipedia.org [Offsetdruck].

computergestütztes Layout. In Konsequenz dessen beschloss die Geschäftsführung im Jahr 2002, diese neuen Kompetenzen zu nutzen, um eine *Vorwärtsintegration* durchzuführen, wobei der Bereich Desktop-Publishing als neues Geschäftsfeld aufgebaut wurde.

Wie in Abb. 5 zu sehen ist, kam es in den Jahren 2004 bis 2006 zu erheblichen Umsatzsteigerungen. Diese sind auf die Expansion in das neue Geschäftsfeld zurückzuführen.

Abb. 5: Jährliche Umsatzentwicklung von HELLASIMAGE

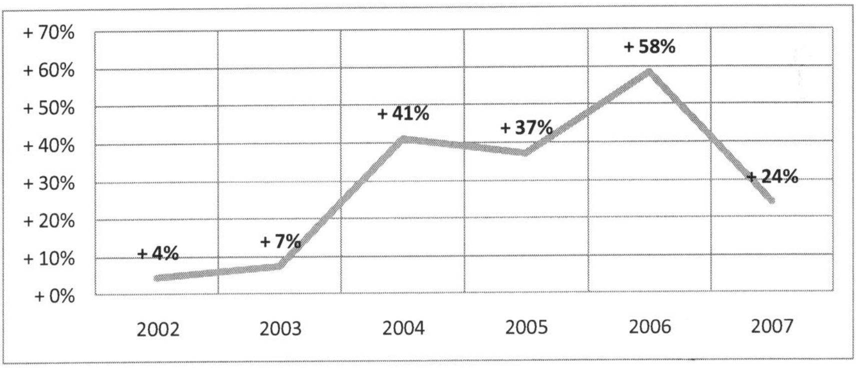

Quelle: Geschäftsführung Hellasimage

Ebenfalls in der Abbildung erkennbar ist jedoch, dass der Trend im Jahr 2007 nicht mehr fortgesetzt werden konnte. Zwar erzielte HELLASIMAGE erneut eine Umsatzsteigerung von immerhin 24% im Vergleich zum Vorjahr, aber dennoch ist der Rückgang der Steigerungsrate signifikant. Die Geschäftsführung begründet diesen Rückgang damit, dass das größte Wachstumspotential des neuen Geschäftsfeldes nunmehr ausgeschöpft sei. HELLASIMAGE hat es geschafft, in den drei Jahren im Zielmarkt die Marktführerschaft zu erlangen und den Wettbewerb erheblich zu verdrängen. Weitere, ähnlich hohe Steigerungen, wie in den drei Vorperioden, sind in Zukunft voraussichtlich nicht mehr ohne weiteres möglich.

Aus diesem Grund soll nun durch eine erneute Corporate Venturing-Aktivität ein weiteres Geschäftsfeld gefunden werden, für zusätzliches Wachstum in einem neuen Bereich.

2 Corporate Venturing

In diesem Kapitel erfolgt eine Einführung in das Themengebiet Corporate Venturing. Dabei wird ein Fundament geschaffen, auf dem die weiteren Überlegungen im Verlauf dieser Arbeit aufbauen. Die folgende Abb. 6 illustriert den Aufbau dieses Kapitels im Gesamtzusammenhang des Buches.

Abb. 6: Übersicht – Kapitel 2

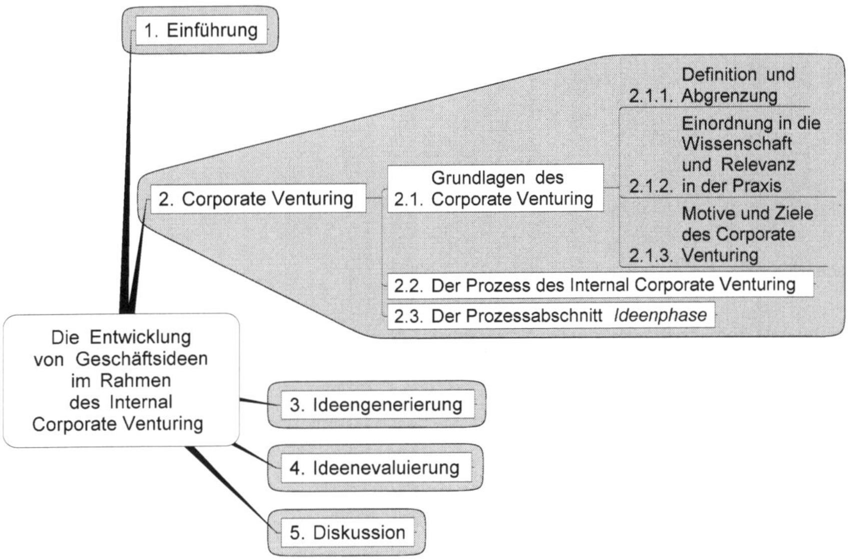

Quelle: Eigene Darstellung

2.1 Grundlagen des Corporate Venturing

In diesem Abschnitt erfolgt zunächst eine Definition des Begriffs Corporate Venturing sowie eine Abgrenzung zu verwandten Begriffen, um ein gemeinsames Verständnis sicherzustellen. Anschließend wird Corporate Venturing in den theoretischen Kontext eingeordnet und dessen Stellenwert in der Praxis dargestellt. Dieser Abschnitt schließt ab mit einer Übersicht über Motive und Ziele, die mit Corporate Venturing verfolgt werden können.

2.1.1 Definition und Abgrenzung

Unter dem englischen Begriff *Venture* versteht man ein Wagnis, ein unternehmerisches Vorhaben oder auch ein riskantes, spekulatives Projekt.[19] *Corporation* wird übersetzt mit *Unternehmen*, *Gesellschaft*, *Körperschaft*.[20] Der Terminus *Corporate Venturing* lässt sich somit sinngemäß mit *Eingehen unternehmerischer Wagnisse seitens eines Unternehmens* übersetzen.

Der Begriff *Corporate Venturing* wird in Wissenschaft und Praxis sehr uneinheitlich verwendet.[21] Aufgrund des jungen Charakters dieses Forschungsgebietes, konnten sich bislang keine allgemein akzeptierten, einheitlichen Begrifflichkeiten herausbilden.[22]

Dies gilt jedoch nicht nur für das Corporate Venturing, sondern auch für dessen artverwandte und unmittelbar benachbarte Themengebiete, die sich ebenfalls mit der Investition in, beziehungsweise dem Aufbau von Geschäftsfeldern befassen. Somit herrscht eine regelrechte Konfusion von Begriffen vor, die zwar gleiche oder ähnliche Sachverhalte thematisieren, dabei jedoch uneinheitlich verwendet, definiert und interpretiert werden. Im Ergebnis existieren synonyme, sich inhaltlich überschnei-

[19] Vgl. leo.org [venture].
[20] Vgl. leo.org [corporation].
[21] Vgl. Seeliger 2004, S. 10.
[22] Vgl. Klein 2002, S. 6, 26.

dende, widersprüchliche bis hin zu vollkommen gegensätzliche Definitionen der vielen in diesem Themenkomplex beheimateten Termini.[23]

Im Sinne eines gemeinsamen Verständnisses ist es notwendig, zunächst den Terminus *Corporate Venturing* abzugrenzen und im Kontext der übrigen Begrifflichkeiten darzustellen.

Es würde den Rahmen dieser Arbeit überschreiten, alle vorhanden Definitionen der vielen verwandten Termini aufzuzeigen und die Abgrenzung zu Corporate Venturing jeweils einzeln durchzuführen. Aus diesem Grund wurde eine Vier-Felder-Matrix entwickelt, in der die Begriffe klassifiziert werden. Als Unterscheidungsmerkmale wurden dabei die Dimensions-Paare *Extern-Intern* sowie *Formell-Personell* gewählt.[24] Anschließend wurden die Termini entsprechend ihres dominantesten inhaltlichen Schwerpunkts in der Matrix positioniert.[25]

Sich überschneidende oder synonyme Begriffe werden in der Matrix in einem Kasten zusammengefasst. Das Ergebnis wird in Abb. 7 illustriert.[26]

[23] Vgl. Klein 2002, S. 6, 26 f., McNally 1997, S. 35 ff., Ferreira 2002, S. 2.

[24] Vgl. für die Unterscheidung in extern und intern McNally 1997, S. 34 sowie für die Unterscheidung der organisatorischen Bedingungen und der Verhaltensdimension Klein 2002, S. 28 ff.

[25] Vgl. McNally, 1997, S. 34 ff., Hungenberg 2004, S. 470 f., Klein 2002, S. 28 f., existenzgruender.de, wikipedia.org [Existenzgründung], Wikipedia.org [Unternehmertum], quickmba.com, wikipedia.org [Unternehmensgründung], bitpipe.com, utexas.edu, mo.gov, harvard.edu, wikipedia.org [Business incubator], wikipedia.org [Intrapreneurship], pinchot.com, vend-consulting.de, bnet.com, gmarketing.com, wikipedia.org [Risikokapital], manager-magazin.de.

[26] Aufgrund der erwähnten widersprüchlichen Definitionen sind die Positionen einiger Begriffe in der Matrix nicht kategorisch, sondern als Indikation der Haupttendenz zu interpretieren.

Abb. 7: Termini der Geschäftsfeldentwicklung

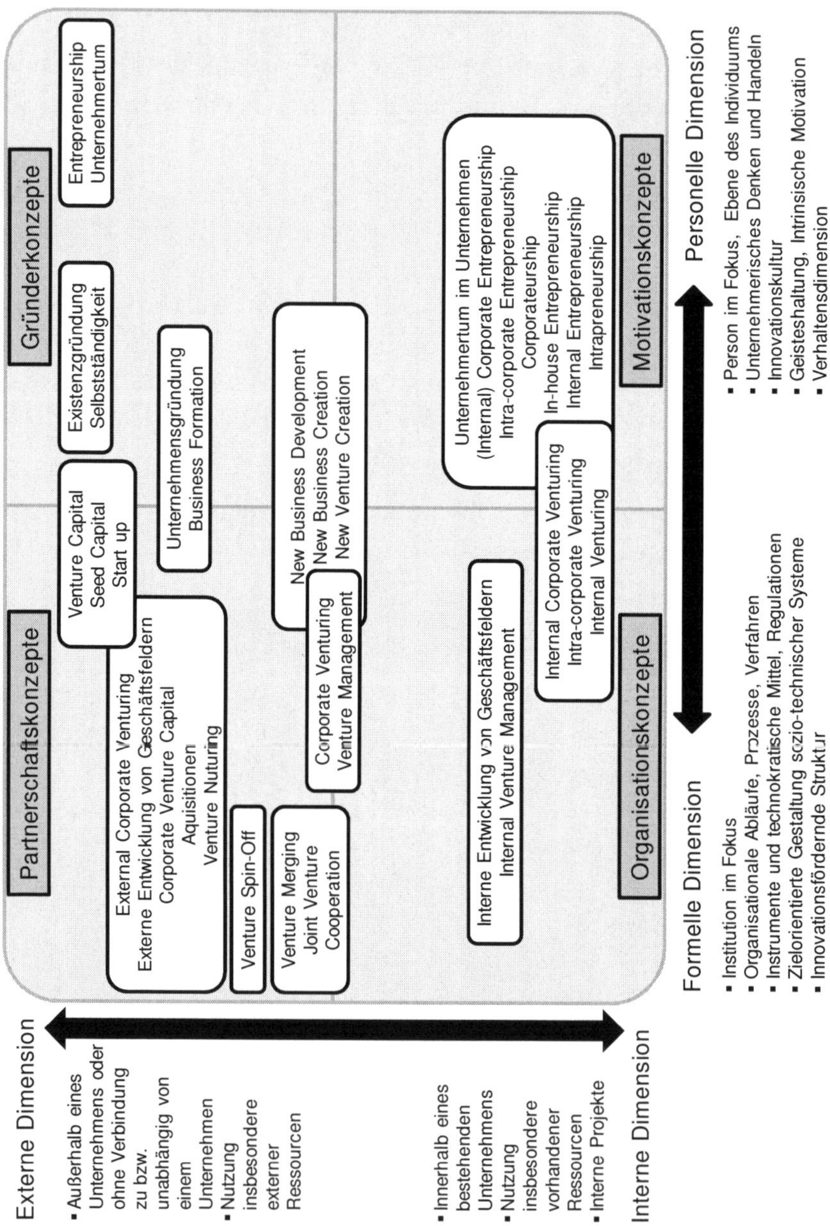

Quelle: Eigene Darstellung

Betrachtet man die sich ergebenden Cluster von Begriffen innerhalb der Matrix und deren Gemeinsamkeiten, so bieten sich die folgenden zusammenfassenden Bezeichnungen für die vier Felder der Matrix an:

- *Organisationskonzepte*: Schaffung von Prozessen, Strukturen und Organisationsformen zum Aufbau neuer Geschäftsfelder *innerhalb* bestehender Unternehmen[27]
- *Partnerschaftskonzepte*: Investition in externe Unternehmen, Eingehen von strategischen Partnerschaften
- *Motivationskonzepte*: Stimulierung und Förderung von unternehmerischem Denken und Handeln von Mitarbeitern zur Förderung der Innovationsfähigkeit und Geschäftsfeldentwicklung eines Unternehmens[28]
- *Gründerkonzepte*: Unternehmens- und Existenzgründung durch Individuen, sowie unternehmerischem Denken und Handeln auf individueller Ebene

Wie der Abbildung zu entnehmen ist, hat der Terminus *Corporate Venturing* eine hohe Ausprägung in der formellen Dimension. Seine Ausprägung hinsichtlich der Extern-Intern-Dimension ist jedoch neutral. Dies liegt darin begründet, dass Corporate Venturing seinerseits ein Dachbegriff ist, der sowohl das *External Corporate Venturing* als auch das *Internal Corporate Venturing* umfasst:[29]

- **External Corporate Venturing:** Ein Unternehmen investiert aus strategischen und finanziellen Motiven in fremde Unternehmen, zum Beispiel in Form von Beteiligungen, Joint Ventures oder Akquisitionen.
  Durch die dabei entstehenden Partnerschaften mit den meist kleineren und innovativeren Unternehmen erhofft sich das investierende Unternehmen durch Know-how-Transfer einen breit gefächerten Zugang zu neuen Produkten und Technologien sowie zu intern bislang nicht vorhandenen Ressourcen. Dadurch schafft sich das in-

[27] Vgl. Klein 2002, S. 28.
[28] Vgl. Klein 2002, S. 28.
[29] Vgl. Seeliger 2004, S. 10 f.

vestierende Unternehmen neue Handlungsoptionen, zum Beispiel einen Markt schnell und gezielt betreten zu können wenn dieser sich in Zukunft positiv entwickelt.
Weiterhin soll ein selektives Investieren in verschiedene Ventures das investierende Unternehmen bezüglich neuer Trends und Entwicklungen – zum Beispiel innerhalb einer Branche oder einem spezifischen technologischen Umfeld – informieren und somit als Absicherung dienen, nicht von einschneidenden Neuerungen überrascht zu werden.[30]

- **Internal Corporate Venturing (ICV):** Ein Unternehmen entwickelt intern Innovationen aus eigener Kraft heraus. Dazu initiiert das Unternehmen interne Venture-Projekte im Sinne von teilautonomen Organisationseinheiten, die sich mit der Entwicklung *grundlegend* neuer Produkte, Technologien, Geschäftsmodelle oder Geschäftsfelder befassen. Dies unterscheidet ICV von einer Forschungs- und Entwicklungsabteilung (F&E-Abteilung), welche traditionell in eine abteilungsbezogene Struktur eingebettet ist und sich hauptsächlich der kontinuierlichen Produkt(weiter)entwicklung widmet.[31]
  Durch die Corporate Venturing Aktivitäten soll der Ideenreichtum der eigenen Mitarbeiter nutzbar gemacht und innovationshemmende, *verkrustete* Strukturen im Unternehmen abgebaut werden. Die durch weit reichende Handlungs- und Entscheidungsvollmachten erzeugte Teilautonomie der Projektgruppe soll Flexibilität und Freiräume für Projekte schaffen, die nicht mit den vorhandenen Strukturen und Prozessen vereinbar wären.[32] In diesem Sinne kann man ICV als Führungskonzept verstehen, welches zwei Komponenten umfasst:
  - Zum einen besteht es aus einem *Organisationskonzept*, welches die Aufgabe hat, innovationsfördernde Prozesse, Instrumentarien, Strukturen und Organisationsformen für den

[30] Vgl. Seeliger 2004, S. 11 ff.
[31] Vgl. Seeliger 2004, S. 12 ff.
[32] Vgl. Seeliger 2004, S. 12 f. in Verbindung mit Klein 2002, S. 122.

Aufbau neuer Geschäfte zu schaffen. Diese Komponente wird auch *Internal Venture Management* genannt.

- Zum anderen besteht ICV aus einem *Motivationskonzept*, welches die Ebene des Individuums adressiert und das unternehmerische Denken und Handeln aller Organisationsmitglieder stimulieren und fördern soll. Hierdurch soll das latent vorhandene Innovationspotential des einzelnen Mitarbeiters genutzt werden, um die Innovationskraft des Unternehmens zu revitalisieren. Diese Komponente wird unter anderem als *Unternehmertum im Unternehmen* (*Corporate Entrepreneurship*) bezeichnet.[33]

Die Zielsetzung dieser Arbeit sieht die Entwicklung eines Prozesses sowie diesen Prozess unterstützender Tools vor, zur systematischen Entwicklung und Bewertung von Ideen für neue Geschäftsfelder. Entsprechend der soeben aufgezeigten Definitionen und Abgrenzungen thematisiert diese Arbeit also den internen Teilbereich des Corporate Venturing und davon insbesondere die organisatorische Komponente. Im weiteren Verlauf der Arbeit wird Corporate Venturing aus diesem Grund in erster Linie im Sinne des Internal Corporate Venturing verstanden.

Die oben genannte Definition von ICV lässt erkennen, dass die Trennlinie zwischen einem Venture-Projekt und Projekten zum regulären Ausbau des etablierten Geschäftes des Mutterunternehmens – zum Beispiel Projekten zur Produktentwicklung – nicht immer eindeutig ist. BLOCK und MACMILLAN nennen hierzu einige Kriterien, die helfen ein Venture von einem regulären Projekt zu unterscheiden. Demnach ist ein Projekt ein Venture, wenn:[34]

- es sich um eine gänzlich neue Aktivität für die Organisation handelt
- die Aktivität intern initiiert und/ oder ausgeführt wird
- die Aktivität von signifikanter Bedeutung für das Mutterunternehmen ist

---

[33] Vgl. Klein 2002, S. 27 ff., 135, Seeliger 2004, S. 14.
[34] Vgl. Block / MacMillan 2003, S. 14.

- das Risiko des Scheiterns, das Ausmaß der potentiellen Verluste und die damit verbundene Unsicherheit signifikant höher sind, als im etablierten Geschäft der Organisation
- es eine kommerzielle Absicht verfolgt, zum Beispiel die Steigerung von Gewinn, Umsatz, Produktivität oder Qualität.

Letztendlich jedoch obliegt es den Entscheidungsträgern eines Unternehmens, ob sie eine Aktivität als Corporate Venture klassifizieren und entsprechend organisieren oder nicht. Solch eine Entscheidung ist elementar für den Erfolg eines Venture-Projekts, da es über die erwähnte organisatorische Teilautonomie hinaus einen speziellen integrierten Managementansatz erfordert, der insbesondere von Unternehmertum und *Leadership*[35] geprägt ist.[36] Damit unterscheidet sich das Venture Management fundamental von klassischem Management, welches in erster Linie auf das Optimieren von Bestehendem ausgerichtet ist.[37]

2.1.2 Einordnung in die Wissenschaft und Relevanz in der Praxis

Corporate Venturing führt zu Entscheidungen und Handlungen, die die grundsätzliche Richtung der Unternehmensentwicklung maßgeblich beeinflussen. Auf diese Weise soll der langfristige Erfolg eines Unternehmens gesichert werden. Somit ist Corporate Venturing dem betriebswirtschaftlichen Teilbereich des *Strategischen Managements* zuzuordnen.[38]

Strategisches Management lässt sich in die Teilbereiche *Strategisches Management auf Unternehmensebene* (*Corporate Strategy*) und *Strategisches Management auf Geschäftsfeldebene* (*Business Strategy*) gliedern, wie in Abb. 8 am Beispiel HELLASIMAGE dargestellt wird.[39]

---

[35] *Leadership* wird hier verstanden als die Fähigkeit, neue Möglichkeiten zu erschließen sowie andere Menschen anzuregen und in die Lage zu versetzen, sich begeistert, initiativ und kreativ für gemeinsame Ziele und Aufgaben einzusetzen und gleichzeitig diese Menschen zu entwickeln. Hierzu muss der Führende *Visionär* sein, der den Siegeswillen anspornen kann, indem er eine Vision in die Herzen seiner Mitarbeiter hineinträgt, welche eine Richtung angibt und Sinn vermittelt. Er muss Vorbild sein, wirksam kommunizieren und Mut beweisen. Vgl. Hinterhuber 2004 [1], S. 271 f.

[36] Vgl. Block / MacMillan 2003, S. 14 f.

[37] Vgl. Hinterhuber 2004 [1], S. 271 f.

[38] Vgl. Hungenberg 2004, S. 4.

[39] Vgl. Hungenberg 2004, S. 15 und S. 372.

Abb. 8: Ebenen des Strategischen Managements

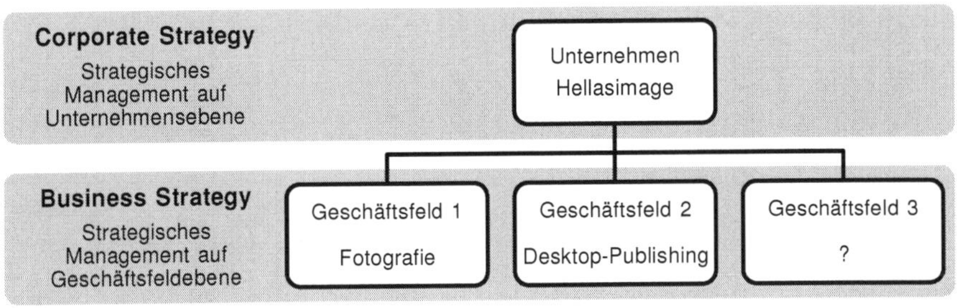

Quelle: Eigene Darstellung

Während bei Letzterem insbesondere die Fragestellung im Vordergrund steht, wie ein einzelnes Geschäftsfeld erfolgreich im Wettbewerb bestehen kann, befasst sich das *Strategische Management auf Unternehmensebene* mit der optimalen strategischen Ausrichtung des Unternehmens als Ganzes. Hierbei werden insbesondere die Gestaltung des Geschäftsfeldportfolios und die Verteilung von Ressourcen auf einzelne Geschäftsfelder dieses Portfolios betrachtet.[40] Corporate Venturing lässt sich folglich als ein Instrument des Strategischen Managements auf Unternehmensebene identifizieren.

Die Relevanz von Internal Corporate Venturing in der Praxis ist ambivalent zu beurteilen:[41]

Einerseits existieren zahlreiche Unternehmen, welche ICV auf breiter Front und als zentrales Element ihrer Strategie dauerhaft implementiert haben, zum Beispiel 3M CORP. und DUPONT CORP., wobei insbesondere 3M mit dieser Strategie große Erfolge erzielt. Als Implementierungsführer werden sie immer wieder analysiert und die Vorteilhaftigkeit des ICV-Ansatzes anhand dieser Vorbilder diskutiert.[42]

---

[40] Vgl. Hungenberg 2004, S. 16 f. und S. 371 f.

[41] Die folgenden Angaben beziehen sich dabei nur auf die USA, welche als Ursprungsland des ICV gelten. Über den Verbreitungsgrad von ICV in Deutschland liegen kaum empirische Daten vor, vgl. Klein 2002, S. 130 f.

[42] Vgl. Klein 2002, S. 130 f.

Anderseits lässt sich für die Mehrzahl der Unternehmen feststellen, dass deren Interesse an ICV stark schwankend ist und zyklisch verläuft.[43]

Anfang der 1970er Jahre sah man in den USA das Potential des ICV als einen der dominierenden Faktoren für Wachstum von Unternehmen an. Es herrschte eine Boomphase des ICV-Ansatzes und breit angelegte Studien ergaben, dass bis zu 69 Prozent der analysierten Großunternehmen ICV-Projekte eingeführt hatten. Doch diese Projekte stellten sich als sehr konjunkturanfällig heraus und bereits Mitte der 1970er Jahre wurden in Folge des konjunkturellen Abschwungs die meisten von ihnen wieder aufgegeben. Weitere, entsprechende Boomphasen folgten in den frühen 1980ern sowie zuletzt Mitte der 1990er Jahre. In beiden Fällen führte der anschließende konjunkturelle Abschwung wiederum zu einem fast vollständigen Einstellen der ICV-Projekte.[44]

Es ist dabei auffällig, dass diese Zyklen in ihrer Dauer in etwa denen des Venture Capital-Marktes entsprechen und diesen leicht zeitverzögert folgen.[45] Dies wird so interpretiert, dass viele Unternehmen der Faszination des Aufschwungs am Venture Capital-Markt unterliegen und in Folge dessen eigene ICV-Projekte initiieren, um an der Aufschwungphase zu partizipieren.[46] In den nachfolgenden konjunkturellen Phasen des Abschwungs, die durch rückläufige Umsätze und Gewinne sowie sinkende Börsenkurse gekennzeichnet sind, werden diese Projekte meist aus Kostengründen wieder eingestellt, da sie den Erfolgsmaßstäben gereifter Unternehmen nicht genügen.[47] Bei diesem Kurzzeitdenken lassen die Unternehmen jedoch völlig außer Acht, dass ICV-Aktivitäten grundsätzlich langfristig auszurichten sind, da junge Unternehmen naturgemäß im Regelfall eine längere Anlaufzeit benötigen, bis Gewinne erwirtschaftet werden können.[48]

---

[43] Vgl. Block / MacMillan 2003, S. 13.
[44] Vgl. Klein 2002, S. 130 f.
[45] Vgl. Klein 2002, S. 131, Rauser 2002, S. 2.
[46] Vgl. Seeliger 2004, S. 26.
[47] Vgl. Seeliger 2004, S. 21, Klein 2002, S. 130.
[48] Vgl. Seeliger 2004, S. 21.

2.1.3 Motive und Ziele des Corporate Venturing

Nachdem ein gemeinsames Verständnis von Corporate Venturing hergestellt worden ist, soll nun aufgezeigt werden, welche Motive ein Unternehmen für das Aufnehmen von Corporate Venturing-Aktivitäten haben und welche Ziele es damit verfolgen kann. Dies ist nicht nur für die weitere Vertiefung des Verständnisses des Corporate Venturing essentiell, sondern insbesondere auch in Hinblick auf die im Kapitel 4 behandelte Ideenbewertung. An dieser Stelle wird auf die Ziele Bezug genommen, da der potentielle Beitrag einer Idee zur Zielerreichung im Rahmen eines Corporate Venturing signifikant in ihre Bewertung einfließt.

Das Oberziel von Corporate Venturing besteht darin, den finanziellen Erfolg eines Unternehmens und damit dessen Existenz sicherzustellen.[49] Dieses abstrakte Oberziel lässt sich in verschiedene konkrete Teilziele zerlegen. Die wichtigsten davon werden im Folgenden vorgestellt. Der Stellenwert der einzelnen Teilziele hängt von dem jeweiligen Unternehmen und dessen Prioritäten ab.

Wertsteigerung des Geschäftsfeldportfolios:

Corporate Venturing kann dazu beitragen, den Wert des Geschäftsfeldportfolios eines Unternehmens zu erhöhen, also zu Wachstum des Unternehmens führen. Dadurch soll eine möglichst hohe finanzielle Rendite des investierten Kapitals erwirtschaftet werden.[50]

Wachstum stellt für viele Unternehmen das primäre Ziel ihrer Corporate Venturing Aktivitäten dar.[51] Insbesondere ist dies für solche Unternehmen relevant, deren Geschäftsfelder überwiegend in reifen Märkten operieren. Denn je reifer die Märkte sind, desto schwerer und teurer wird es, darin weiter zu wachsen, zum Beispiel durch das Hinzugewinnen weiterer Marktanteile durch intensivere Marktpenetration[52] oder durch die wei-

[49] Vgl. Seeliger 2004, S. 173.
[50] Vgl. Seeliger 2004, S. 174, Block / MacMillan 2003, S. 20, Klein 2002, S. 123.
[51] Vgl. Block / MacMillan 2003, S. 20.
[52] Strategie der Marktpenetration: Anstreben von Erlös- bzw. Ertragsverbesserungen durch Erhöhung der Absatzmengen bzw. Marktanteile der bestehenden Produkte in den bestehenden Märkten. Vgl. Becker 2002, S. 149.

tere Optimierung interner Abläufe. Entsprechendes gilt für die Verteidigung der Marktanteile.

In diesem Fall kann es rentabler sein, statt in den weiteren Ausbau der alten, lieber in die Schaffung neuer, zusätzlicher Geschäfte zu investieren, welche in jungen und zukunftsträchtigen Märkten operieren und ihre Wachstumsphase noch vor sich haben.[53]

Über das genannte offensive Wachstumsmotiv hinaus gibt es auch defensive Motive bezüglich des Geschäftsfeldportfolios. Hierzu zählt insbesondere die Absicherung des langfristigen Überlebens.[54] Produkte und Branchen unterliegen einem Lebenszyklus, an dessen Ende weitere Aktivitäten nicht mehr möglich oder rentabel sind. Dies kann zum Beispiel der Fall sein, weil sie durch *Substitute*[55] abgelöst wurden, welche nunmehr das Interesse der Konsumenten auf sich ziehen.[56] Unternehmen können durch Corporate Venturing ihrem langfristigen Aussterben entgegenwirken, indem sie ihrem Geschäftsfeldportfolio rechtzeitig junge, nachwachsende Geschäftsfelder beimischen.

Die folgende Abb. 9 visualisiert die bisher genannten Inhalte.

---

[53] Vgl. Block / MacMillan 2003, S. 20 f., S. 73.
[54] Vgl. Klein 2002, S. 123.
[55] *Substitute* sind Produkte, die zwar andersartig als das eigene Produkt sind, jedoch dasselbe oder ein ähnliches Bedürfnis beim Konsumenten stillen, so dass er trotz der Andersartigkeit die fremden anstatt der eigenen Produkte verwenden könnte. Ein typisches Beispiel hierfür sind Butter und Margarine. Vgl. wikipedia.org [Substitutionsgut].
[56] Vgl. Hinterhuber 2004 [2], S.173. Für Branchenlebenszykluskonzept vgl. Hungenberg 2004, S. 116 f. Für Produktlebenszykluskonzept vgl. Becker 2002, S. 724, Porter 1980, S. 157 f.

Abb. 9: Wachstum durch neue Geschäftsfelder

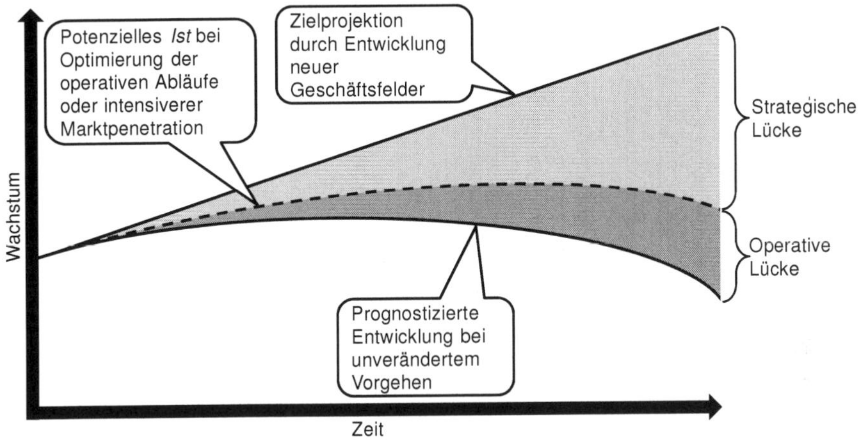

Quelle: In Anlehnung an Kerth / Asum / Nührich 2007, S. 253

Weitere defensive, beziehungsweise das Unternehmen absichernde Ziele in Bezug auf das Geschäftsfeldportfolio sind zum Beispiel:

- Die Stabilisierung des Cashflows[57] durch die Hinzunahme von Geschäftsfeldern, welche vorhandene Schwankungen in existierenden Geschäftsfeldern ausgleichen oder abmildern.[58] Beispielsweise kann dem Portfolio ein Geschäftsfeld beigemischt werden, welches zu den vorhandenen Geschäftsfeldern alternierende saisonale Schwankungen aufweist.
- Die Risikostreuung durch die Hinzunahme von Geschäftsfeldern, die voneinander relativ verschieden sind, zum Beispiel in unterschiedlichen Branchen operieren, so dass das Unternehmen mehrere, voneinander unabhängige Einnahmequellen hat.[59]

Schaffung von Mehrwert durch Synergien:

Bei dieser Zielsetzung wird angestrebt, die Venturing-Aktivitäten derart auszuwählen und zu gestalten, dass die im Unternehmen vorhandenen

---

[57] Cashflow ist eine wirtschaftliche Messgröße. Sie stellt den aus der Umsatztätigkeit oder sonstigen laufenden Tätigkeiten erzielten Nettozufluss liquider Mittel während einer Periode dar. Vgl. wikipedia.org [Cashflow].

[58] Vgl. Hinterhuber 2004 [2], S. 197.

[59] Vgl. Hinterhuber 2004 [2], S. 197, Becker 2002, S. 164, schaude.de.

Kompetenzen, Ressourcen und Vermögenswerte mit denen des neuen Ventures kombiniert werden können und sich dabei ein beidseitiger Vorteil ergibt. Insbesondere sollen dadurch synergetische Hebelwirkungen entstehen, die das Ergebnis größer werden lassen, als die reine Summe der Teile.[60] Diese Zielsetzung ist eine der wesentlichen Unterscheidungsmerkmale zwischen Corporate Venturing und reinen, inhaltlich zusammenhangslosen Finanzinvestments.

Folgend werden einige Motive bezüglich der Nutzung von Synergien aufgezeigt:

- Schutz des Kerngeschäftes: Unternehmen mit einem starken Kerngeschäft können diesen durch nahe am Kern ansetzende neue Ventures vertiefen, verbreitern oder auffrischen und dadurch schützen und stärken.[61] Für Unternehmen mit schwachem Kern bietet Corporate Venturing die Möglichkeit, einen neuen, stärkeren Kern aufzubauen, um den alten vollständig zu ersetzen.[62]
- Synergien entlang der Wertschöpfungskette: Unternehmen können die Nachfrage nach eigenen Produkten steigern, indem sie im Sinne von *Vorwärtsintegration* Ventures gründen, die diese Produkte als Vorprodukte für deren Produktion verwenden, beziehungsweise sie mit den deren Produkten bündeln.[63] Entsprechend können Unternehmen im Sinne von *Rückwärtsintegration* Ventures starten, die als Zulieferer fungieren und somit den Zugang zu Rohstoffen beziehungsweise Vorprodukten sichern.[64] Kommt es zwischen ei-

---

[60] Vgl. Seeliger 2004, S. 184 ff.
[61] Vgl. Donahoe / Schefter / Harding 2001, S. 6 f.
[62] Weiterführend sei dazu angemerkt, dass die oberste Priorität für Unternehmen mit schwachem Kern sein sollte, zunächst zu versuchen, den Kern von innen heraus zu stärken. Denn die Erweiterung eines schwachen Kerns durch neue Ventures macht ihn nicht stark, sondern schwächt das Unternehmen zusätzlich durch den Abzug von Kapazitäten für die neuen Ventures. Das relativ risikobehaftete Corporate Venturing sollte für ein Unternehmen mit schwachem Kern nur dann ins Auge gefasst werden, wenn es für den bestehenden Kern des Unternehmens keine Zukunft sieht und dadurch das Unternehmen gefährdet ist. Dann kann Corporate Venturing als Chance gesehen werden, einen neuen, starken Kern aufzubauen, um den alten zu ersetzen. Vgl. Donahoe / Schefter / Harding 2001, S. 7.
[63] Vgl. Seeliger 2004, S. 185.
[64] Vgl. onpulsion.de.

nem Unternehmen und seinem Venture zu Gegenseitigkeitsgeschäften, spricht man von *wechselseitigem Einkauf* (*reciprocal buying*). Durch diesen können andere Wettbewerber vom Markt ausgeschlossen werden.[65]

- Auslastung und Verwertung von Wirtschaftsgütern: Viele Unternehmen weisen wiederkehrend freie Kapazitäten und Ressourcen auf, die erhebliche Fixkosten verursachen, sich jedoch auch anderweitig nutzen lassen. Dies kann zum Beispiel auf die technischen Anlagen, den Fuhrpark, oder die Gebäude des Unternehmens außerhalb dessen Geschäftszeiten zutreffen. Durch ein Venture, das auf diese freien Ressourcen zurückgreift, können zusätzliche Deckungsbeiträge erwirtschaftet werden.
  Weiterhin kann es vorkommen, dass ein Unternehmen eine wertvolle Erfindung (*Invention)* hervorbringt, welche jedoch für die Unternehmensstrategie irrelevant ist und deshalb nicht von ihm vermarktet wird. Das Unternehmen kann ein neues Venture initiieren, im Sinne eines völlig eigenständigen, losgelösten Unternehmens, welches das brachliegende Wirtschaftsgut verwertet. Man bezeichnet solche vom ursprünglichen Unternehmen losgelöste Ventures als *Spin-off*. Sie stellen eine Alternative zu einem Lizenz- oder Patentverkauf der brachliegenden Invention dar.[66]
- Wettbewerb und Marktmacht: Ein Unternehmen kann Corporate Venturing einsetzen, um wettbewerbsstrategische Ziele auf Unternehmensebene zu verfolgen. So kann ein Venture einerseits defensiv im Rahmen von Verteidigungsstrategien eingesetzt werden, zum Beispiel wenn es als Vorposten den anderen Geschäftsfeldern einen Flankenschutz bietet. Andererseits kann es auch offensiv eingesetzt werden im Rahmen von Angriffsstrategien, zum Beispiel wenn der Gegner im Sinne eines Umzingelungsangriffs an mehreren Punkten angegriffen werden soll.[67] Weiterhin können neue

[65] Vgl. Hungenberg 2004, S. 463.
[66] Vgl. Seeliger 2004, S. 187 f.
[67] Vgl. Hungenberg 2004, S. 462 in Verbindung mit Block / MacMillan 2003, S. 20, Kotler / Bliemel 2001, S. 690 f. und S. 703 und Becker 2002, S. 385 f.

Ventures wettbewerbsstrategische Relevanz haben, indem sie zum Beispiel so lanciert werden, dass sie für das Mutterunternehmen, beziehungsweise dessen vorhandene Geschäftsfelder, frühzeitig relevante Märkte besetzen.[68]

Schaffung von Wissen und von Strategischer Handlungsflexibilität:

Startet ein Unternehmen ein Venture in einem kerngeschäftsnahen Zukunftsbereich, in welchem es bislang nicht aktiv ist, so kann es durch das Venture frühzeitig Zugriff auf wertvolles Wissen bezüglich neuer Technologien, Produkte oder Märkte erlangen. Auf diese Art kann das Unternehmen wie mit einer Art *Frühwarnsystem* zukünftige Trends aufspüren, oder gar Trends selber setzen, und sich dadurch einen zeitlichen Vorsprung vor seinen Wettbewerbern erarbeiten.[69]

Durch das gleichzeitige Engagement in mehreren solcher Ventures schafft sich das Unternehmen darüber hinaus die strategische Handlungsflexibilität, je nachdem, wie die tatsächliche Entwicklung der Märkte verläuft, einzelne Bereiche schnell ausweiten, beschleunigen aber auch verzögern oder abbrechen zu können.[70]

Weiterhin bieten Ventures, die vom Unternehmen völlig separiert gestartet werden, die Möglichkeit neue Geschäftsmodelle auszuprobieren, ohne dabei das vorhandene Kerngeschäft des ursprünglichen Unternehmens zu gefährden. Bei Erfolg des Ventures kann das ursprüngliche Unternehmen anschließend sein Kerngeschäft transformieren oder durch das Venture gänzlich ersetzen.[71]

Insgesamt kann man sagen, dass Unternehmen durch das Corporate Venturing eine Vielzahl von strategischen Optionen aufbauen, und somit eine Absicherung gegenüber denkbaren, aber nicht abschließend zu beurteilenden Entwicklungen schaffen können. Dabei müssen weder das

---

[68] Für weiterführende Informationen zu den verschiedenen Wettbewerbsstrategien, siehe z.B. Kotler / Bliemel 2001, S. 684 ff.

[69] Vgl. Seeliger 2004, S. 6, S. 179 ff.

[70] Manche Unternehmen gehen dabei sogar soweit, dass sie von Anfang an gleichzeitig in mehrere Ventures investieren, welche konkurrierende Technologien entwickeln. Sie können somit länger abwarten, welche Technologie sich letztendlich durchsetzt und sich davor absichern, einen wichtigen Trend zu verpassen. Vgl. Seeliger 2004, S. 183.

[71] Vgl. Donahoe / Schefter / Harding 2001, S. 6 f.

bestehende Kerngeschäft gefährdet, noch finanzielle Mittel oder personelle Kapazitäten in großem Umfang gebunden werden. Ebenso wenig ist es erforderlich, die vorhandene Organisation umfangreich anzupassen. Dies hat eine hohe Bedeutung angesichts der zunehmenden Komplexität und Unsicherheit der Unternehmensumwelt.[72]

Organisationsentwicklung:

Der Fokus dieser Arbeit liegt auf der formalen Komponente des Internal Corporate Venturing. Für das ganzheitliche Verständnis ist es jedoch erforderlich, auch die Ziele der personellen Dimension zu kennen, da ICV nur im Zusammenspiel beider Dimensionen seine vollständige Wirkung entfalten kann.

Corporate Venturing, insbesondere Internes Corporate Venturing, kann die Unternehmenskultur positiv beeinflussen und einen signifikanten Beitrag zur Organisationsentwicklung[73] leisten. Corporate Venturing-Aktivitäten begünstigen die Bildung von *Unternehmertum innerhalb eines Unternehmens* (*Corporate Entrepreneurship*) – im Sinne von unternehmerischem Gründergeist – und damit die gezielte Nutzung von Gründerpotentialen. Dies kann dazu führen, dass sich im gesamten Unternehmen eine *Innovationskultur* etabliert, wodurch die Innovationskraft des Unternehmens signifikant gesteigert wird und zwar weit über das Maß hinaus, das eine isolierte Forschungs- und Entwicklungsabteilung leisten kann. Dies wiederum begünstigt zukünftige Ventures, so dass es zu einem sich selbst verstärkenden Effekt kommt. Weitere mögliche Effekte von Corporate Entrepreneurship sind die Revitalisierung der Organisation durch Aufbrechen von bürokratischen Strukturen, die Förderung der

---

[72] Vgl. Seeliger 2004, S. 6, S. 179 ff.

[73] Der Terminus *Organisationsentwicklung* bezeichnet ein Konzept, welches Personalentwicklung und Organisationsplanung vereint. Gemäß diesem soll ein geplanter sozialer Wandel in Organisationen herbeigeführt werden, mit dem Ziel, die Effektivität und die Mitarbeiterzufriedenheit zu erhöhen. Dies soll durch Miteinbeziehung der Mitarbeiter und deren Interessen geschehen (*die Betroffenen zu Beteiligten machen*), indem sie eingeladen werden, maßgeblich an der Ursachenforschung von Problemen sowie an der Suche und Verwirklichung von Lösungen teilzuhaben, um die Organisation von innen heraus auf neue Aufgaben vorzubereiten und zu optimieren. Dabei werden die Fähigkeiten aller und der Organisation als Ganzes genutzt sowie gemeinschaftliche Lernprozesse initiiert und methodisch begleitet. Vgl. Bröckermann 2003, S. 21, 446 f., wikipedia.org [Organisationsentwicklung].

Kommunikation durch unternehmensinterne- und externe Netzwerkbildung sowie insgesamt die Steigerung der Motivation der Mitarbeiter. Außerdem steigt damit auch die Attraktivität des Unternehmens als Arbeitgeber für qualifizierte Arbeitnehmer, die sich durch die *Unternehmerkultur im Unternehmen* (*Entrepreneurial Culture*) angesprochen fühlen.[74]

2.2 Der Prozess des Internal Corporate Venturing

Nachdem nunmehr dargelegt worden ist, womit sich Corporate Venturing befasst und welchen Zielen es dient, wird im Folgenden der Fokus auf die prozessuale Ebene des Internal Corporate Venturing gesetzt und diese erläutert.

Unabhängig davon, ob ein Unternehmen ICV als einmaliges Projekt durchführt oder den ICV-Ansatz dauerhaft implementiert hat – zum Beispiel durch eine dedizierte Organisationseinheit – ist das Aufbauen eines neuen Ventures ein in sich abgeschlossener Prozess mit einem definierten Anfang und Ende.

In der Literatur existieren zahlreiche Prozessmodelle für das ICV, die sich stark voneinander unterscheiden. Diese haben sich jedoch allesamt als mangelhaft für die vorliegende Untersuchung erwiesen. Insbesondere der Grad der Detaillierung und die Abgrenzung der einzelnen Arbeitsschritte sind dabei der stärkste Kritikpunkt. Aus dieser Kritik heraus wurde im Rahmen dieser Arbeit ein optimiertes ICV-Prozessmodell entwickelt. Dieses wird in Abb. 10 dargestellt.[75]

---

[74] Vgl. Klein 2002, S. 119, Seeliger 2004, S. 41, 177 ff.

[75] Als Grundlage hierfür wurde der Ansatz von KLEIN verwendet, welcher aus den drei Prozessschritten *Ideenphase*, *Aufbauphase* und *Marktphase* besteht und seinerseits auf die Überlegungen von BLITZER & UTTERBACK zurückzuführen ist. Dieser wurde mit den Stufen *Setting the Stage* und *Learning from Experience* von BLOCK & MACMILLAN verschmolzen, welche hier in *Initiierungsphase* und *Lernphase* umbenannt worden sind. Die Gestaltung der Inhalte sowie die inhaltlichen Grenzziehung der Ideenphase zu seinen Nachbarphasen erfolgten dabei in Anlehnung an den als IDEA DEVELOPMENT PROCESS vorgestellten Überlegungen von BRAGG & BRAGG.

Abb. 10: Prozessmodell des Internal Corporate Venturing

Quelle: Eigene Darstellung

Die dargestellten Prozessschritte werden im Folgenden einzeln erläutert:

- Initiierungsphase: Die Unternehmensführung trifft die Entscheidung, ICV zu betreiben. Hierzu schafft sie die Voraussetzungen im Unternehmen, indem sie entsprechende organisatorische und personelle Maßnahmen durchführt. Weiterhin definiert sie die Stoßrichtung und den Rahmen des ICV, indem sie dessen Motive, Ziele und Grenzen formuliert.[76]
- Ideenphase: Zunächst werden Chancen gesucht, worunter hier zum Beispiel unternehmensseitige Kompetenzen oder marktseitige Bedarfe verstanden werden. Im Sinne von möglichen Lösungen zur Nutzung dieser Chancen, werden anschließend dazu passende Ideen in großer Stückzahl generiert. Darauf folgend werden diese Ideen bewertet und die besten ausgewählt.[77] Diese Phase ist das Kernstück der vorliegenden Arbeit und wird im nachfolgenden Abschnitt 2.3 im Detail dargestellt.
- Aufbauphase: Ein Venture Team wird gebildet welches die ausgewählte Idee schrittweise realisiert. Zunächst werden Konzept- beziehungsweise Prototypentests sowie Machbarkeits- und Marktstudien durchgeführt. Aufbauend auf den daraus gewonnenen Erkenntnissen wird ein Businessplan erstellt. Dieser wird anschließend sukzessive umgesetzt. Dabei werden alle notwendigen Maßnahmen getroffen, um in der nächsten Phase den Markt betreten zu können. Derartige Maßnahmen können zum Beispiel sein: Die Durchführung von Pilot- und Markttests sowie die Entwicklung des Produktes zur Markt- beziehungsweise Serienreife, Personal- und aufbauorganisatorische Maßnahmen, Materialbeschaffungs-, Pro-

[76] Vgl. Block / MacMillan 2003, S. 11, 71 f.
[77] Vgl. Bragg / Bragg 2005, S. 12 ff.

duktions- und Absatzvorbereitung, Entwicklung von operativen Marketing- und Kommunikationsstrategien und gegebenenfalls die Aufnahme der Produktion.[78]

- Marktphase: Das neue Venture betritt seinen Zielmarkt und nimmt das operative Geschäft auf. Dabei gilt es, die nicht vorhersehbaren Probleme zu bewältigen und am Markt zu überleben. Ziel ist es, das Venture weiter zu verfeinern sowie insgesamt die Innovation zu einem profitablen Wachstumsgeschäft auszubauen und zur Routine überzugehen.[79] Falls nicht bereits während der Aufbauphase geschehen, wird das Neugeschäft in seine endgültige Organisationsform überführt, zum Beispiel durch Etablierung als neuer Geschäftsbereich, durch Angliederung oder vollständige Eingliederung in einen bestehenden Geschäftsbereich, durch Ausgliederung als Ableger, das heißt als neu gegründetes und autonomes Tochterunternehmen (*Spin-off*)[80] oder durch Verkauf der Einheit.[81]
- Lernphase: Im Sinne eines *Wissensmanagements*[82] beziehungsweise des Konzeptes der *Lernenden Organisation*[83] , werden Informationen über den Verlauf des Ventures systematisch gesammelt und ausgewertet um Erkenntnisse für zukünftige ICV-Projekte zu gewinnen.[84]

2.3 Der Prozessabschnitt *Ideenphase*

Im bisherigen Verlauf der Untersuchung wurde, vom Allgemeinen zum Speziellen, schichtweise in die Materie des Corporate Venturing vorge-

[78] Vgl. Block / MacMillan 2003, S. 11, 177, 188 und Klein 2002, S. 20, 220 ff.
[79] Vgl. Klein 2002, S. 20 und Block / MacMillan 2003, S. 11.
[80] Vgl. wikipedia.org [Ableger (Wirtschaft)].
[81] Vgl. Klein 2002, S. 222 ff.
[82] Der Terminus *Wissensmanagement* (*knowledge management*) ist ein zusammenfassender Begriff für Managementpraktiken, welche darauf abzielen, in Organisationen Wissen zu entwickeln, aufzubereiten und einzusetzen, um die Organisationsziele bestmöglich zu erreichen. Vgl. wikipedia.org [Wissensmanagement].
[83] Der Terminus *Lernende Organisation* bezeichnet eine anpassungsfähige und auf innere sowie äußere Reize reagierende Organisation, welche Ereignisse als Anregungen auffasst und für Entwicklungsprozesse nutzt, um die Wissensbasis und Handlungsspielräume an die neuen Erfordernisse anzupassen. Vgl. wikipedia.org [Lernende Organisation].
[84] Vgl. Block / MacMillan 2003, S. 11, 309 f.

drungen. Nunmehr ist der Kern der Untersuchung freigelegt, nämlich die *Ideenphase* innerhalb des oben vorgestellten Internal Corporate Venturing-Prozesses. Dies ist das zentrale Untersuchungsfeld, welches im weiteren Verlauf der vorliegenden Arbeit nicht mehr verlassen wird.

Es ist ein zentrales Element dieser Arbeit, für HELLASIMAGE einen Prozess zu modellieren, im Sinne eines konkreten, detaillierten und in der Praxis umsetzbaren Handlungsleitfadens, der das Unternehmen beim Generieren und Evaluieren von Ideen für neue Geschäftsfelder unterstützt. Im Kontext des oben vorgestellten ICV-Prozessmodells bedeutet dies, dass ein detailliertes Sub-Prozessmodell der Ideenphase modelliert werden soll.

Solch ein systematischer Prozess im Sinne eines innovationsgerechten Koordinationsinstruments des Ablaufs der Ideenphase ist von großer Wichtigkeit für das Gelingen von ICV.[85]

Die folgende Abb. 11 zeigt den für HELLASIMAGE entwickelten Subprozess der *Ideenphase* und stellt ihn im Kontext des bereits bekannten ICV-Prozessmodells dar:

Abb. 11: Der Subprozess der Ideenphase

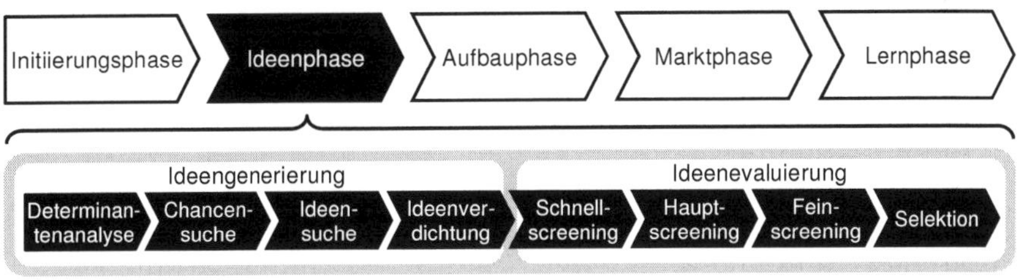

Quelle: Eigene Darstellung

Das entwickelte Sub-Prozessmodell besteht insgesamt aus acht Prozessschritten. Wie in der Abbildung zu erkennen ist, lassen sich diese in zwei Gruppen unterteilen: in die Teilphase *Ideengenerierung* und die Teilphase *Ideenevaluierung*. Im Folgenden werden die einzelnen Schritte des Subprozesses detailliert betrachtet, wobei sich die Vorgehensweise an der oben genannten Zweiteilung orientiert.

---

[85] Vgl. Klein 2002, S. 218.

3 Ideengenerierung

In diesem Kapitel wird die Teilphase *Ideengenerierung* des für HELLASIMAGE entwickelten Prozessmodells zunächst allgemein betrachtet, wobei die wesentlichen Grundlagen für das Verständnis dieser Phase aufgezeigt werden. Anschließend erfolgt eine detaillierte Betrachtung der einzelnen Sub-Prozessschritte dieser Teilphase. Die Inhalte werden dabei mit praktischen Beispielen aus dem Bereich des Referenzunternehmens HELLASIMAGE angereichert. An den jeweils relevanten Stellen werden die für die praktische Umsetzung dieser Teilphase entwickelten Tools vorgestellt. Abb. 12 illustriert den Aufbau dieses Kapitels im Kontext der Arbeit.

Abb. 12: Übersicht – Kapitel 3

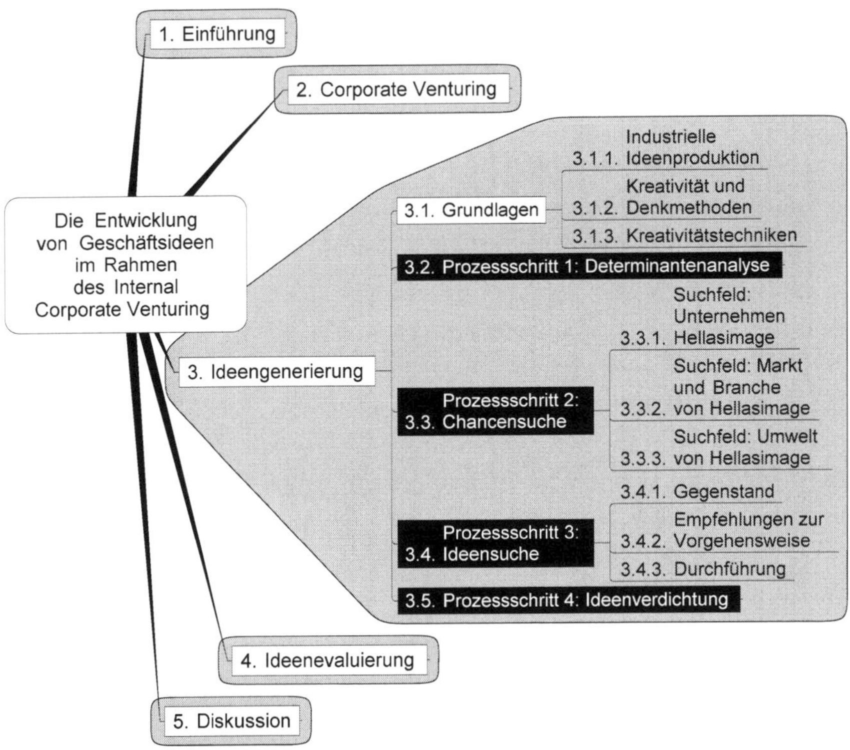

Quelle: Eigene Darstellung

3.1 Grundlagen

In diesem Abschnitt werden zunächst einige ausgewählte Grundlagen zur Generierung von Ideen für neue Geschäftsfelder vorgestellt, die für das Verständnis des Prozesses und die effektive Anwendung der Tools relevant sind.

3.1.1 Industrielle Ideenproduktion

Das Finden von Ideen für neue Geschäftsfelder ist in der alltäglichen Wahrnehmung vieler Menschen stark mystifiziert. In diesem Zusammenhang ist oft von *genialen Geschäftsideen* die Rede und es wird angenommen, dass diese – magischer Inspiration gleichend – in Form eines *brillanten Geistesblitzes* erscheinen. Doch langfristig erfolgreiche Geschäfte, die solchen zufällig auftauchenden Eingebungen entspringen sind äußerst rar.[86] DRUCKER geht sogar soweit, dass er solche spontanen und vermeintlich genialen Einfälle als riskanteste und am wenigsten erfolgreichste Quellen von Innovationen bezeichnet.[87] Den meisten erfolgreichen Einfällen, die Außenstehende als zufällige *Heureka*-Geistesblitze[88] wahrnehmen, sind in Wahrheit intensive Stunden der Vorbereitung, des Nachdenkens, Beobachtens und Analysierens vorausgegangen, die den entscheidenden Einfall erst ermöglichten.[89]

Häufig wird auch die Wichtigkeit der Brillanz von Ideen überbewertet, während gleichzeitig die Tatsache vernachlässigt wird, dass es für ein Unternehmen nicht die höchste Priorität hat, dass seine Produkte brillant, also beeindruckend, spannend, überraschend und ausgefallen sind. Vielmehr ist es von besonderer Bedeutung, dass sie in einer *ausreichenden* Menge an *tatsächlich existierende* Kunden verkauft werden und nachhaltig positive Cashflows und Profite erwirtschaften können.[90] Diese

[86] Vgl. Timmons / Spinelli 2007, S. 121.
[87] Vgl. Drucker 1993, S. 130.
[88] Gemäß einer von PLUTARCH und VITRUV überlieferten Anekdote ist ARCHIMEDES VON SYRAKUS unbekleidet und *Heureka!* (altgriechisch für *Ich habe es gefunden*) rufend durch die Stadt gelaufen, nachdem er bei einem Bad in der Badewanne das nach ihm benannte *Archimedische-Prinzip* entdeckt hatte. Vgl. wikipedia.org [Heureka].
[89] Vgl. Bragg / Bragg 2005, S. 108.
[90] Vgl. Bragg / Bragg 2005, S. 6.

Tatsache wurde insbesondere in der *New Economy* genannten Epoche Ende der 1990er Jahre von Vielen ignoriert, was zu erheblichen Turbulenzen der Weltwirtschaft führte. Und es zeichnet sich ab, dass derzeit derselbe Fehler im Zuge des *Web 2.0* genannten Hypes wiederholt werden könnte.[91]

Um hingegen tatsächlich marktfähige Ideen zu entwickeln, ist weniger geniale Intuition, als systematisches und diszipliniertes Vorgehen wichtig. Mit einer adäquaten, Methode, lassen sich lohnenswerte Ideen geplant und gezielt erzeugen, ähnlich materiellen Gütern, die nach einem festen Ablaufschema und mit definierten Werkzeugen hergestellt werden. SCHNETZLER spricht in diesem Zusammenhang von *Industrieller Ideenproduktion* und nennt ihr ganzheitliches Konzept zur Beschaffung, Verdichtung und Bewertung von kreativen Ideen konsequenter Weise *Ideenmaschine*.[92]

Die wirklich brauchbaren Ideen entstehen im Zuge eines solchen Prozesses selten beim ersten Anlauf und aus einem Guss. Vielmehr erfordert es meist eine Serie von iterativen Nachbesserungen, Verschmelzungen und Selektionen bis eine oder mehrere viel versprechende, aber zunächst rohe und ungeschliffene Ideen zu einem stimmigen Gesamtkonzept verdichtet und verfeinert werden.[93] EDISON, der sich nicht nur durch die hohe Anzahl von 1093 patentierten Erfindungen auszeichnet, sondern insbesondere durch sein Talent, als geschickter Kaufmann viele davon sehr erfolgreich als Innovationen zu vermarkten, sagte in diesem Zusammenhang:

> *„Keine meiner Erfindungen entstand aus Versehen. Ich erkenne ein lohnenswertes Bedürfnis, das befriedigt werden möchte und ich unternehme Versuch nach Versuch bis ich es raus habe.“* und weiter *„Genie ist ein Prozent Inspiration und 99 Prozent Transpiration.“*.[94]

[91] Vgl. taz.de.
[92] Vgl. Schnetzler 2006, S. 25 f.
[93] Vgl. Timmons / Spinelli 2007, S. 121.
[94] Freie Übersetzung der originalen Zitate aus dem Englischen, vgl. wikiquote.org.

3.1.2 Kreativität und Denkmethoden

Kreativität ist ein zentrales Element der gesamten Ideenphase. Sie wird in jedem Prozessabschnitt benötigt, kommt jedoch im Bereich der Ideengenerierung besonders stark zum Tragen.[95] Zunächst ist es wichtig, Kreativität zu definieren und verschiedene Denkstile vorzustellen, um ein Verständnis für die Bedeutung und Tragweite von Kreativität im Rahmen dieses Prozesses zu gewinnen.

Der Terminus *Kreativität* bezeichnet die Fähigkeit schöpferischen Denkens und Handelns.[96] Häufig werden damit in erster Linie künstlerische Tätigkeiten assoziiert.[97] Dies ist zwar insofern korrekt, dass Kunst per Definition das Ergebnis eines kreativen Prozesses ist.[98] Jedoch ist die Kunst nur eine von vielen möglichen Formen von Kreativität und dabei völlig anders, als beispielsweise Kreativität in Physik, Politik oder beim Finden von Ideen für neue Geschäftsfelder.[99] In diesem Zusammenhang wird klar, dass niemand *kreativ im Allgemeinen* ist, sondern nur in ganz bestimmten Bereichen.[100] Dies erscheint insbesondere in Hinblick auf das Unternehmen HELLASIMAGE erwähnenswert, da sich dessen Mitarbeiter durch eine hohe künstlerische Kreativität auszeichnen. Eventuell könnte der Trugschluss gezogen werden, dass diese Mitarbeiter unweigerlich auch im Bereich der Ideenfindung für neue Geschäftsfelder besonders schöpferisch sein, wenngleich dies nicht ausgeschlossen ist.

Um kreativ zu sein und neue Ideen zu generieren, ist es im ersten Schritt erforderlich, das Verlassen vertrauter Wege zuzulassen. In diesem Zusammenhang spricht man von *Divergentem* oder auch *Lateralem Denken.*[101] Bei dieser Denkmethode wird offen, unsystematisch und spiele-

---

[95] Vgl. Bragg / Bragg 2005, S. 33, 41.
[96] Vgl. wikipedia.org [Kreativität].
[97] Vgl. Boos 2007, S. 6.
[98] Vgl. wikipedia.org [Kunst].
[99] Vgl. Gardner 2006, S. 67.
[100] Vgl. Nöllke 2006, S. 21.
[101] Die Begriffe *Divergentes Denken* und *Konvergentes Denken* wurden von GUILFORD geprägt. Später führte DE BONO das Konzept des *Lateralen Denkens* und *Vertikalen Denkens* ein, welches sich jedoch nur in Nuancen von GUILFORDS Ansatz unterscheidet. Heute sind alle vier Termini gebräuchlich und werden zum Teil jeweils paarweise synonym verwendet. Vgl. Nöllke 2006. S. 14 f.

risch an Probleme herangegangen, wobei den Gedanken freier Lauf gelassen und Kritik vermieden wird. Es ist das Wesen dieser Denkmethode, das Vertraute als fremd zu betrachten, sich von konventionellem Denken loszureißen und Weisheiten in Frage zu stellen.[102] Dabei soll es zu *Kreativen Sprüngen* kommen: Die konventionellen Denkmuster sollen radikal verlassen und gedankliches Neuland betreten werden, selbst wenn dies zunächst unlogisch und irrational erscheinen mag.[103] Umgangssprachlich wird dies als *Querdenken* oder *Um-die-Ecke-Denken* bezeichnet.[104]

Um zu verwertbaren Ergebnissen zu gelangen und somit tatsächlich schöpferisch tätig zu werden, erfordert es im zweiten Schritt die Anwendung von *Konvergentem Denken*, auch *Vertikales Denken* genannt. Diese Denkmethode ist logisch, rational und planmäßig, Kritik ist ein zentrales Element. Diese Denkmethode ist notwendig, um die Masse der durch Divergentes Denken gewonnenen Ideenansätze verwerten zu können.[105]

Die nachfolgende Abb. 13 stellt die beiden beschriebenen Denkmethoden gegenüber.

[102] Vgl. Bragg / Bragg 2005, S. 77.
[103] Vgl. Nöllke 2006, S. 9 ff.
[104] Vgl. wikipedia.org [Laterales Denken].
[105] Vgl. Nöllke 2006, S. 15 f.

Abb. 13: Divergentes und Konvergentes Denken

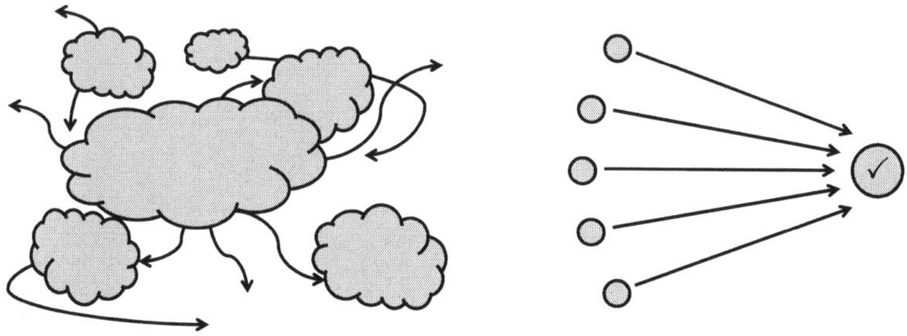

Divergentes (Laterales) Denken	Konvergentes (Vertikales) Denken
Intuitiv, irrational, assoziativ	Logisch, rational, analytisch
In viele Richtungen, sprunghaft, gleichzeitig	In eine Richtung, linear, sequentiell
Vom Thema abweichen, diffus, verträumt	Beim Thema bleiben, konkret, zielorientiert
Heterogen, akzeptiert Widersprüche	Homogen, widerspruchsfrei
Erfindet neue Verfahren	Nutzt bewährte Lösungsverfahren
Subjektiv, emotional, spielerisch	Objektiv, emotionslos, sachlich
Chaotisch, frei, zufällig, spontan	Geordnet, gezwungen, gesetzlich, berechnet/ geplant
Kritische Einwände behindern divergentes Denken	Kritische Einwände verbessern konvergentes Denken
Viele originelle Lösungen, Quantität	Eine richtige Lösung, Qualität

Quelle: In Anlehnung an Bragg / Bragg 2005, S. 39 und Nöllke 2006, S. 15

Divergentes Denken hat zwar im kreativen Prozess eine ausschlaggebende Funktion, dennoch ist Kreativität ohne Konvergentes Denken nicht möglich.[106] Kreativität lässt sich somit als eine effektive Kombination von Divergentem und Konvergentem Denken interpretieren.[107]

Dabei ist es essentiell, dass innerhalb des kreativen Prozesses die beiden Denkmethoden niemals zeitgleich zum Einsatz kommen. Sie müssen strikt separiert und nur aufeinander folgend verwendet werden, da sie sich gegenseitig behindern: Die unbeschwerte Erzeugung von phantasievollen Ideen im Rahmen des Divergenten Denkens kann durch Kritik und logische Bewertung augenblicklich gehemmt werden. Andererseits verhindern in der konvergenten Phase Abschweifungen oder die erneute Umgestaltung und Weiterentwicklung von Ideen die notwendige,

[106] Vgl. Nöllke 2006, S. 16.
[107] Vgl. Bragg / Bragg 2005, S. 35.

klare und objektive Sicht sowie eine zielführende, strukturierte Vorgehensweise.[108]

Zweifelsohne sind manche Menschen erheblich kreativer als andere. Sie verfügen über ein Bündel von Eigenschaften, welche Kreativität begünstigen:[109]

- Sie sind problemsensitiv was sie befähigt, nicht optimale Situationen, Produkte und Prozesse als solche überhaupt zu erkennen. Neugier und eine Tendenz zu Nonkonformität, beziehungsweise Exzentrik ermöglicht ihnen, Konventionelles in Frage zu stellen um neue Möglichkeiten zu erkunden.
- Sie können sowohl divergent, als auch konvergent denken und flexibel zwischen beiden Denkmethoden wechseln. Das Divergente Denken ermöglicht ihnen originell, ganzheitlich und konzeptionell zu sein, verschiedene Einfälle zu kombinieren und auch abseitige Aspekte zu entdecken. Ihre Fähigkeit hingegen, konvergent zu denken, verleiht ihnen die Eigenschaft, aussichtreiche Ansätze und tragfähige Lösungen zu erkennen und herauszufiltern, sowie eine sichere Urteilskraft und einen unbestechlichen Blick für Mängel.
- Sie verfügen über ausgezeichnetes Know-how, Fachwissen und Expertentum. Außerdem sind sie vielseitig interessiert und haben eine breite Allgemeinbildung. Auf den reichhaltigen Wissenspool kann zurückgegriffen werden – bewusst und unbewusst – um unterschiedliche Lösungsmöglichkeiten zu entwickeln.
- Sie sind ergebnis- und lösungsorientiert, haben eine hohe Ausdauer und Frusttoleranz, sind hartnäckig, mutig und geben sich nicht mit der ersten Lösung zufrieden. Sie sind humorvoll, haben Freude an ihrer Arbeit und die Fähigkeit zur Selbstmotivation.

Nur die wenigsten Menschen vereinen alle der genannten Eigenschaften.[110] Insbesondere herrscht häufig eine deutliche Präferenz zugunsten einer der beiden Denkmethoden vor, was ihre Kreativität zwangsläufig

[108] Vgl. Bragg / Bragg 2005, S. 51 f.
[109] Vgl. Boos 2007, S. 11 ff., Nöllke 2006, S. 19 f.
[110] Vgl. o. V. 2001, S. 40.

vermindert. Dennoch können sie in kreativen Prozessen einen essentiellen Beitrag leisten, indem sie sich im Rahmen eines entsprechend heterogen zusammengestellten Teams mit anderen Mitgliedern derart ergänzen, dass im Team insgesamt alle genannten Faktoren zusammen kommen. Dies kann zum Beispiel durch das Zusammenführen einer ideenreichen und originellen, jedoch etwas sprunghaften Person, mit einer analytischen, disziplinierten und lösungsorientierten Person geschehen.[111] Weiterhin lassen sich die genannten Eigenschaften durch Training und der Vermittlung entsprechender Methodenkompetenz gezielt fördern, zum Beispiel durch die Vermittlung erlernbarer *Kreativitätstechniken*.[112] Jeder kann interessante und realisierbare Geschäftsideen entwickeln, indem er systematisch daran arbeitet.[113]

3.1.3 Kreativitätstechniken

Die unter 3.1.2 dargestellten Ausführungen sind die Basis für eine zielgerichtete organisationale Umsetzung der relevanten Arbeitsschritte im Rahmen der Ideenphase. Das grundlegende Verständnis von Kreativität und der vorgestellten Denkweisen ist insbesondere bei der Anwendung von so genannten *Kreativitätstechniken* erforderlich, welche im Rahmen des hier vorgestellten Prozessmodells als organisationales Basiselement dienen und nachfolgend erläutert werden.

Unter Kreativitätstechniken versteht man Methoden zur Unterstützung von kreativen Prozessen, mit dem Ziel, neue Ideen und Problemlösungen zu einem definierten Zeitpunkt zu erzeugen. Diese Techniken sind geeignet, um die Ideenfindung und den Ideenfluss Einzelner oder der Gruppe zu beschleunigen, um Probleme zu präzisieren oder die Suchrichtung zu erweitern und gedankliche Blockaden aufzulösen.[114]

Insgesamt existieren circa 25 bis 30 Kreativitätstechniken, die als gängig einzustufen sind und darüber hinaus eine Vielzahl von Variationen von

---

[111] Vgl. Nöllke 2006, S. 20 f.
[112] Vgl. Boos 2007, S. 5 und Block / MacMillan 2003, S. 95.
[113] Vgl. Block / MacMillan 2003, S. 102.
[114] Vgl. wikipedia.org [Ideenfindung].

geringerer Relevanz.[115] Es lässt sich jedoch festhalten, dass es dabei keine Allroundtechnik gibt.[116] Vielmehr unterscheiden sich die vielfältigen Methoden hinsichtlich:[117]

- ihrer Eignung für bestimmte Aufgaben, zum Beispiel: Produktneuentwicklung, Weiterentwicklung existierender Lösungen, Ideenfindung in der Werbung, Entwickeln von Produktnamen, spontane Stoffsammlung wenig strukturierter Probleme, Lösung komplexer Fragestellungen oder Impulsgebung bei festgefahrenen Diskussionen
- der minimal erforderlichen sowie der maximal möglichen Teilnehmerzahl
- ihres Schwierigkeitsgrades in der Anwendung für die Teilnehmer und einen gegebenenfalls notwendigen Moderator

Im Rahmen der vorliegenden Arbeit wurden die 28 gängigsten Kreativitätstechniken kritisch untersucht, hinsichtlich ihrer spezifischen Eignung zur Erschließung neuer Geschäftsfelder im vorliegenden Fall. Eine tabellarische Gesamtübersicht über die untersuchten Kreativitätstechniken ist in Anhang A.1.1 (S. 171) zu finden.

Die allgemeine Anforderung, die durch die Natur der Zielsetzung determiniert wurde, bestand zunächst darin, dass eine Technik explizit dafür geeignet sein soll, Ideen für neue Geschäftsfelder zu entwickeln. Darüber hinaus existierten unternehmensspezifische Kriterien für die Auswahl geeigneter Kreativitätstechniken im Fall HELLASIMAGE. Diese sind insbesondere:

- Die Durchführbarkeit der Methode durch Einzelpersonen oder Teams mit maximal sechs Personen
- Ein möglichst geringer Schwierigkeitsgrad der Techniken, sowohl für Teilnehmer als auch den Moderator

---

[115] Vgl. wikipedia.org [Ideenfindung].
[116] Vgl. Nöllke 2006, S. 121.
[117] Vgl. Boos 2007, S. 27 f.

- Die Bevorzugung solcher Methoden, die sich tendenziell für mehrere Prozessschritte im Rahmen der Ideenphase eignen und die leicht kombinierbar sind, um die Anzahl der zu erlernenden Techniken und damit die Komplexität gering zu halten

Aufgrund der dargestellten Kriterien wurden nach sorgfältiger Analyse insbesondere die folgenden Kreativitätstechniken als wesentlich für die vorliegende Untersuchung identifiziert, welche jeweils kurz erläutert werden:

- *Brainstorming*: In einer Gruppe von vier bis zwölf Personen stellt der Moderator in der Einführungsphase das Problemfeld vor. In der anschließenden Phase des Divergenten Denkens äußern die Teilnehmer ihre spontanen Eingebungen und Einfälle zum Problemfeld, welche vom Moderator aufgezeichnet werden. Dabei geht es darum, so viele Vorschläge, wie möglich zu entwickeln, jegliche Kritik zu vermeiden sowie die Vorschläge anderer Teilnehmer nach Möglichkeit aufzugreifen und weiterzuentwickeln. In der abschließenden konvergenten Phase werden die Ideen in einer Gruppendiskussion gesichtet, strukturiert und kritisch bewertet.[118]
- *Mindmapping*: Eine Einzelperson oder eine Gruppe von maximal drei Personen notiert einen zentralen Begriff als Thema in der Mitte einer Arbeitsfläche, zum Beispiel auf einem Papier, einem Flip-Chart oder in entsprechender Mindmapping-Software. Ausgehend von diesem Hauptthema werden nach außen abgehende Verbindungen gezeichnet, an deren Enden Begriffe notiert werden, die die Teilnehmer spontan mit dem Hauptthema assoziieren. Diese Begriffe sollen ihrerseits neue Assoziationen wecken, so dass von ihnen weitere abgehende Verbindungen gezeichnet werden. Somit entsteht allmählich eine stark verästelte Baumstruktur aus intuitiven Assoziationen.[119] Diese Technik eignet sich sehr gut für eine

[118] Vgl. Nöllke 2006, S. 53 ff., Boos 2007, S. 31 f.
[119] Vgl. Müller 2005, S. 20 ff.

Kombination mit Brainstorming.[120] Ein Beispiel für ein solches Mindmap ist in Abb. 2 (S. 7) zu finden.

Die beiden beschriebenen Kreativitätstechniken kommen im weiteren Verlauf der Untersuchung regelmäßig und wiederholt zum Einsatz. Daneben wird eine weitere Kreativitätstechnik angewandt, die *Osborn-Checkliste*. Da diese jedoch nur einmalig an einer bestimmten Stelle zum Einsatz kommt, erfolgt ihre detaillierte Betrachtung im Rahmen des relevanten Prozessschritts.

Der Einsatz der Kreativitätstechniken ist im Rahmen dieser Arbeit insbesondere für die Anwendung von spezifischen Tools erforderlich. Es wird dabei jeweils an der relevanten Stelle auf die zu verwendende Technik hingewiesen.

3.2 Prozessschritt 1: Determinantenanalyse

Nachdem die kapitelübergreifenden Grundlagen vorgestellt wurden, werden nun im Folgenden die einzelnen Prozessschritte der Ideengenerierung im Detail beschrieben. Zunächst erfolgt eine Betrachtung des ersten Prozessschritts, der Determinantenanalyse, siehe Abb. 14.

Abb. 14: Prozessschritt 1: Determinantenanalyse

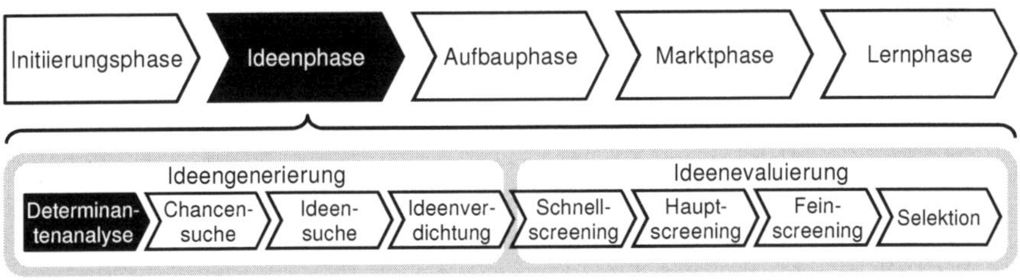

Quelle: Eigene Darstellung

Ob eine Idee für ein neues Geschäftsfeld Erfolg versprechend ist, hängt nicht nur von der isoliert betrachteten Güte der Idee ab, sondern insbesondere auch davon, ob sie zu dem jeweiligen Unternehmen passt, das diese umsetzen möchte.[121] Um von vornherein möglichst nur Ideen zu

[120] Vgl. Nöllke 2006, S. 64 ff., Boos 2007, S. 36 f.
[121] Vgl. Block / MacMillan 2003, S. 93, Bragg / Bragg 2005, S. 160.

entwickeln, die die Anforderungen des Unternehmens erfüllen, ist es deshalb erforderlich, zunächst die *Determinanten* festzulegen. Unter Determinanten versteht man sämtliche Rahmenbedingungen und Bestimmungsfaktoren, die die Internal Corporate Venturing-Aktivitäten dieses Unternehmens kennzeichnen.

Im Folgenden werden wichtige Determinanten für das ICV aufgezeigt:

Mission, Kultur und strategische Ziele von HELLASIMAGE

Um Ideen zu erzeugen, die zum Unternehmen passen, müssen die Mission, die Kultur und die strategischen Ziele des Unternehmens, insbesondere bezüglich der Portfolioplanung, bekannt gemacht, verstanden und von allen akzeptiert sein.[122] Aus diesem Grund empfiehlt es sich, diese zu Beginn im Team zu besprechen und schriftlich zu fixieren.

Umfang und Ziele des Internal Corporate Venturing

Darüber hinaus müssen die konkreten Ziele sowie der gewünschte Rahmen und Umfang (*Scope*) des zu entwickelnden Ventures festgelegt werden. Dabei ist zu beachten, dass Ziele **s**pezifisch sein müssen, bezogen auf den Inhalt und das Ausmaß, sowie **m**essbar, **a**kzeptiert, **r**ealisierbar und **t**erminiert (Akronym: *SMART*).[123]

Die Angaben sollten so konkret wie möglich sein, insbesondere in Bezug auf:

- die monetären Ziele (zum Beispiel Jahresumsatz des Ventures nach zwei Jahren)
- den Zeitrahmen (zum Beispiel maximale Dauer der Aufbauphase oder bis zum Erreichen der Gewinnschwelle innerhalb der Marktphase)
- limitierende Faktoren (zum Beispiel Budget, Personalkapazität, etc.)
- die gewünschte inhaltliche Stoßrichtung (zum Beispiel bestimmte gewünschte Branchen)

[122] Vgl. Block / MacMillan 2003, S. 103.
[123] Vgl. Schwarz / Krajger / Dummer 2006, S. 37.

Im Rahmen der Determinantenanalyse ist auch die bisherige Erfahrung des Unternehmens im Bereich des Internal Corporate Venturing zu berücksichtigen, da die Erfolgschancen des Ventures stark mit der Zunahme an Erfahrung korrelieren. In diesem Sinne ist die Erfahrung eine Determinante für die anzustrebende Größe und Komplexität des Ventures.

Es folgen die für HELLASIMAGE festgestellten Determinanten für das Venturing:

- Inhaltliche Stoßrichtung: Aufbau eines neuen Geschäftsfelds innerhalb der Medien-Branche Griechenlands
- Mindestgröße des Zielmarkts, gemessen am geschätzten Gesamtumsatz des Marktes: 10 Millionen Euro
- Größe des Venture-Teams in der Ideenphase: sechs Personen
- Minimal Anzahl von Ideen, die am des Evaluierungsprozesses als wertvoll und aussichtsreich für eine potentielle Übernahme in die Aufbauphase erachtet werden können: zwei
- Größe des Venture-Teams für die Umsetzung in der Aufbauphase: zwei Personen
- Maximale Dauer der Aufbauphase: ein Jahr
- Venture-Budget: 50.000 Euro (ohne Personalkosten)
- Finanzierung zusätzlichen Kapitalbedarfs: von der Geschäftsführung akzeptiert, z.B. durch Bankkredite oder Venture Capital
- Maximaler Zeitrahmen, innerhalb dessen das Venture die Gewinnschwelle überschreiten muss: drei Jahre
- Minimaler Jahresüberschuss nach kalkulatorischen Steuern und Abgaben, der mit dem Venture jährlich erzielt werden muss: 25.000 Euro. Die Höhe des Jahresüberschusses am Ende des dritten Jahres ist maßgeblich. Dies ergibt eine erforderliche minimale jährliche Rendite des investierten Venture Budgets von 50 Prozent
- Risikobereitschaft: gering bis mittel
- Erfahrung im Venturing: Vorhanden, aber vergleichsweise gering

Diese Determinanten sollten – gemeinsam mit den weiter unten in Kapitel 4 vorgestellten Bewertungskriterien von Ideen – frühzeitig an alle an der Ideenphase Beteiligten kommuniziert werden. Dies hat die folgenden positiven Effekte:

- Bereits die Kenntnisnahme darüber, welche Art von Ideen das Unternehmen sucht, wirkt als Stimulus, sich mit der Thematik auseinanderzusetzen.[124] Dadurch beginnt bereits früh die Zeit, innerhalb derer im Unterbewusstsein erste Einfälle heranwachsen, die dann im späteren Prozessverlauf freigelegt werden können. Man spricht diesbezüglich von der *Inkubationszeit*.[125]
- Der Ausschuss an unbrauchbaren Ideen wird geringer und die Qualität der brauchbaren Ideen höher, je klarer die Zielvorgaben sind und je konkreter der Korridor abgesteckt wird, innerhalb dessen sich die Ideen bewegen sollen.[126]

3.3 Prozessschritt 2: Chancensuche

Nachdem im vorangehenden Schritt die Determinanten des ICV-Vorhabens bestimmt wurden, erfolgt nunmehr auf der zweiten Stufe der Ideenphase die so genannte *Chancensuche*, siehe Abb. 15.

Abb. 15: Prozessschritt 2: Chancensuche

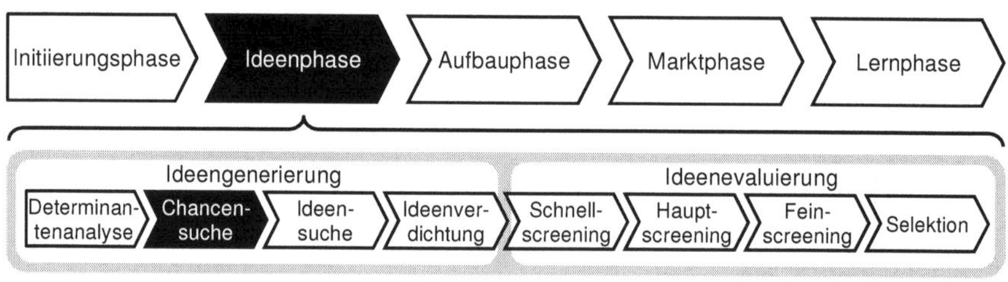

Quelle: Eigene Darstellung

Das Generieren von Ideen für neue Geschäftsfelder erfordert zunächst die strikte Zweiteilung von Ideen und den diesen zugrunde liegenden Chancen.

---

[124] Vgl. Block / MacMillan 2003, S. 60.
[125] Vgl. Gillies 2003, S. 104.
[126] Vgl. Schnetzler 2006, S. 41 f. und Block / MacMillan 2003, S. 79.

Trennung von Chancen und Ideen

Unter einer *Chance* versteht man in diesem Zusammenhang die berechtigte Aussicht oder Möglichkeit auf einen marktwirtschaftlichen Erfolg eines neuen Geschäftsfeldes. Eine solche Chance kann beispielsweise ein bislang unbefriedigtes Bedürfnis auf der Abnehmerseite oder eine wertvolle Kompetenz des eigenen Unternehmens sein.

Unter der *Idee* versteht man hingegen ein umfassendes Konzept zur Realisierung einer solchen chancenbasierten Erfolgsaussicht. Im oben genannten Exempel würde es sich dabei beispielsweise um das spezifische Konzept zur Befriedigung des Bedürfnisses auf der Anbieterseite durch die Nutzung der eigenen Kompetenz handeln.

Diese präzise Zweiteilung in Chancen und Ideen ist für das vorliegende Prozessmodell essentiell und wird im weiteren Verlauf der Arbeit strikt berücksichtigt. Dies spiegelt sich insbesondere darin wieder, dass auf dieser zweiten Prozessstufe das systematische Identifizieren derartiger Chancen losgelöst von der darauf aufbauenden Ideensuche im sich anschließenden, dritten Prozessschritt erfolgt.

In der Praxis hingegen wird diese Trennung häufig nicht sauber durchgeführt. Vielmehr werden Geschäftsideen oft in einem Schritt und als Gesamtpaket entworfen, im Sinne einer festen Einheit aus einer bestimmten Lösung und einer einzelnen, separierten Chance.[127]

Ein solches Vorgehen ist jedoch als suboptimal zu beurteilen und birgt erhebliche Risiken. Zum einen wird dabei häufig die Aufmerksamkeit viel zu früh auf die endgültige Idee gelenkt, wodurch die grundlegende Chance nur ungenügend untersucht bleibt. Das Fundament der Idee besteht damit nur aus einigen wenigen, vagen Annahmen.[128]

Zum anderen ist eine spezifische Idee nur eine von vielen Antwortmöglichkeiten auf eine vorliegende Chance; und die Erste nicht zwingend die Beste. Das Erkennen der richtigen zu ergreifen Chance ist dabei also genauso wichtig, wenn nicht sogar wichtiger, als die Entwicklung der Mit-

[127] Vgl. Bragg / Bragg 2005, S. 12 f.
[128] Vgl. Bragg / Bragg 2005, S. 12 f.

tel – der Idee – um diese Chance zu ergreifen.[129] Schlecht recherchierte Chancen sind der häufigste Grund für gescheiterte Ideen.[130]

Der strikten Trennung von Chancen und Ideen ist ein weiterer Vorteil inhärent: Durch das Finden von mehreren unterschiedlichen Chancen ist es im nächsten Prozessschritt möglich, Ideen zu entwickeln, deren Konzept gleichzeitig auf mehrerer dieser Chancen aufbaut. Die Erfolgsaussicht einer Idee wird damit signifikant erhöht. Dies wird insbesondere dann deutlich, wenn man sich vor Augen führt, dass eine Idee gleichzeitig mehrere Trends oder Käuferschichten bedienen und mehrere Kompetenzen des Unternehmens nutzen kann.

Dabei ist zu beachten, dass jede Idee stets auf mindestens einer marktseitigen Chance und einer unternehmensseitigen Chance basieren muss. Andernfalls besteht marktseitig die Gefahr, einen *Flop* zu entwickeln – also ein Produkt oder ein Geschäftsmodell, das keine Abnehmer findet, weil es an den Kunden vorbeizielt oder zum falschen Zeitpunkt auf den Markt kommt.[131] Unternehmensseitig besteht die Gefahr, mit dem Venture zu scheitern, weil die Fähigkeiten des Unternehmens nicht ausreichen, um die marktseitige Chance angemessen zu nutzen.

Die folgende Abb. 16 fasst die genannten Zusammenhänge zwischen Ideen und Chancen zusammen.

[129] Vgl. Bragg / Bragg 2005, S. 12 f., 62 f.
[130] Vgl. Bragg / Bragg 2005, S. 68.
[131] Vgl. Schnetzler 2006, S. 26.

Abb. 16: Chancenbasierte Ideensynthese

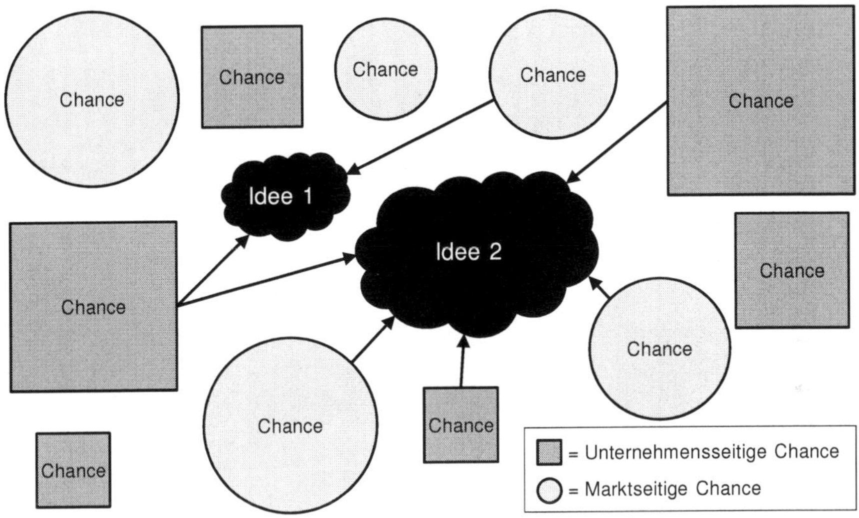

Quelle: Eigene Darstellung

BRAGG & BRAGG vergleichen die Chancensuche mit der Arbeit eines Ermittlers am Tatort: Dieser ist zunächst bestrebt – völlig wertneutral – so viele Indizien, wie möglich zu sammeln, ohne dabei voreilig irgendwelche Schlüsse zu ziehen. Erst im zweiten Schritt werden alle Indizien sorgsam geprüft, verdichtet und zu verschiedenen Szenarien kombiniert, um am Ende eine objektive und stringente Beweisführung zu ermöglichen. Dahingegen ist das Bilden von Ideen als feste Einheit aus Chance und Lösung mit einem Ermittler zu vergleichen, der am Tatort mit einer vorgefassten Meinung bezüglich des Täters erscheint, dort nur die Indizien sammelt, die sein Vorurteil bekräftigen, um dann zur erstbesten Schlussfolgerung zu kommen, welche die nur oberflächlich untersuchten Indizien zulassen.[132]

Suchfelder für Chancen

Chancen können potentiell innerhalb der folgenden Bereiche gefunden werden: innerhalb des eigenen Unternehmens, in den Märkten und Branchen in denen das Unternehmen operiert sowie in der externen

[132] Vgl. Bragg / Bragg 2005, S. 66.

Umwelt.[133] Abb. 17 verdeutlicht den Zusammenhang zwischen diesen drei Suchfeldern eines Unternehmens.

Abb. 17: Die drei Suchfelder für Chancen

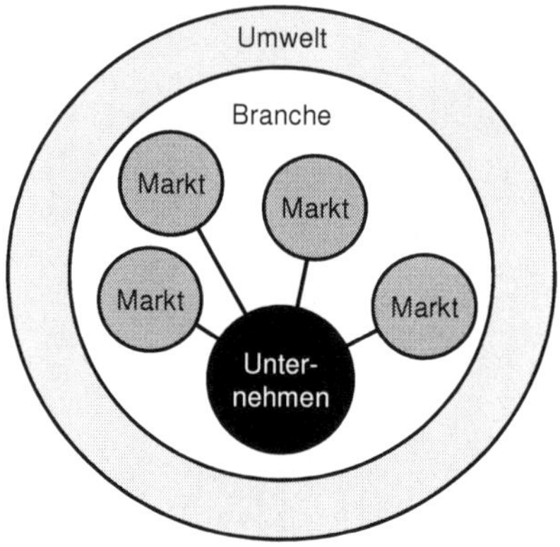

Quelle: Eigene Darstellung

Basierend auf der in diesem Kapitel erörterten Wichtigkeit der Trennung von Chancen und Ideen erfolgt in den folgenden Abschnitten zunächst eine losgelöste Suche von Chancen für das betrachtete Unternehmen HELLASIMAGE, stufenweise für die drei oben genannten Suchfelder.

3.3.1 Suchfeld: Unternehmen HELLASIMAGE

Interne Chancenquellen sind für Unternehmen mit geringer Venturing-Erfahrung wie HELLASIMAGE besonders interessant, denn es wird an Vertrautem angesetzt und vorhandenes Know-how kann eingebracht werden. Die Erfolgschancen eines Ventures erhöhen sich damit signifikant.[134] Außerdem wird durch die Orientierung an Vorhandenem auf einen bereits bekannten Handlungsrahmen Referenz genommen, was den Einstieg in den Kreativitätsprozess erleichtert.[135]

---

[133] Vgl. Block / MacMillan 2003, S. 95.
[134] Vgl. Block / MacMillan 2003, S. 96 f.
[135] Andererseits erschwert eine zu enge Orientierung an Bestehendem auch die Schaffung von bahnbrechend Neuem. Man spricht bezüglich dieses Zwiespaltes zwischen den Wünschen, einerseits möglichst nahe an Altem zu bleiben, aber andererseits dennoch zu möglichst Neuem aufzubrechen, vom *Innovations-Paradox,* vgl. o. V. 2001, S. 40.

Suchfeld: Kernkompetenzen und Versteckte Vermögenswerte

Ein Unternehmen besteht aus einer Reihe von verschiedenen Aktivitäten, die es ausübt, um seine Produkte zu produzieren, zu vermarkten, auszuliefern und zu unterstützen.[136] Wertvolle Chancen für den Aufbau neuer Geschäftsfelder bieten insbesondere diejenigen Bündel von Aktivitäten, die für das Unternehmen *Kernkompetenzen* darstellen.[137] Diese ermöglichen einen besonderen Kundennutzen, sind wertvoll, selten, schwer imitierbar und schwer substituierbar. Aus ihnen resultieren strategische Wettbewerbsvorteile und der bisherige Unternehmenserfolg.[138]

Um die Kernkompetenzen eines Unternehmens zu identifizieren existieren sowohl *quantitative* als auch *qualitative* Verfahren.[139] Für den Zweck der Chancensuche für kleinere Unternehmen mit überschaubaren Prozessen, wie HELLASIMAGE, erscheint die weniger aufwändige qualitative Analyse als ausreichend. Als Tool hierfür bietet sich die *Wertkette* nach PORTER an. Mit dem Ziel weitergehender Analysen wird in diesem Modell das gesamte Geschäftssystem abgebildet, wobei sämtliche für die Wertschöpfung relevanten Unternehmensaktivitäten aufgeschlüsselt werden.[140]

In Form von Workshops mit der Unternehmensleitung wurden die elementaren Aktivitäten und Prozesse von HELLASIMAGE analysiert und in der nachfolgend in Abb. 18 dargestellten, unternehmensspezifischen Wertkette visualisiert.[141] Dabei werden Aktivitäten, die in den eigentlichen Leistungserstellungsprozess integriert sind (*Primäre Aktivitäten*) im unteren Abschnitt der Abbildung als Prozessschritte dargestellt. Aktivitäten, die die eigentliche Leistungserstellung grundsätzlich ermöglichen, werden als *Unterstützende Aktivitäten* im oberen Bereich der Abbildung als Balken dargestellt.

---

[136] Vgl. Porter 1998, S. 36.
[137] Vgl. Block / MacMillan 2003, S. 45, 77.
[138] Vgl. Kerth / Asum / Nührich 2007, S. 50 ff.
[139] Vgl. Kerth / Asum / Nührich 2007, S. 52 ff.
[140] Vgl. Kerth / Asum / Nührich 2007, S. 66 f.
[141] Aufgrund ihrer relativen Bedeutungslosigkeit für Hellasimage wurden die Primären Aktivitäten *Ausgangslogistik* sowie *Service* der generischen Wertkette von PORTER nicht in die individualisierte Wertkette übernommen.

Abb. 18: Wertkette von HELLASIMAGE

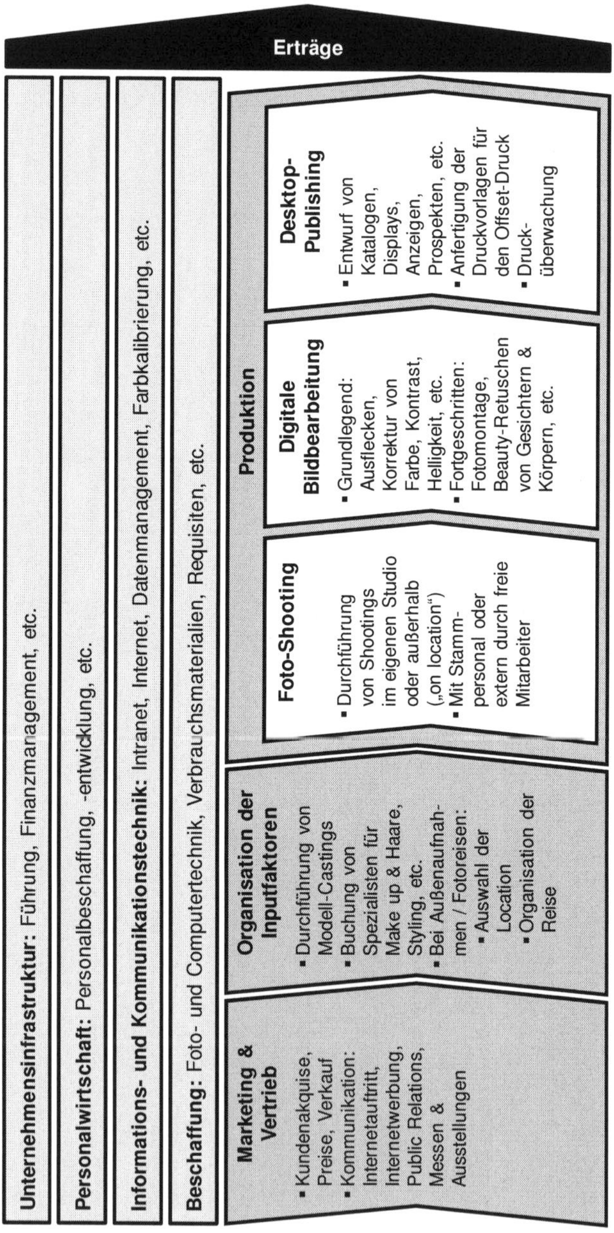

Quelle: In Anlehnung an Porter 1998, S. 37

Eine Vorlage für die Erstellung einer individuellen Wertkette eines Unternehmens ist im Anhang A.2.2 (S.174) zu finden.

Wie die HELLASIMAGE-spezifische Wertkette in Abb. 18 zeigt, ermöglicht dieses Instrument einen wertvollen Überblick über die einzelnen Aktivitäten, die von einem Unternehmen im Rahmen der Geschäftstätigkeit ausgeübt werden. Diese klare Übersicht über die eigenen Aktivitäten ist die Grundlage für eine tiefgehende Untersuchung von existierenden Kernkompetenzen im nächsten Schritt. Hierzu wird als weiteres Tool eine Checkliste benötigt, die kritische Fragestellungen für die Identifizierung von Kernkompetenzen beinhaltet. Eine solche Checkliste wird in der folgenden Abb. 19 dargestellt.

Abb. 19: Kernkompetenz-Checkliste: Leitfragen zur Kernkompetenzanalyse

- ✓ Welche Produkte, Dienstleistungen und Projekte machen uns erfolgreich?
- ✓ Was waren die erfolgreichsten Produkte der letzten Jahre?
- ✓ Welche Geschäftsfelder haben sich besonders erfolgreich entwickelt?
- ✓ Welche Faktoren waren aus unserer Sicht für diesen Erfolg ausschlaggebend?
- ✓ Wie und von welcher Seite sind diese Projekte und erfolgreichen geschäftlichen Aktivitäten initiiert worden?
- ✓ Gab es maßgebliche Innovationen von uns in den vergangenen Jahren?
- ✓ Was hat diese zustande kommen lassen?
- ✓ Für welche Probleme von Kunden haben wir in jüngster Zeit besonders gute Lösungen gefunden und warum?
- ✓ Wie war das vor fünf und vor zehn Jahren? Was hat sich seitdem verändert?
- ✓ Wodurch sind diese Veränderungen eingetreten?

Quelle: In Anlehnung an Kerth / Asum / Nührich 2007, S. 53

Diese Checkliste dient einer differenzierten und systematischen Auseinandersetzung mit dem eigenen Unternehmen und den spezifischen primären und sekundären Unternehmensaktivitäten. Das Ziel besteht dabei insbesondere in der Gewinnung eines tiefen Verständnisses dafür, was den Erfolg des eigenen Unternehmens in der Vergangenheit und in der Zukunft ausmacht. Die Ergebnisse der Untersuchung sollten möglichst in Form eines Mindmaps dokumentiert werden.

Erst in Kombination können die beiden Tools *Wertkette* und *Kernkompetenz-Checkliste* ihre gewünschte Wirkung entfalten und das tatsächliche Auffinden von derartigen, wertvollen Kompetenzen ermöglichen.

Im Beispiel HELLASIMAGE wurde insbesondere die *Digitale Bildbearbeitung* als wesentliche Kernkompetenz und damit als Chance für den Aufbau eines neuen Geschäftsfeldes identifiziert. Bislang dient diese Kernkompetenz fast ausschließlich als Hilfsprozess für die Erstellung von fotografischen und Desktop-Publishing-Produkten. Diese Kompetenz könnte allerdings eine solide Grundlage für ein eigenes Geschäftsfeld darstellen.

Wie das Praxisbeispiel HELLASIMAGE zeigt, eignen sich die vorgestellten Tools auch insbesondere, um das Unternehmen nach bislang unbekannten, unterschätzten oder nur unzureichend genutzten Kenntnissen, Fähigkeiten oder Geschäftsplattformen zu untersuchen. ZOOK spricht dabei von so genannten *Versteckten Vermögenswerten*. Hierbei kann es sich zum Beispiel um Fähigkeiten in Randgeschäften, um vernachlässigte Produkte oder um das Kerngeschäft unterstützende Bereiche handeln. Diese können ebenfalls viel versprechende Chancen für neue Geschäftsfelder darstellen.[142]

Im Beispiel HELLASIMAGE ist als solcher Versteckter Vermögenswert vor allem die unterstützende Aktivität *Informations- und Kommunikationstechnik* (*IuK*) identifiziert worden. Die sich aus der Geschäftstätigkeit ergebenen unternehmensspezifischen Anforderungen an die IuK sind bei HELLASIMAGE vergleichsweise hoch, da zum einen voluminöse Datenbestände und -ströme aber auch der Gebrauch von spezialisierten Geräten und Abläufen in dessen IuK charakteristisch sind. HELLASIMAGE hat den Aufbau der benötigten Strukturen intern durchgeführt, so dass ein beachtliches Know-how in diesem Bereich entwickelt wurde. Dieses kommt nunmehr lediglich im Rahmen der Wartung und Erhaltung dieser Strukturen zum Einsatz. Somit stellen diese spezifischen Fachkenntnisse einen

[142] Vgl. Zook 2007, S. 78 ff.

unzureichend genutzten Vermögenswert dar, der ebenfalls eine Chance zur weiteren Verwertung bietet.[143]

Suchfeld: Mitarbeiter

Oft haben Mitarbeiter Kenntnisse und Fähigkeiten, die nicht unmittelbar in der Wertkette des Unternehmens zum Einsatz kommen. In Anlehnung an ZOOK bietet es sich an, auch diese als Versteckte Vermögenswerte der Organisation zu interpretieren, die Chancen für neue Geschäftsfelder bieten. So könnten zum Beispiel Sprachkenntnisse eines Mitarbeiters eine Chance für eine geographische Marktentwicklung sein oder dessen in der Freizeit erworbene Fähigkeiten im digitalen Videoschnitt in ein neues Geschäftsfeld einfließen. Hierzu bietet es sich an, die Mitarbeiter in Form eines Mindmap-basierten Brainstormings nach ihren Kenntnissen, Fähigkeiten, Hobbys und Interessen zu befragen, insbesondere auch zu denen, die nicht in einem direkten Zusammenhang mit ihrer Tätigkeit im Unternehmen stehen.[144]

3.3.2 Suchfeld: Markt und Branche von HELLASIMAGE

Für ein Unternehmen stellen die Märkte und Branchen, in denen es tätig ist, eine ergiebige Quelle für die Entdeckung von Chancen dar. Als Insider hat ein Unternehmen meist einen breiten Fundus an Erfahrungen und Wissen über die Branche und ihre Akteure gewinnen, sowie Beziehungen und Informationskanäle aufbauen können. Dies ist eine gute Ausgangssituation, um Chancen innerhalb der Branche und ihrer Märkte zu erkennen. Besonders interessant ist hierbei die Möglichkeit, frühzeitig fundamentale Veränderungen wahrnehmen zu können, denn diese bieten die rentabelsten Chancen für neue Ventures.[145]

---

143 Dieses Beispiel veranschaulicht auch, dass *Outsourcing* für das Internal Corporate Venturing tendenziell eher als kontraproduktiv zu erachten ist, da durch das Auslagern von kernprozessfernen Aktivitäten die Chance vergeben wird, neue Kompetenzen aufzubauen, welche anschließend eine aussichtsreiche Basis für neue Ventures bieten könnten, vgl. schaude.de.

144 Um mit der Bereitschaft der Mitarbeiter zur Selbstauskunft weit in ihren privaten Bereich hinein rechnen zu können, ist eine entsprechend offene und liberale Unternehmenskultur sowie die Motivation der Mitarbeiter zur konstruktiven Teilnahme am Venturing-Prozess notwendig. Dies ist bei HELLASIMAGE der Fall, aber nicht zwingend in jedem Unternehmen.

145 Vgl. Drucker 1993, S. 76.

Als Orientierung für die Chancensuche innerhalb der eigenen Branche bietet sich das *Five-Forces-Modell* von PORTER an. Dieses wurde für den Zweck der vorliegenden Untersuchung mit dem bereits vorgestellten Modell der Wertkette kombiniert, siehe Abb. 20.

Abb. 20: Branchenstrukturanalyse-Modell Five-Forces

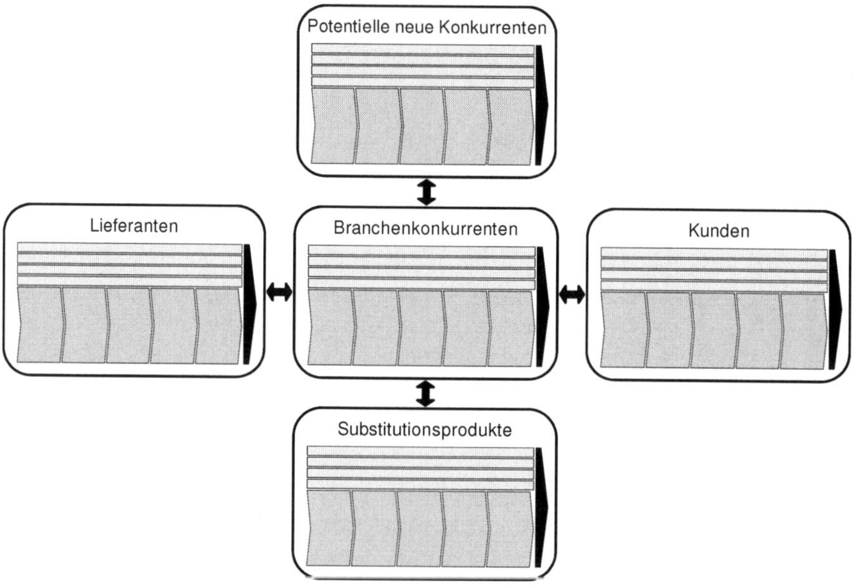

Quelle: In Anlehnung an Porter 1980, S. 4, Porter 1998, S. 37

Das Modell stellt die fünf verschiedenen Wettbewerbskräfte einer Branche dar, die auf ein Unternehmen einwirken. Es dient der Analyse und dem Verständnis der Treibkräfte einer Branche sowie deren Zusammenhänge.[146]

Der ursprüngliche Charakter des Modells ist ein defensiver: Es stellt das eigene Unternehmen in der Mitte dar – im Feld *Branchenkonkurrenten*, also gemeinsam mit seinen Konkurrenten – und illustriert die fünf Gefahren, Mächte und Drücke, die auf das Unternehmen einwirken: Die Rivalität mit den unmittelbaren Konkurrenten, die Verhandlungsmacht der Lieferanten und der Kunden, sowie die Bedrohung durch neu in die Branche

[146] Vgl. Kerth / Asum / Nührich 2007, S. 168.

eintretende Konkurrenten und durch Substitutionsprodukte.[147] Für den Zweck der vorliegenden Untersuchung soll das Modell jedoch einen offensiven Charakter erhalten und als Checkliste verstanden werden, um systematisch nach Chancen für neue Ventures zu suchen:

Suchfeld: Kunden

Auch dem Bereich der Kunden eines Unternehmens können versteckte Vermögenswerte inhärent sein. Derartige Vermögenswerte können beispielsweise vorliegen, wenn:[148]

- Kundensegmente mit bislang nicht erkannten, hohen Wachstumspotentialen vorhanden sind
- ein privilegierter und vertrauensvoller Zugang zu Kunden besteht, durch welchen eine Informationsgewinnung und Einflussnahme begünstigt wird
- eine zielgerichtete Verwertung von bereits vorhandenen Informationen – die die Beziehung zu den Kunden verändern, vertiefen oder erweitern können – bisher nicht oder nur wenig erfolgt

Der Hauptgrund für das Vorhandensein von versteckten Vermögenswerten im Bereich der Kunden ist die Tatsache, dass viele Unternehmen ihre Kunden nicht ausreichend und in aller Gänze kennen oder verstehen.[149]

Für die Suche nach Chancen im Bereich der Kunden ist es daher erforderlich, zunächst das Verständnis über die eigenen Kunden und deren Geschäft zu vertiefen, um Ansatzpunkte für eigene, neue Geschäftsfelder aufzudecken.

Als Ausgangspunkt eignet sich hierfür insbesondere die Anwendung des bereits vorgestellten Tools zur qualitativen Wertkettenanalyse. Anhand der in Anhang A.2.2 (S. 174) zu findenden Vorlage kann die Wertkette für die wichtigsten Kundengruppen des Unternehmens systematisch abgebildet werden. Auf diese Weise ist es möglich, einen Überblick über

---

[147] Vgl. Porter 1980, S. 7 ff.
[148] Vgl. Zook 2007, S. 80 ff.
[149] Vgl. Zook 2007, S. 80 ff., bain.com [1], bain.com [2].

die Geschäftsaktivitäten dieser Kunden zu gewinnen und die Schnittstellen zum eigenen Unternehmen genau zu untersuchen. Für den wahrscheinlichen Fall, dass nicht alle Informationen im Rahmen dieser Analyse gewonnen werden können, sind realistische Annahmen zu treffen.

In Kombination mit der in Kapitel 3.3.1 (S. 52) vorgestellten Kernkompetenz-Checkliste, besteht darüber hinaus die Möglichkeit, die wesentlichen Erfolgsfaktoren für das Geschäft der eigenen Kunden zu identifizieren.

Im Rahmen dieser Wertkettenanalyse stehen insbesondere folgende Fragestellungen im Vordergrund der Betrachtung:

- Gibt es Überschneidungen oder Ähnlichkeiten der eigenen Aktivitäten mit denen in der Wertschöpfungskette unserer Kunden?
- Gibt es Gemeinsamkeiten im Bereich der Kernkompetenzen?
- Wie sind die Schnittstellen zwischen den Wertketten gestaltet?

Die genannten Fragestellungen zielen in erster Linie auf die Suche nach Integrationsmöglichkeiten der Kundenaktivitäten in die eigene Wertschöpfungskette ab. Es wird dabei also bewusst nach Chancen im Bereich der *Vorwärtsintegration* gesucht. Aktivitäten, die vormals vom Kunden ausgeführt wurden, können eine Chance für ein neues eigenes Geschäftsfeld darstellen, wenn sie in die eigene Wertschöpfungskette übernommen werden. Der Umfang kann dabei sowohl Teile der Wertschöpfungskette als auch das gesamte Geschäft des Kunden umfassen.[150] Zur Veranschaulichung wird erneut auf Abb. 20 (S. 58) verwiesen, wo in Hinblick auf diesen Ansatz die einzelnen Teilnehmer des Modells symbolisch mit ihren jeweiligen Wertketten dargestellt werden.

Im Beispiel HELLASIMAGE wurde eine genaue Analyse des Geschäftes der Kunden vorgenommen und dabei insbesondere folgende Chance erkannt: Die eigenen Desktop-Publishing-Aktivitäten ähneln in weiten Teilen denen der Kundengruppe *Verlage* und bieten damit einen potentiellen Ansatzpunkt für eine Vorwärtsintegration. Es ist beispielsweise

[150] Vgl. Kerth / Asum / Nührich 2007, S. 72.

denkbar, dass HELLASIMAGE in Kooperation mit einem redaktionellen Team ein eigenes Magazin herausgibt.

Neben der Suche nach Integrationsmöglichkeiten spielt bei der Wertkettenanalyse ein weiter Ansatzpunkt eine wichtige Rolle: die Bedeutung der eigenen Produkte in der Wertkette der Kunden, beziehungsweise beim Endkunden.[151]

Hierbei soll der Frage nachgegangen werden, was die Kunden vor, während und nach der Lieferung oder der Verwendung der eigenen Produkte erledigen, beziehungsweise was sie dafür benötigen und was ihnen zur besseren Verwendung der eigenen Produkte zusätzlich nützlich sein könnte.[152] Auf diese Weise können eventuell Chancen für *Komplementäre Produkte* aufgedeckt werden. Hierbei handelt es sich um solche Produkte, deren Nachfrage in direktem Zusammenhang mit eigenen Produkten steht. Komplementärprodukte können darüber hinaus die Nachfrage nach bereits vorhandenen Produkten maßgeblich positiv beeinflussen.[153]

Im Praxisbeispiel HELLASIMAGE hat die Komplementärprodukt-Analyse ergeben, dass einige der Textilproduzenten, die Modefotos und Kataloge für ihre Ware anfertigen lassen, diese im Anschluss auch in ihre Internetseiten einbinden. Der Großteil der Textilproduzenten im Kundenstamm von HELLASIMAGE hat jedoch bislang keinen entsprechenden Internetauftritt. Obwohl HELLASIMAGE bislang keine Produkte in diesem Bereich anbietet, sprechen viele der Produzenten HELLASIMAGE die Kompetenz zu, einen solche Internetseite für sie zu entwickeln. Somit lässt sich an dieser Stelle die marktseitige Chance für ein neues Geschäftsfeld im Bereich des *Webdesigns* identifizieren.

Suchfeld: Lieferanten

Die unter dem Suchfeld *Kunden* beschriebene Vorgehensweise kann ebenso auf die in der Wertschöpfungskette vorgelagerten *Lieferanten* angewendet werden. Auch in Bezug auf Lieferanten bietet sich eine Wertkettenanalyse und ein anschließender Abgleich mit der eigenen

---

[151] Vgl. Bragg / Bragg 2005, S. 117.
[152] Vgl. Bragg / Bragg 2005, S. 117.
[153] Vgl. Kim / Mauborgne 2001, S. 17 ff.

Wertkette an. Ergeben sich Ähnlichkeiten oder Überschneidungen, so kann dies die Chance für eine *Rückwärtsintegration* darstellen, also die Übernahme von Aktivitäten in die eigene Wertkette, die zuvor von den Lieferanten ausgeführt wurden.[154]

HELLASIMAGE stellte bei dieser Analyse fest, dass ein großer Teil der Wertkette von Fotomodell-Agenturen – als Lieferanten von Inputfaktoren – auch von der eigenen Wertkette abgedeckt wird. Dies betrifft insbesondere die Aktivitäten des Auswahlverfahrens (*Casting*) von Fotomodellen sowie der Pflege einer entsprechenden Modell-Datenbank. Außerdem wurde festgestellt, dass HELLASIMAGE bereits über die Kernkompetenz verfügt, die als die wichtigste für Fotomodell-Agenturen eingeschätzt wurde: die Branchenkenntnis darüber, welche Fotomodelle Erfolgspotential haben und zurzeit marktgängig sind. Diese beiden Chancen könnten durch eine Rückwärtsintegration, zum Beispiel durch Gründung einer eigenen Fotomodell-Agentur, genutzt werden. Ein solches Vorhaben würde zusätzlich durch das Zustandekommen von Gegenseitigkeitsgeschäften mit dem Kerngeschäft begünstigt werden.

Suchfeld: Substitutionsprodukte

Substitutionsprodukte sind Produkte, die zwar anders beschaffen sind, als die eigenen Produkte, jedoch das Potential haben, die eigenen teilweise oder vollständig zu ersetzen, weil sie dieselben Kundenbedürfnisse befriedigen.[155] Während Substitutionsprodukte im Five-Forces-Modell von PORTER als Bedrohung für das vorhandene Geschäftsfeld verstanden werden, soll auch diese Kraft hier offensiv als mögliche Chancenquelle für neue Geschäftsfelder verstanden werden. Diese Überlegung beruht auf der Annahme, dass man als Branchenteilnehmer gute Voraussetzungen hat, entsprechende Entwicklungen frühzeitig zu erkennen und somit über genügend Reaktionszeit verfügt, um die Veränderungen zum eigenen Wohle zu nutzen. Somit bietet ein Erkennen eines solchen Trends die Chance, rechtzeitig ein neues Geschäftsfeld auf Basis dieses Substituts zu entwickeln, um von dieser Veränderung der Branche selbst

[154] Vgl. Kerth / Asum / Nührich 2007, S. 72.
[155] Vgl. Kerth / Asum / Nührich 2007, S. 170.

profitieren zu können. Auch hier hilft die Analyse der Wertkette der Unternehmen, die Substitute herstellen, um Chancen für ein eigenes Engagement zu erkennen.

Folgendes Beispiel aus dem Bereich von HELLASIMAGE verdeutlicht dies: Im Laufe der letzten zwei Jahrzehnte wurde die auftragsbezogen angefertigte Werbefotografie teilweise durch das Angebot von so genannten *Bildagenturen* substituiert, welche über bereits vorgefertigte Fotos in großen Datenbanken verfügen. Diese können zu einem deutlich günstigeren Preis angeboten werden, als auftragsbezogen angefertigte Fotos. Dies liegt darin begründet, dass die Fotos zum einen meist in günstiger Massenproduktion hergestellt werden und zum anderen mehrfach verkauft werden können, ohne dass erneut Produktionskosten anfallen. Hierbei handelt es sich um einen Teilbereich der Fotografie, der sich mit unspezifischen, vielfach verwertbaren Standardbildern zu gängigen Themen beschäftigt.

Die Analyse zeigt, dass sich die Wertketten und die benötigten Kernkompetenzen von Bildagenturen und HELLASIMAGE ähneln. Es bietet sich also die Chance für HELLASIMAGE, selbst ein Substitut anzubieten, indem eine eigene Bildagentur als neues Geschäftsfeld aufgebaut wird.

Suchfeld: Potentielle neue Konkurrenten

Bezüglich der potentiellen neuen Konkurrenten bietet es sich an, das *Five-Forces-Modell* invertiert zu begreifen, in dem Sinne, dass HELLASIMAGE selbst als potentieller neuer Konkurrent in eine andere Branche eindringt. Hierzu ist es hilfreich, die Wertkette von HELLASIMAGE mit der von Unternehmen in anderen, artverwandten Branchen zu vergleichen und nach Überschneidungen zu suchen. Auf diese Weise wird die Chance für ein neues Geschäftsfeld mit einem Ausbruch aus der eigenen Branche verknüpft.

HELLASIMAGE konnte im Rahmen dieser Wertkettenanalyse vor allem die *Film- und TV-Branche* als chancenträchtigen Bereich identifizieren. So gibt es diesbezüglich große Ähnlichkeiten zwischen dem eigenen Prozess eines *Foto-Shootings* und dem eines *Werbespot-Drehs* in der TV-Branche.

Suchfeld: Branchenkonkurrenten von HELLASIMAGE

Das letzte Feld des *Five-Forces-Modells* ist das der eigenen direkten Branchenkonkurrenten. Auch diese stellen eine wichtige Informationsquelle von Chancen für neue Ventures dar.[156] Die Analyse der Konkurrenten kann zur Chancenerkennung für neue Geschäftsfeldern verhelfen, indem Elemente in deren Wertkette beziehungsweise in deren Produkt- oder Geschäftsfeldportfolio erkannt werden, die zur Nachahmung geeignet sind.

HELLASIMAGE hat hierfür konkurrierende Fotostudios analysiert und ist dabei auf solche gestoßen, die als neues Geschäftsfeld *Großraumstudios* errichtet haben und diese an andere Fotografen sowie für Film- und Fernsehproduktionen tageweise vermieten.

3.3.3 Suchfeld: Umwelt von HELLASIMAGE

Das dritte und letzte Suchfeld für Chancen ist die gesamte Umwelt von HELLASIMAGE. Hierunter ist der Bereich zu verstehen, der weder das Unternehmen intern betrifft, noch dessen Branchen und Märkte.[157] In diesem Suchfeld können nun auch Chancen gefunden werden, die von den bisherigen Geschäftsfeldern völlig unabhängig sind, so dass gänzlich neue Standbeine aufgebaut werden können.

Wie auch schon bei der Analyse der Chancen innerhalb der eigenen Branche und Märkte sind es auch hier insbesondere *Veränderungen*, welche neue Herausforderungen und Bedürfnisse – und somit Chancen – für neue Ventures entstehen lassen. DRUCKER stellt in diesem Zusammenhang fest:

> *„The overwhelming majority of successful innovations exploit change".*[158]

[156] Vgl. Meffert 2000, S. 391.
[157] Vgl. Block / MacMillan 2003, S. 95 ff.
[158] Drucker 1993, S. 35.

Quellen für solche chancenreichen Veränderungen bieten zum Beispiel neue Technologien, neues Wissen, neu erschlossene Ressourcen, neue Trends in Mode, Lifestyle und Zeitgeist, Wahrnehmungs- und Wertewandel, soziale Veränderungen, demographische[159] Wandel oder gesetzliche und steuergesetzliche Reformen.[160]

Aufgrund der Größe und des Facettenreichtums dieses Suchraums bietet die Umwelt das mengenmäßig größte Potential für die Chancensuche. Nachteilig ist jedoch, dass in der Regel viele der identifizierten Chancen nur in einem geringen Zusammenhang zu den Kompetenzen des Unternehmens stehen. Somit ist davon auszugehen, dass insgesamt die Anzahl an gefundenen Chancen in diesem Suchfeld zwar höher, die Rate von erkannten Chancen zu tatsächlich vom Unternehmen verwertbaren Chancen jedoch schlechter ausfällt, als in den zuvor vorgestellten Suchfeldern. Als Beispiel für HELLASIMAGE ist hier zum Beispiel der aufkommende Trend des *Weltraumtourismus* zu nennen. Dieser stellt zwar eine Chance dar – das Nutzen dieser Chance erscheint jedoch für HELLASIMAGE aufgrund der Ferne zu dessen Kompetenzen und des Übersteigens der finanziellen Möglichkeiten nicht möglich.

Um Chancen in der Umwelt gezielt zu suchen gibt es sehr viele verschiedene Methoden und Ansatzpunkte, die im Rahmen der vorliegenden Untersuchung nicht annähernd umfassend oder abschließend dargestellt werden können. Folgend werden exemplarisch einige Stoßrichtungen aufgezeigt:

- Analyse der vorherrschenden Megatrends beziehungsweise Trendbrüche, sowie Betreiben von Zukunftsforschung, zum Beispiel bezüglich der Bereiche: E-Business, Erneuerbare Energien, Gesunde Ernährung, Erlebnisorientierung, Individualisierung, Mobi-

---

159 *Demographie* bezeichnet die wissenschaftliche Disziplin der Bevölkerungswissenschaft. Sie analysiert Bevölkerungen insbesondere hinsichtlich ihrer Strukturen (Alter, Geschlecht, etc.), ihren Bewegungen (Geburtenrate, Sterberate, räumliche Mobilität, etc.) und Entwicklungen (Veränderungen nach Zahl und Altersstruktur, etc.), vgl. wikipedia.org [Demographie].

160 Vgl. Mullins 2003, S. 202 in Verbindung mit Block / MacMillan 2003, S. 100 und Drucker 1993, S. 35.

lisierung, Europäische Integration, etc.[161] Hierbei steht insbesondere die Analyse möglicher zukünftiger Kundenbedürfnisse im Fokus der Betrachtung.[162] Die Bedürfnisse von existierenden Märkten sind zwar kurzfristig die verlässlichsten Quellen für gute Chancen. Die Fähigkeit, zukünftige Bedürfnisse vorherzusehen, ist jedoch die Quelle für langfristige Chancen und Wettbewerbsvorteile.[163]

- Analyse von bedeutenden Änderungen innerhalb von Branchen, welche zu neuen Chancen führen. Beispielsweise passen oftmals kleinere Geschäftsfelder nach großen Unternehmenszusammenschlüssen (*Mergers*) nicht mehr zum Portfolio des neuen Konzerns, so dass diese vom Konzern vernachlässigt und dadurch angreifbar werden.[164] Darüber hinaus können Branchentrends neue Marktlücken entstehen lassen. Beispielsweise eröffnet der anhaltende Trend, dass große Supermarkt-Ketten ihre Filialen in großflächige Gebäude an die Stadtränder umziehen, die Möglichkeit, innerhalb der Ballungszentren kleinere Lebensmittelgeschäfte zu errichten.[165]
- Analyse erfolgreicher Geschäftsmodelle hinsichtlich deren Eignung auch für andere Branchen. Ein viel zitiertes Beispiel ist diesbezüglich das Unternehmen EASY GROUP welches das Discount-Geschäftsmodell seiner Fluggesellschaft EASYJET sehr erfolgreich auf die neuen Geschäftsfelder *Autovermietung*, *Kreuzfahrten* und *Hotels* übertragen konnte.[166]
- Erkennen guter Geschäfte anderer, die kopiert beziehungsweise verbessert werden können.[167] Diesbezüglich eignet sich insbesondere die Analyse ausländischer Märkte hinsichtlich Geschäfte, die auch im Heimatmarkt funktionieren könnten.[168] Beispielsweise ist

[161] Vgl. Micic 2006, S. 6 f. in Verbindung mit Block / MacMillan 2003, S. 100.
[162] Vgl. o. V. 1999, S. 24.
[163] Vgl. Block / MacMillan 2003, S. 99 f.
[164] Vgl. Block / MacMillan 2003, S. 98.
[165] Vgl. Block / MacMillan 2003, S. 98.
[166] Vgl. tagesspiegel.de.
[167] Vgl. McKnight 2004, S. 7.
[168] Vgl. Mullins 2003, S. 204.

das deutsche *Soziale Netzwerk* STUDIVZ.DE eine Kopie des US-amerikanischen FACEBOOK.COM.[169] Aber auch das Nacheifern eines erfolgreichen Vorreiters in dessen eigenem Markt kann durchaus erfolgreich sein.[170] Insbesondere bei radikalen Innovationen, welche gänzlich neue Märkte schaffen, sind es in den meisten Fällen nicht die Pioniere, sondern die Folger, die sich am Ende durchsetzen.[171] Als Beispiel hierfür eignet sich die US-amerikanische Buchhandlung CHARLES STARK, die 1991 den Online-Buchhandel erfand. Der heutige Weltmarktführer AMAZON.COM startete erst vier Jahre später sein Geschäft – ebenfalls in den USA – und schaffte es in kurzer Zeit den Innovator in die Bedeutungslosigkeit zu verdrängen.[172]
Das reine Kopieren oder Modifizieren von Ideen ist nach einer Studie von BHIDÉ sogar die größte Quelle für neue Geschäfte: 71 Prozent der von ihm befragten Gründer von Kapitalgesellschaften hatten angegeben, dass ihr Geschäft auf einem Konzept beruht, die sie in ihrem ehemaligen Angestelltenverhältnis kennen gelernt hatten.[173] Die allermeisten Unternehmen, darunter auch vor allem die erfolgreichen, sind in fast allen ihren Unternehmensbereichen in erster Linie Nachahmer fremder Produkte und Best Practices. CARR bewertet die Fähigkeit zu Kopieren als mindestens so wichtig, wie die Fähigkeit, selbst Innovationen hervorzubringen.[174]

- Im eigenen Alltag oder in bestimmten Branchen beobachtete Irritationen, Probleme und Verbesserungspotentiale, wie zum Beispiel: Hohe Kosten, Engpässe oder Stauungen in Prozessen, schlechter Service, überteuerte, schlechte oder schlecht verfügbare Produkte, Schwierigkeiten während der Verwendung von Produkten oder

[169] Dabei wurde das Vorbild so rigoros nachgeahmt, dass sich sogar kopierte Teile des Quellcodes der Internetseite FACEBOOK.COM im Quellcode von STUDIVZ.DE nachweislich identifizieren ließen, vgl. wikipedia.org [StudiVZ].
[170] Vgl. Greve / Stippel 2005, S. 15.
[171] Vgl. Markides / Geroski 2005, S. 1, Carr 2006, S. R7.
[172] Vgl. Markides / Geroski 2005, S. 1.
[173] Vgl. Bhidé 2000, S. 54.
[174] Vgl. Carr 2006, S. R7.

Probleme bei bestimmten Anlässen und Lebenssituationen.[175] Beispielsweise war der Anlass für die Gründung des Sportartikelherstellers NIKE, dass die beiden Gründer beim Laufen Schmerzen mit ihren Sportschuhen hatten und sie es durch die Herstellung von leichteren Sportschuhen besser machen wollten.[176]

- Analyse von Geschäften und Branchen auf Abfälle, Nebenprodukte oder ungenutzte Kapazitäten, die anderweitig verwertet oder genutzt werden können, zum Beispiel Verwenden von Sägespäne aus der Holzproduktion als Dämmstoff, Nutzung einer im Sommer leer stehenden Ski-Hütte für Seminare.[177]

Für das systematische Aufspüren von Chancen in der Unternehmensumwelt gibt es eine Vielzahl von möglichen Ansätzen, zum Beispiel das Besuchen von Fachmessen, das aufmerksame Lesen von Tagespresse, Fach- und Branchenzeitschriften sowie von Literatur, die sich explizit mit der Trend- und Zukunftsforschung[178] befasst.[179] Sehr ergiebig sind auch das planmäßige Recherchieren im Internet und das gezielte Bereisen verschiedener Städte und Länder, um Ausschau nach neuen Methoden und Trends zu halten. SCHNETZLER bezeichnet dies als *NetScouting* beziehungsweise *TrendScouting.*[180] Weiterhin bietet sich das Befragen von Experten, Mitarbeitern oder Personen des persönlichen Umfelds an, zum Beispiel im Rahmen von Workshops.[181]

Für HELLASIMAGE wurden einige der aktuell wichtigsten Treiber für zukünftigen Wandel zu einem Mindmap zusammengefasst, welches als Tool zur Inspiration im Rahmen eines Workshops dienen kann. Es ist in der folgenden Abb. 21 dargestellt.

---

[175] Vgl. Bragg / Bragg 2005, S. 81 in Verbindung mit Block / MacMillan 2003, S. 101.
[176] Vgl. Mullins 2003, S. 203.
[177] Vgl. McKnight 2004, S. 6 f.
[178] Siehe hierzu weiterführend z.B. Micic, Pero, Das ZukunftsRadar – Die wichtigsten Trends, Technologien und Themen für die Zukunft, Offenbach 2006 oder Naisbitt, John, Mind Set! Wie wir die Zukunft entschlüsseln, München 2006.
[179] Vgl. Block / MacMillan 2003, S. 102.
[180] Vgl. Schnetzler 2006, S. 120 ff.
[181] Vgl. McKnight 2004, S. 5 in Verbindung mit Schnetzler 2006, S. 31, 105 ff.

Abb. 21: Katalog der Zukunftsfaktoren

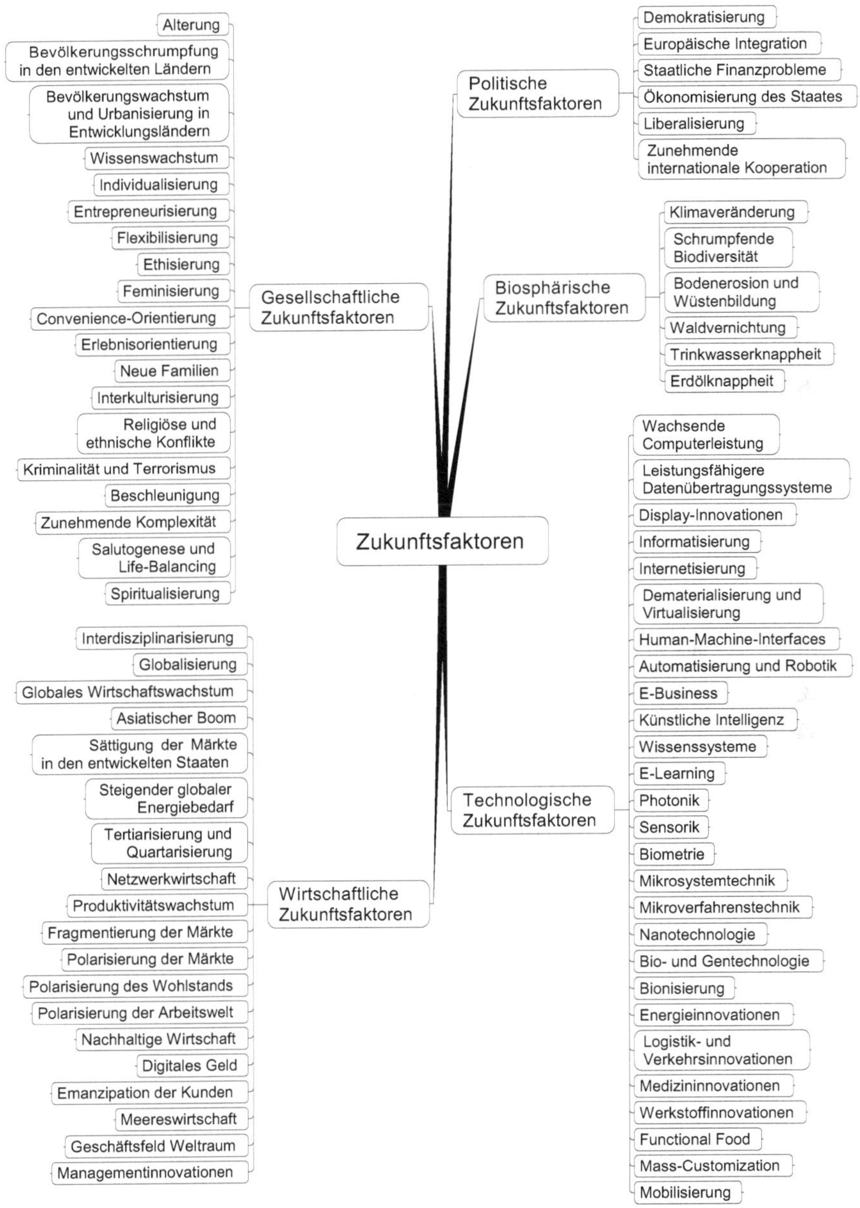

Quelle: In Anlehnung an Micic 2006, S. 101 ff.

Für HELLASIMAGE hat die Umweltanalyse viele Chancen sichtbar gemacht, zum Beispiel den aufkommenden Solarenergie-Markt in Griechenland oder das Fehlen vieler im Ausland längst etablierter Internetangebote auf dem griechischen Markt. Darüber hinaus bietet der identifizierte gesellschaftliche Trend des Strebens vieler junger Europäer nach Öffentlichkeit und Ruhm eine Chance für die Etablierung der Casting-Kompetenzen als eigenes Geschäftsfeld.

3.4 Prozessschritt 3: Ideensuche

Nachdem im zweiten Prozessschritt systematisch nach Chancen gesucht wurde, erfolgt nun in diesem dritten Prozessschritt darauf aufbauend die Erzeugung der Ideen für neue Ventures. Abb. 22 zeigt die Einordnung dieses Prozessschritts in die gesamte Ideenphase.

Abb. 22: Prozessschritt 3: Ideensuche

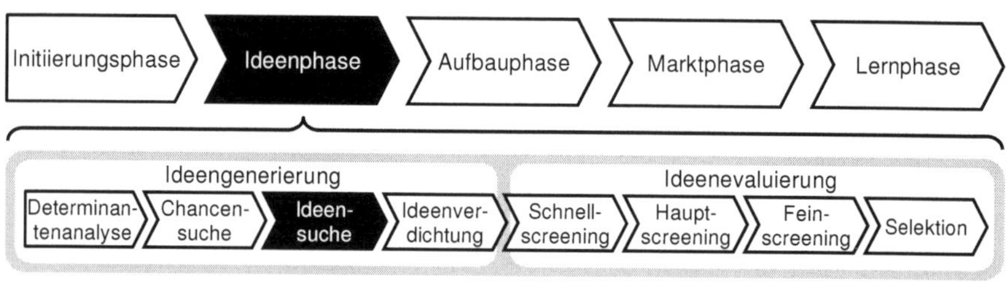

Quelle: Eigene Darstellung

3.4.1 Gegenstand

Bei der Ideenerzeugung geht es insbesondere darum, Ideen zu entwickeln, die die aufgedeckten Chancen mit den identifizierten Kernkompetenzen und versteckten Vermögenswerten des Unternehmens zu möglichst sinnvollen Kombinationen zusammenführen. Dabei sollten sich Gewinnmodelle mit möglichst überdurchschnittlichen Erträgen ergeben.[182] Es geht also um das Auffinden von Lösungskonzepten zur Verwertung der zuvor gefundenen Chancen.

Besonders interessant werden derartige Lösungen, wenn sich gleich mehrere Kernkompetenzen und versteckte Vermögenswerte so kombi-

[182] Vgl. o. V. 1999, S. 24.

nieren lassen, dass ein nur schwer replizierbarer neuer Wettbewerbsvorteil erzeugt wird. PORTER bezeichnet eine solche Kombination als *Aktivitätssystem.*[183] Für HELLASIMAGE wäre das aufbauend auf den in 3.4 gezeigten Resultaten zum Beispiel ein Zusammenführen dieser zu einer Idee für das neue Geschäftsfeld *Internet-Casting-Agentur: Europaweite online Agentur für Fotomodelle (inklusive der Kategorien Kinder und Senioren), Darsteller, seltene Tiere und Menschen mit speziellen Fähigkeiten (Show-Talente) oder besonderem Aussehen (Freaks).* Hierbei könnte HELLASIMAGE den versteckten Vermögenswert *IT-Wissen*, die Kernkompetenzen *Casting-Know-How* und *Kenntnis der Medienbranche,* die Trends *Sozialer Trend des Strebens nach Öffentlichkeit* und *Trend zur Europäischen Integration* sowie die Branchen-Chance zur *Rückwärtsintegration* zusammenführen.

Die Ideenerzeugung ist jedoch keinesfalls ausschließlich auf das Kombinieren der zuvor gefundenen Chancen beschränkt, vielmehr sollten diese nur als Ausgangspunkt und Orientierungshilfe für den nun folgenden, äußerst divergenten Prozessabschnitt der Ideenerzeugung verstanden werden.

Es ist durchaus wahrscheinlich, dass im Schritt der Ideenerzeugung weitere grundlegende Chancen erkannt werden, die zuvor noch nicht bedacht wurden. Dadurch können im Rahmen der Ideenfindung auch völlig neue Aspekte einbezogen, beziehungsweise gänzlich neue Wege eingeschlagen werden. Hierbei wird deutlich, dass der idealtypische Prozessverlauf in der Anwendung nicht immer trennscharf und strikt in der vorgegebenen Reihenfolge verläuft, sondern innerhalb der Teilprozessschritte auch vor- und zurückgesprungen werden kann, beziehungsweise bestimmte Abschnitte iterativ durchlaufen werden. Mit jedem Prozessschritt wird ein höherer Detaillierungsgrad der erarbeiteten Informationen erreicht und diese neuen Erkenntnisse können in frühere Prozessabschnitte rückgekoppelt werden.[184]

---

[183] Vgl. Zook 2007, S. 84.
[184] Vgl. Bragg / Bragg 2005, S. 12.

3.4.2 Empfehlungen zur Vorgehensweise

Die Ideenerzeugung ist der Prozessabschnitt der gesamten Ideenphase, der am stärksten durch divergentes Denken geprägt ist.

Zum einen geht es hierbei darum, so viele Ideen zu erzeugen, wie möglich. Je höher die Gesamtzahl der entwickelten Ideen ist, desto höher ist die Wahrscheinlichkeit, dass eine tatsächlich funktionierende und überragend gute Idee darunter ist, welche der anschließenden Ideenevaluierung bis zum Ende standhält und ernsthaft für eine Umsetzung in Frage kommt.

Es erfordert im Durchschnitt bis zu 60 verschiedene Ideen, um auf eine aussichtsreiche Idee für ein neues Geschäftsfeld zu stoßen.[185] Jedoch ist es für ein Unternehmen wichtig, dass es mehr aussichtsreiche Ideen generiert, als es tatsächlich umsetzen kann, da die Qualität der Entscheidungen erhöht wird, wenn es ohne größeren Aufwand zwischen mehreren realisierbaren Venture-Möglichkeiten wählen und abwägen kann.[186] Außerdem kann es vorkommen, dass in der anschließenden *Aufbau-* oder in der *Marktphase* des ICV-Prozesses neue Aspekte erkannt werden, die eine weitere Umsetzung der Idee verhindern oder uninteressant machen. Wenn das Unternehmen in der Ideenphase direkt mehrere aussichtsreiche Ideen generiert hat, kann es in einem solchen Fall unmittelbar auf eine andere Alternative ausweichen, ohne die gesamte Ideenphase erneut durchlaufen zu müssen.

Entsprechend der in der Determinantenanalyse festgesetzten Zielvorgabe für die Ideenphase von HELLASIMAGE, sollen am Ende der Phase mindestens zwei aussichtsreiche Ideen zur Auswahl vorgestellt werden. In Hinblick auf die oben erwähnte Erfolgsrate von ca. 1/60 sollten somit mindestens 120 Ideen entwickelt werden. Da im Rahmen des anschließenden Prozessschritts *Ideenverdichtung* eine Konsolidierung der vielen vorgetragenen Einfälle stattfindet, und viele Ansätze direkt wieder eliminiert oder mit anderen verschmolzen werden, erscheint es sinnvoll, in dieser Phase der Ideenerzeugung ca. 150-200 *Rohideen* zu finden, so

[185] Vgl. Bragg / Bragg 2005, S. 20, 112.
[186] Vgl. Block / MacMillan 2003, S. 94.

dass nach der Ideenverdichtung noch ca. 120 konsolidierte Ideen übrig bleiben, die dann in den Prozessabschnitt der Ideenevaluierung übergeben werden.

Zum anderen geht es in dieser äußerst divergenten Phase darum, nicht nur rationale und nahe liegende Ideen zu suchen, sondern auch möglichst unkonventionelle, verrückte und radikale Einfälle zuzulassen. Selbst völlig grotesk erscheinende Vorschläge sollten im Rahmen der Ideenerzeugung ernsthaft behandelt und in den Ideenbestand aufgenommen werden.[187] Kritik und Analytik ist, wie in jeder divergenten Arbeitsphase, an dieser Stelle absolut unerwünscht. Zwar können solche extreme Ideen meist nicht exakt wie vorgeschlagen umgesetzt werden, jedoch bieten sie einen Ausgangspunkt für anschließende Modifikationen, die sie zu umsetzbaren Ideen machen können. Der Wert solcher extremen Vorschläge liegt also in ihrem provozierenden Charakter, der sie als Sprungbrett für hochinnovative aber umsetzbare Folgeideen fungieren lässt.[188]

Als Startpunkt der Ideenerzeugung dienen die zuvor gefundenen Chancen. Darauf aufbauend sollten nun möglichst viele Ideen entwickelt werden, wobei für jede Chance möglichst mehrere unterschiedliche Umsetzungsalternativen gesucht werden sollten.

Die Chancen und Ideen sollen spielerisch-experimentell und in vielfältiger Weise miteinander verknüpft werden, wobei möglichst viele neue Assoziationen entstehen sollen. Dies soll zum einen dazu führen, dass durch das wiederholte Betrachten der einzelnen Chancen aus verschiedenen Blickwinkeln, die den Chancen zu Grunde liegenden Annahmen immer wieder aufs Neue hinterfragt, geprüft und gegebenenfalls an neue Erkenntnisse angepasst werden. Hierdurch erhöht sich die Wahrscheinlichkeit, dass die anschließend ausgewählten Ideen tatsächlich auf einem robusten Fundament basieren und steigert damit deren Erfolgswahrscheinlichkeit. Zum anderen soll dies verhindern, dass zu früh mit der Suche aufgehört wird und nur offensichtliche und nahe liegende Lö-

[187] Vgl. McKnight 2004, S. 8.
[188] Vgl. Bragg / Bragg 2005, S. 111 f.

sungen entwickelt werden oder nur bereits bewährte Patentrezepte kopiert werden. Erst wenn die Suche darüber hinaus fortgesetzt wird, entsteht der Zwang, bekannte Pfade zu verlassen und auch unkonventionelle Ideen zu entwickeln, so dass die Chance erhöht wird, tatsächlich innovative Lösungen zu finden.[189]

Zwar ist das Kopieren von bereits bewährten Ideen nicht per se schlecht – wie unter 3.3.3 (S. 64) ausführlich dargestellt wurde. Es können jedoch gravierende Probleme auftreten, wenn eine an anderer Stelle funktionierende Idee inklusive ihrer Methoden und Strategien unkritisch wieder verwendet wird, ohne die ihr zugrunde liegenden Chancen hinsichtlich deren Gültigkeit in der eigenen, neuen Situation zu prüfen. Oft liegen kleine Unterschiede vor, die zwar nicht auf den ersten Blick deutlich werden, jedoch verheerende Auswirkungen haben können, wenn die Idee nicht an die neuen Gegebenheiten angepasst wird. So sind zum Beispiel kulturelle Unterschiede der Kunden eine wichtige Einflussgröße einer Geschäftsidee.[190] Aus diesem Grund sollten auch solche Ideen, die eine Kopie eines anderorts funktionierenden Konzeptes sind, regulär in den Prozess eingebracht werden, um den gesamten Ideengenerierungs- und Ideenevaluierungsprozess zu durchlaufen und dabei hinsichtlich ihrer Eignung für die Zwecke des kopierenden Unternehmens kritisch geprüft zu werden.

3.4.3 Durchführung

In Form von Workshops werden nun auf der Grundlage der identifizierten Chancen mit Hilfe der Kreativitätstechniken *Brainstorming* und *Mindmapping* zielgerichtet Ideen generiert.

---

[189] Vgl. Bragg / Bragg 2005, S. 62.

[190] Vgl. Bragg / Bragg 2005, S. 109. So scheiterte beispielsweise der Versuch, das in Kalifornien, Florida und Tokio bewährte Erfolgskonzept des Freizeitparks DISNEYLAND unverändert auf EURODISNEY in Paris zu übertragen an den deutlichen abweichenden Präferenzen der europäischen Konsumenten. Diese bevorzugten nicht, wie ungeprüft angenommen, durchschnittlich drei Tage in dem sehr großen Hotelkomplex zu übernachten, sondern neigen zu kurzen Tagesbesuchen und zeigen eine große Unbereitschaft in dieser kurzen Zeit sehr lange Schlange zu stehen. Erst eine nachträgliche, umfangreiche Anpassung des Konzeptes an die kulturellen Eigenarten und Bedürfnisse der Europäer, verhinderte das Scheitern von EURODISNEY. Vgl. Bragg / Bragg 2005, S. 109.

Im Rahmen der Chancensuche wurden bereits einige Tools vorgestellt, die bei der Suche nach neuen Geschäftsfeldern von wesentlicher Bedeutung sind. Auch bei der Ideensuche kommen diese Tools selbstverständlich zum Tragen, insbesondere wenn man bedenkt, dass Chancen und Ideen häufig unweigerlich in ein und demselben Gedankengang entstehen. Auch der iterative Charakter des Prozessmodells wie im Abschnitt 3.4.1 (S. 70) beschrieben, wird durch die Nutzung von gemeinsamen Instrumenten auf verschiedenen Prozessstufen begünstigt.

Da insbesondere auf die Tools *Wertkettenanalyse* sowie *Five-Forces-Modell* bereits ausführlich eingegangen wurde, erfolgt an dieser Stelle eine Konzentration auf die Einführung einiger weiterführender Instrumente, die ergänzend zum Einsatz kommen sollen. Hierbei handelt es sich um Instrumente, die insbesondere in dieser spezifischen Phase der Ideengenerierung wesentliche Stimuli zur schnellen Erzeugung einer Vielzahl von Lösungskonzepten für die Nutzung von Chancen in neuen Geschäftsfeldern bieten.

Entwicklungspfade für neue Geschäftsfelder

Wie in Abschnitt 3.3 dargestellt wurde, bieten die bereits vorhandenen Geschäftsfelder eines Unternehmens einen sehr guten Ausgangspunkt für die Ideensuche, da sie viele Chancen implizieren, wie etwa Kernkompetenzen, Know-how sowie Kunden-, Markt-, und Branchenwissen. Diese können auch für neue Ventures eingesetzt werden, was deren Erfolgsaussichten drastisch erhöht.[191]

Wenn man die vorhandenen Geschäftsfelder als *gegenwärtige Produkte* auf *gegenwärtigen Märkten* begreift, dann bieten sich drei Entwicklungspfade für neue Geschäftsfelder an:[192]

- Die Entwicklung neuer Märkte für die gegenwärtigen Produkte (*Marktentwicklung*)

[191] Vgl. Block / MacMillan 2003, S. 50.
[192] Klein beschränkt das Internal Corporate Venturing im Rahmen einer Innovationsstrategie auf die Produktentwicklung und die Diversifikation, vlg. Klein 2002, S. 123. Dieser Einschränkung wird hier nicht gefolgt, da sich durchaus auch die Marktentwicklung für neue Ventures anbietet, vgl. Kerth / Asum / Nührich 2007, S. 189 und Block / MacMillan 2003, S. 50.

- Die Entwicklung neuer Produkte für die gegenwärtigen Märkte (*Produktenwicklung*)
- Die Entwicklung neuer Produkte für neue Märkte (*Diversifikation*).

Die in Abb. 23 dargestellte *Produkt-Markt-Matrix* nach ANSOFF veranschaulicht diese möglichen Stoßrichtungen. Diese Matrix unterstützt die Konzeption von Ideen für neue Ventures durch ihre leicht nachzuvollziehende Strukturierung der Weiterentwicklungsmöglichkeiten von bestehenden Geschäftsfeldern.[193]

Abb. 23: Produkt-Markt-Matrix nach Ansoff

		Märkte	
		Gegenwärtig	Neu
Produkte	Gegenwärtig	Marktdurchdringung	Marktentwicklung
	Neu	Produktentwicklung	Diversifikation

Quelle: In Anlehnung an Becker 2002, S 148 ff. und Kerth / Asum / Nührich 2007, S. 187 ff.

Als Beispiel für HELLASIMAGE wird im Folgenden das bestehende Geschäftsfeld *Modekataloge* herausgegriffen und entsprechend der *Produkt-Markt-Matrix* gedanklich zu neuen Geschäften weiterentwickelt. Dieses Geschäftsfeld beschreibt die Kombination aus dem gegenwärtigen Produkt *Print-Katalog*[194] (bestehend aus den Komponenten: *Mode-Fotografie*, *Retusche*, *Layouting* und *Drucküberwachung*) auf dem gegenwärtigen Markt *Werbemittel für Produzenten von Mode für den griechischen Textilmarkt.* Die folgende Abb. 24 zeigt das Ergebnis der Ideensuche für neue Geschäftsfelder basierend auf der Produkt-Markt-Matrix.

[193] Vgl. Kerth / Asum / Nührich 2007, S. 187.
[194] *Print* steht für gedruckte Informationsquellen, vgl. wikipedia.org [Print].

Abb. 24: Produkt-Markt-Matrix im Beispiel für HELLASIMAGE

		Märkte	
		Gegenwärtig	Neu
Produkte	Gegenwärtig	Modekatalog - Markt: Werbemittel für Produzenten von Mode auf dem griechischen Textilmarkt - Produkt: Print-Katalog	Fachartikel-Katalog - Markt: Werbemittel für Produzenten von Geräten - Produkt: Print-Katalog
	Neu	Online-Katalog - Markt: Werbemittel für Produzenten von Mode/ Geräten - Produkt: Web-Design	Allgemeines Webdesign - Markt: Internetentwicklung für deutsch-, griechisch- und englischsprachige Unternehmen in Europa - Produkt: Web-Design

Quelle: Eigene Darstellung

Die dargestellten Stoßrichtungen werden im Folgenden erläutert:

- Marktentwicklung – Fachartikel-Katalog: Durch ein Ersetzen der Komponente *Mode-Fotografie* mit so genannter *Still-Life-Fotografie*[195] kann das Produkt *Print-Katalog* variiert und dadurch der neue Teilmarkt *Werbemittel für Produzenten von Geräten (zum Beispiel Büroausstattung, Küchenutensilien, Angelzubehör, etc.)* erschlossen werden.
- Produktentwicklung – Online-Katalog: Für die Märkte *Werbemittel für Produzenten von Mode beziehungsweise Geräten* kann das Ersetzen der Komponente *Drucküberwachung* durch den Bereich *Webdesign* die Entwicklung des Produkts *Online-Katalog* ermöglichen, welches das bisherige Produkt *Print-Katalog* flankiert.
- Diversifikation – Allgemeines Webdesign: Die neu gewonnenen Kompetenzen im Webdesign können anschließend zu einem Geschäftsfeld ausgebaut werden, welches das neue Produkt *Allgemeines Webdesign* auf dem neuen Markt *Internetentwicklung für deutsch-, griechisch- und englischsprachige Unternehmen in Europa* anbietet.

---

195 *Still-Life-Fotografie* bezeichnet die Fotografie von Gegenständen, vlg. wikipedia.org [Still life photography].

Um sicher zu stellen, dass hochwertige Ideen entwickelt werden, sollte darauf geachtet werden, dass bei der Anwendung der Produkt-Markt-Matrix stets möglichst viele der zuvor gefundenen Chancen miteinander kombiniert werden, insbesondere stets mindestens eine marktseitige und eine unternehmensseitige Chance.

Um die Suche von Ideen für neue Geschäftsfelder zu unterstützen, die auf existierenden Produkten basieren, eignet sich weiterhin die im Folgenden vorgestellte Kreativitätstechnik *Osborn-Checkliste*:

Osborn-Checkliste

Die *Osborn-Checkliste* ist eine Kreativitätstechnik, die anhand der spielerisch-experimentellen Modifizierung existierender Produkte Inspirationen für Ideen zu neuen Geschäftsfeldern liefern kann. Diese Liste besteht aus einer Reihe von Fragestellungen. Es wird pro Durchgang ein Produkt analysiert, indem versucht wird, es entsprechend der Fragestellungen zu einem neuen Produkt abzuändern. Die Einhaltung einer bestimmten Reihenfolge ist dabei nicht wichtig. Von zentraler Bedeutung ist es jedoch, dass alle Fragen durchgearbeitet werden, auch wenn manche Fragen verhältnismäßig schwierig erscheinen. Nur so können auch tatsächlich neue und innovative Ansätze gefunden werden.[196]

Die Osborn-Checkliste wurde im Rahmen dieser Arbeit in Form einer Mindmap-Vorlage gestaltet, wie in Abb. 25 dargestellt, so dass sie auch als Grundlage intuitiver Brainstormings verwendet werden kann. In den Workshops von HELLASIMAGE wurde hierdurch die Ausbeute an Einfällen gegenüber einer reinen Liste erhöht. Um die Anwendung des Tools in der Praxis zu erleichtern, findet sich im Anhang A.1.2 (S. 172) dieses Mindmap mit einer Vielzahl von Beispielen pro Fragestellung, welche der Inspiration dienen können.

[196] Vgl. Boos 2007, S. 108 ff.

Abb. 25: Osborn-Checkliste als Mindmap

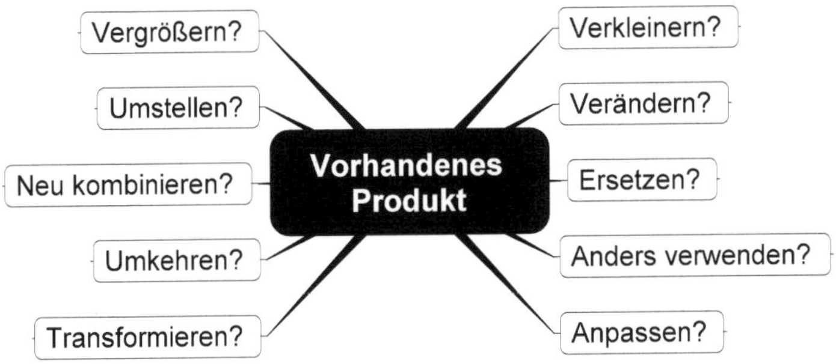

Quelle: Eigene Darstellung

Zur Verdeutlichung folgen zwei Beispiele für das Produkt *Retusche* von HELLASIMAGE:

- *Verkleinern?*: Die Retusche wird so weit reduziert, bis nur noch ihre elementarsten Bestandteile übrig bleiben: das Korrigieren von Helligkeit, Kontrast und Farbsättigung, das Drehen des Bildes, das Auswählen eines ästhetischen Ausschnitts, das Färben von roten Pupillen. Hieraus wurde die Idee entwickelt, einen Internet-basierten Retusche-Service für Urlaubsbilder von Privatkunden aufzubauen.
- *Umkehren?*: Die Retusche soll die Modelle nicht mehr schöner machen, sondern hässlicher. Dies führte zu der Idee, einen Internet-basierten Retusche-Service aufzubauen, welcher die Fotos von Privatkunden zu lustigen Karikaturen verändert, zum Beispiel als Geschenkidee.

3.5 Prozessschritt 4: Ideenverdichtung

Die *Ideenverdichtung* ist der vierte und letzte Prozessschritt der Teilphase Ideengenerierung, bevor zur anschließenden Teilphase *Ideenevaluierung* übergegangen wird. Abb. 26 stellt die Ideenverdichtung im Prozessverlauf der Ideenphase dar.

Abb. 26: Prozessschritt 4: Ideenverdichtung

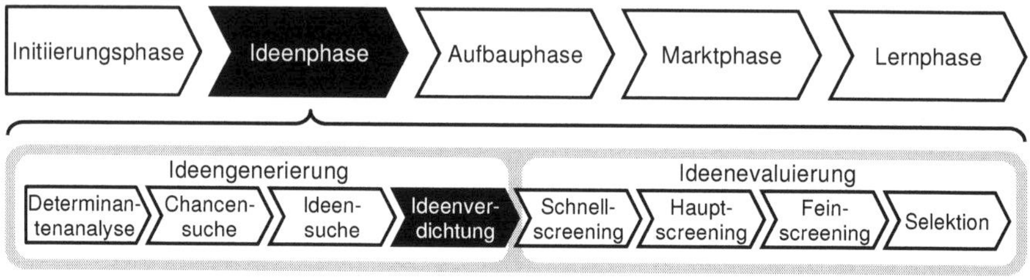

Quelle: Eigene Darstellung

In dem divergenten Prozessschritt *Ideensuche* lag der Fokus auf Quantität und auf möglichst vielen verschiedenen Blickwinkeln, wobei 162 Ideen erzeugt worden sind. Diese werden im Rahmen dieses Kapitelabschnitts *Rohideen* genannt, um sie von den Ideen abzugrenzen, welche die hier vorgestellte Phase der *Ideenverdichtung* bereits durchlaufen haben.

In diesem nun folgenden, *konvergenten* Prozessschritt der *Ideenverdichtung* geht es darum, die erzeugten Rohideen für die anschließende Evaluierung systematisch aufzubereiten und zu verdichten, also Quantität in Qualität zu transformieren.[197]

Dazu werden zunächst die bis hier her erzeugten Mindmaps, Brainstorming-Aufzeichnungen, Mitschriften, etc., hinsichtlich der darin aufgezeichneten Rohideen gesichtet. In der Regel ist ein großer Anteil der erzeugten Ideen fragmentarisch, inkomplett beziehungsweise unreif und daher noch nicht bewertungsfähig.[198]

Als erster Schritt empfiehlt es sich deshalb, inhaltlich ähnliche Rohideen in Themen-Clustern zusammenzufassen. Hierbei gehen keine Ideen verloren, sie werden lediglich den Themengruppen zugeordnet und lassen sich so besser handhaben und überschauen.[199] Gleichzeitig sollten die Rohideen auch konsolidiert, das heißt verdichtet werden.[200] So können kleinere Ideenfragmente anderen, umfassenderen Rohideen einverleibt

---

197 Vgl. Schnetzler 2006, S. 31 f.
198 Vgl. Wahren 2004, S. 117.
199 Vgl. Bragg / Bragg 2005, S. 151.
200 Vgl. Schnetzler 2006, S. 134.

werden, um diese zu vervollständigen oder sehr ähnliche Rohideen zu einer gemeinsamen Rohidee verschmolzen werden. Rohideen oder Ideenfragmente ohne jede erkennbare Werthaltigkeit, zum Beispiel weil sie keinen Sinn ergeben, sollten gelöscht werden.[201] Das Ergebnis dieses Schrittes sollte eine erkennbare Konsolidierung der Rohideenanzahl sein.

Im zweiten Schritt der Ideenverdichtung werden die Rohideen systematisch erfasst. Hierzu wurde im Rahmen der vorliegenden Arbeit eine spezifische Datenbank entwickelt.

Diese Datenbank dient der weiteren Ideenverarbeitung und -verwaltung, insbesondere der Katalogisierung, weiteren Ausarbeitung, Bewertung und Archivierung der generierten Ideen.

Das zentrale Bedienelement der Datenbank ist das so genannte *Scoresheet*, eine *Microsoft Excel 2007*-basierte Anwendung, die das wesentliche Steuerungselement für den weiteren Verlauf des Prozesses der Ideenphase darstellt und dabei die wichtigsten Informationen und Ergebnisse komprimiert.

Dieses Scoresheet wird im Rahmen der anschließenden Ideenevaluierung im Detail beschrieben. Aus diesem Grund erfolgt an dieser Stelle eine Konzentration auf den für das Ideenreview relevanten Teilbereich.

Die Erfassung einer Rohidee in der Datenbank im Rahmen der Ideenkonsolidierung umfasst zwei elementare Teilschritte, welche sukzessive erfolgen:

1. Die aussagekräftige und eindeutige Benennung der Rohidee
2. Die Hinterlegung von Standardangaben im *Ideenerfassungsbogen*

Diese beiden Teilschritte werden im Folgenden näher erläutert:

Um eine Idee für weitere Untersuchungszwecke im Rahmen eines ICV-Prozesses angemessen zu erfassen ist es zunächst erforderlich, dieser eine eindeutige, unverwechselbare und inhaltsreiche Bezeichnung zu verleihen, im Sinne eines konkreten Namens. Diese Bezeichnung wird

---

[201] Vgl. Wahren 2004, S. 117.

im Scoresheet für jede einzelne der gefundenen und verdichteten Rohideen in dem dafür vorgesehenen Feld eingetragen. Die nachfolgende Abb. 27 zeigt exemplarisch einen Ausschnitt des Scoresheets, in dem die Ideen-Bezeichnung erfolgt.

Abb. 27:Scoresheet – Ausschnitt Ideenbezeichnungen

1000	1001	1002	1003	1004	1005	1006	1007	1008	1009
< Namensfeld für Idee 1 >	< Namensfeld für Idee 2 >	< Namensfeld für Idee 3 >	< Namensfeld für Idee 4 >	< Namensfeld für Idee 5 >	< Namensfeld für Idee 6 >	< Namensfeld für Idee 7 >	< Namensfeld für Idee 8 >	< Namensfeld für Idee 9 >	< Namensfeld für Idee 10 >
Ordner	Ordner	Ordner	Ordner	Ordner	Ordner	Ordner	Ordner	Ordner	Ordner
Idee	Idee	Idee	Idee	Idee	Idee	Idee	Idee	Idee	Idee

Quelle: Eigene Darstellung

Da der Name einer Idee alleine noch nicht ausreicht, um diese eindeutig identifizieren und verstehen zu können, ist es darüber hinaus im zweiten Schritt erforderlich, systematisch weitere Angaben zu dieser Idee in der Datenbank zu hinterlegen. Für das weitere Vorgehen im Rahmen der Ideenphase ist es fundamental, dass eine Idee auch auf Anhieb von unbeteiligten Personen verstanden werden kann, beziehungsweise dass für Beteiligte nach langer Zeit noch klar ist, was exakt unter dieser Idee zu verstehen ist. Ideen ist generell die große Gefahr inhärent, sehr schnell vergessen und mit neuen Gedanken und Ideen überschrieben zu werden.[202]

Eine zielgerichtete Dokumentation ist daher unerlässlich. Um sicherzustellen, dass hierbei keine wesentlichen Informationen vergessen oder ausgelassen werden, wurde für die Hinterlegung dieser weiterführenden Angaben ein Standard-Fragebogen entwickelt, der so genannte *Ideenerfassungsbogen*.

[202] Vgl. Wahren 2004, S. 115 f.

Dieser Ideenerfassungsbogen besteht aus einem Mindmap, das im Sinne einer Checkliste grundsätzliche Fragen aus den wichtigsten Informationsbereichen zusammenstellt, die eine Idee für ein neues Geschäftsfeld charakterisieren. Die folgende Abb. 28 zeigt den Ideenerfassungsbogen.

Abb. 28: Ideenerfassungsbogen

Quelle: Eigene Darstellung

Für die Erfassung der Daten ist für jede Rohidee bereits ein solcher Ideenerfassungsbogen in der Datenbank hinterlegt, welcher über das Betätigen des Bedienelements *Idee* im Scoresheet direkt aufrufbar ist (siehe Abb. 27, S. 82, unterste Zeile). Somit muss der Benutzer nur den Namen der Rohidee eintragen und kann im Anschluss direkt nach Betätigen des Bedienelements mit dem Ausfüllen des Ideenerfassungsbogens beginnen. Nach Abschluss der Eingabe kann der Benutzer jederzeit den Ideenerfassungsbogen erneut aufrufen, um ihn einzusehen. Ebenfalls ist es möglich, nachträglich weitere Änderungen und Ergänzungen im Ideenerfassungsbogen vorzunehmen. Das ist zum Beispiel dann interessant, wenn zu einer Idee im weiteren Verlauf des Prozesses zusätzliche Informationen gewonnen werden.

Es ist unbedingt erforderlich, dass im Ideenerfassungsbogen alle Informationsbereiche mit Angaben für die jeweilige Rohidee hinterlegt werden. Dies ist zum einen auf die angestrebte Ideenverständlichkeit zurückzuführen. Darüber hinaus gibt es aber noch einen weiteren wesentlichen Grund hierfür: Die Angaben im Ideenerfassungsbogen dienen unmittelbar als Grundlage für die erste Stufe der *Ideenevaluierung*, die sich im nächsten Arbeitsschritt anschließt. Eine Bewertbarkeit und damit Vergleichbarkeit von Ideen erfordert, dass alle Ideen demselben Verfahren unterzogen werden und damit mit denselben Fragestellungen konfrontiert werden.

Es ist nicht ungewöhnlich, wenn die Ausarbeitung der einzelnen Rohideen bislang sehr heterogen ist, die Bandbreite reicht in der Regel von einigen wenigen, bereits vergleichsweise umfangreich recherchierten Rohideen bis hin zu vielen vagen Lösungsvorschlägen, für die nur wenige Angaben vorliegen.[203] An dieser Stelle wird klar, dass spätestens jetzt derartige Rohideen, die zwar werthaltig, allerdings bislang in ihrer Beschreibung nur fragmentarisch sind, ausgebaut werden müssen. Um die Mindestanforderungen des Ideenerfassungsbogens zu erfüllen, muss per Definition eine grundlegende Bewertbarkeit der Idee vorliegen. Hierzu kann es im Sinne eines iterativen Verfahrens notwendig sein, erneut in eine divergente Arbeitsphase einzutauchen, um mit Hilfe von Tools und Kreativitätstechniken eine Komplettierung der Idee vorzunehmen.[204]

Die Informationen, die in den Ideenerfassungsbogen eingetragen werden, sollen hier nicht als bewiesene Tatsachen verstanden werden, sondern größtenteils als *Annahmen.* In diesem frühen Stadium liegen nur zu wenigen Ideen konkrete Hintergrundinformationen vor; dennoch ist die Aufzeichnung dieser Annahmen von großer Bedeutung.[205] Sie bilden den Ausgangspunkt für die anschließende Bewertung der Ideen und werden

[203] Vgl. Schwarz / Krajger / Dummer 2006, S. 89.
[204] Vgl. Wahren 2004, S. 117 f.
[205] Vgl. Bragg / Bragg 2005, S. 16.

im Verlauf der Ideenevaluierung sukzessive durch die – zum Beispiel im Rahmen von Recherchen – hinzugewonnenen Erkenntnisse ersetzt, beziehungsweise an diese angepasst.[206]

Über die Angaben im Ideenerfassungsbogen hinaus kann es außerdem sinnvoll sein, weitere Informationen zu einer bestimmten Idee in der Datenbank zu hinterlegen, um sie genauer zu spezifizieren.[207] Über das Betätigen des Bedienelements *Ordner* im Scoresheet (siehe Abb. 27, S. 82) öffnet sich der individuelle Ordner einer Idee, der als Sammelbehälter für sämtliche weiterführenden Informationen und Dokumente verstanden werden soll. Hierbei kann es sich um Recherche-Ergebnisse, Fotos, Internetseiten oder auch um Scans von handschriftlichen Aufzeichnungen, Skizzen oder Zeitungsausschnitten handeln.

Allgemein gilt: Je mehr Informationen zur Beschreibung der Idee in der Datenbank erfasst werden, desto besser ist dies für das spätere Verständnis. Insbesondere nach einer längeren Pause im Arbeitsprozess erscheinen Ideen ohne entsprechend umfangreiche Hintergrundinformationen oft wenig sinnvoll und nicht mehr nachvollziehbar.

Im Rahmen des hier vorgestellten Prozessschrittes *Ideenverdichtung* wurden die Rohideen, welche in der Teilphase *Ideengenerierung* erzeugt worden sind, einer umfassenden Bereinigung und Konsolidierung unterzogen. Sie wurden mit einem aussagekräftigen Namen versehen, in der *Datenbank* erfasst und mittels des *Ideenerfassungsbogens* umfassend beschrieben. Gegebenenfalls wurden weitere Zusatzinformationen im jeweiligen Ordner der Rohidee hinterlegt. Die auf diese Weise erfassten Rohideen werden ab jetzt wieder als *Ideen* bezeichnet. Im Fall HELLASIMAGE handelte es sich um 124 solcher Ideen. Diese erfüllen nunmehr die Anforderungen, um in die zweite Teilphase übergeführt zu werden, in die *Ideenevaluierung*.

[206] Vgl. Schwarz / Krajger / Dummer 2006, S. 120.
[207] Vgl. Schnetzler 2006, S. 136 f.

4 Ideenevaluierung

Nachdem im dritten Kapitel mit der *Ideengenerierung* der erste Abschnitt der Ideenphase betrachtet wurde, wird nun der zweite Abschnitt vorgestellt, die *Ideenevaluierung*. Abb. 29 zeigt den Aufbau dieses Kapitels:

Abb. 29: Übersicht – Kapitel 4

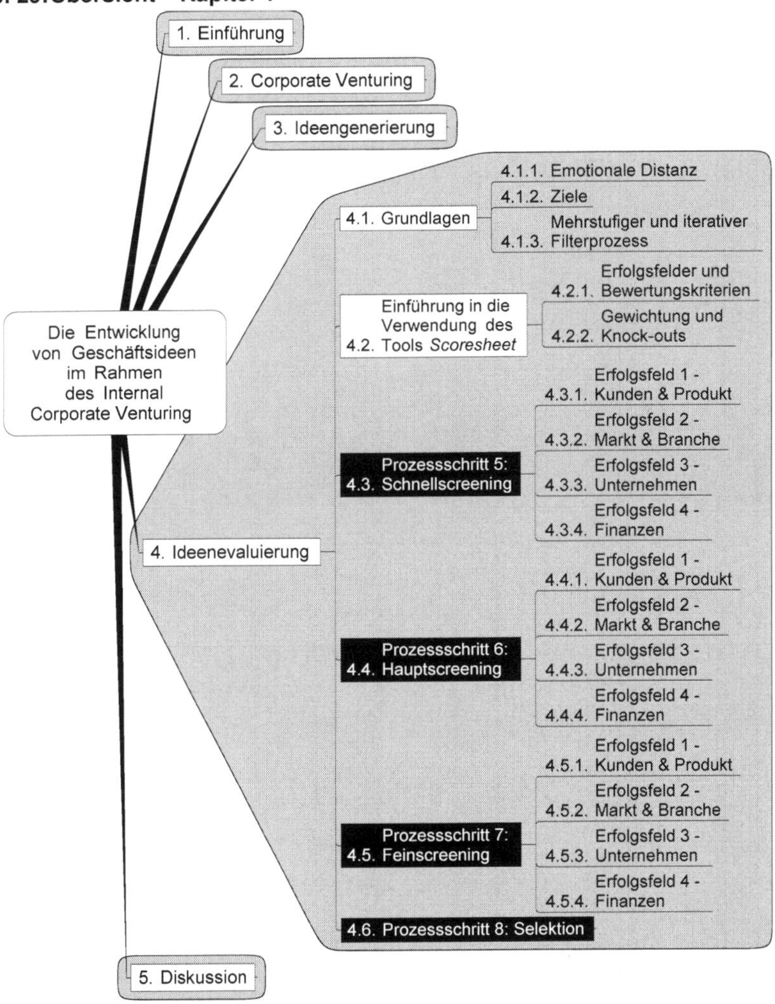

Quelle: Eigene Darstellung

4.1 Grundlagen

In diesem einführenden Abschnitt werden zunächst die wesentlichen Grundlagen der Ideenevaluierung dargestellt, die für das Verständnis des Prozesses und für die effektive Anwendung der Tools relevant sind.

4.1.1 Emotionale Distanz

Im Rahmen der vorangegangenen Ideengenerierung erfolgte eine intensive Auseinandersetzung mit einer Vielzahl von Ideen. In diesem Zuge ist es ein häufig zu beobachtendes Phänomen, dass die beteiligten Personen für einige der Ideen eine gewisse Begeisterung verspüren, sich mit diesen Ideen besonders stark identifizieren und es zu einer emotionalen Bindung kommt. Anderen Ideen gegenüber sind sie eher abgeneigt. Dieses Phänomen ist nicht ungewöhnlich, denn Ideen sind generell eine höchst emotionale Angelegenheit und es fällt schwer, eine kritische Distanz zu bewahren.[208] Dennoch muss man sich darüber im Klaren sein, dass eine fehlende emotionale Distanz zu massiven Verfahrensfehlern und Fehleinschätzungen führen kann, was die Erfolgsaussichten eines Ventures drastisch verringert.

Ein wesentlicher Verfahrensfehler in diesem Sinne ist vor allem, dass in Konsequenz dieser Begeisterung viele Beteiligte den Drang verspüren, sich schnellstmöglich an die Umsetzung der am stärksten favorisierten Idee zu begeben. Damit einher geht ebenso der Drang, nun unmittelbar einen entsprechenden Businessplan anzufertigen, welcher die Umsetzung der Idee äußerst detailliert beschreibt und genaue Finanzkalkulationen über einen zukünftigen Zeitraum von mehreren Jahren enthält.[209] Dies wird dadurch verstärkt, dass traditionell – sowohl in der Literatur, als auch in den meisten Praxisseminaren zur Unternehmensgründung – fälschlicher Weise vermittelt wird, dass der Businessplan das zentrale Element für den Erfolg eines neuen Ventures und daher so früh wie möglich zu erstellen sei.[210] Diese Vorgehensweise orientiert sich an der

[208] Vgl. Schnetzler 2006, S. 191.
[209] Vgl. Bragg / Bragg 2005, S. 61.
[210] Vgl. Hougaard 2005, S. 7, Block / MacMillan 2003, S. 162 f.

klassischen Planung in Unternehmen, bei der auf bestehende Erfahrungswerte zurückgegriffen werden kann. Da ein neues Venture jedoch zunächst hauptsächlich auf Annahmen basiert, ist diese Vorgehensweise nicht übertragbar. BLOCK & MCMILLAN schreiben hierzu:

> *„Yet new venture business plans often have more in common with advertising, than with effective management. Usually, there is little or no connection between what is projected and what is delivered. All the concrete numbers and detailed analyses contained in the typical business plan belie the fact, that forecasting the performance of nascent ventures is even harder than predicting the weather.'*[211].

Vielmehr sollte zunächst ein intensiver Ideenevaluierungsprozess durchgeführt werden, gefolgt von Experimenten, wie etwa dem Erstellen eines Prototyps oder der Durchführung einer Machbarkeitsstudie, eines Markt-Tests, oder ähnlichem. In diesem Verlauf werden im Sinne eines Lernprozesses kontinuierlich weitere Fakten in Erfahrung gebracht, getroffene Annahmen überprüft, angepasst oder fallen gelassen. Ein Venture-Businessplan sollte erst ganz am Ende dieser Maßnahmen auf Basis der gewonnenen Erkenntnisse entstehen und als dynamisches Planungsinstrument verstanden werden, welches sich laufend an neue Erkenntnisse anpasst.[212]

In der Praxis wird aufgrund der besagten Begeisterung dieser Weg jedoch oft nicht durchlaufen. Vielmehr werden die meisten Ventures viel zu früh und nur auf Grundlage einiger weniger und vager Annahmen ausgewählt und gestartet. Dies ist der Grund dafür, dass die Mehrheit neuer Ventures scheitert.[213]

Eine weitere Schwierigkeit der Emotionalität von Ideen ist die voreingenommene Wahrnehmung der beteiligten Personen, die den nüchternen Sachverstand hemmt.[214] Ideen sind etwas Flüchtiges, Subjektives, ihre

---

[211] Block / MacMillan 2003, S. 163.
[212] Vgl. Block / MacMillan 2003, S. 166 f.
[213] Vgl. Bragg / Bragg 2005, S. 61.
[214] Vgl. Schwarz / Krajger / Dummer 2006, S. 89.

Einschätzung ist von der aktuellen Stimmungslage, der Gruppendynamik, der Situation und anderen Faktoren beeinflusst.[215]

Um die Erfolgschancen eines Ventures zu maximieren, ist es daher notwendig, sich nach der Ideengenerierung von den gewonnenen Ideen zunächst emotional soweit es geht zu distanzieren um ein möglichst klares und kritisches Urteilsvermögen zu gewährleisten.[216] Hierfür ist ein diszipliniertes Auswahlverfahren im Sinne eines systematischen, von Emotionen weitgehend losgelösten Prozesses nötig.[217] Ein solcher Prozess wird in diesem Kapitel nun vorgestellt.

4.1.2 Ziele

Das Ziel der Ideenevaluierung ist es, in der großen Menge der generierten Ideen diejenigen zu identifizieren, welche die höchste Erfolgsaussicht haben und für das Unternehmen am meisten geeignet erscheinen. Es sollen also die Ideen ausgewählt werden, für die es lohnenswert erscheint, in der sich an die Ideenphase anschließenden *Aufbauphase* (siehe zum Beispiel Abb. 26, S. 80) weitere Untersuchungen und Forschungen zu betreiben, zum Beispiel durch Prototypen, Konzept-Tests, und andere Verfahren. Es ist also eindeutig nicht das Ziel dieses Bewertungs-Prozesses, zu entscheiden, ob ein Unternehmen mit einer Idee schlussendlich einen Zielmarkt betreten soll, oder nicht.[218] Diese Entscheidung sollte erst im Verlauf der Aufbauphase nach der Fertigstellung des Venture-Businessplans erfolgen.

Ein weiteres zentrales Ziel der Ideenevaluierung besteht darin, dass Unternehmen vor der Verschwendung von Ressourcen geschützt werden. Deshalb ist es wichtig, dass ungeeignete Ideen so früh wie möglich erkannt und aussortiert werden, bevor zusätzliche Ressourcen für die weitere Evaluierung eines potentiellen *Flops* oder gar dessen Umsetzung in der Aufbau- oder Marktphase verschwendet werden.[219] Aus diesem

---

[215] Vgl. Schnetzler 2006, S. 170.
[216] Vgl. Bragg / Bragg 2005, S. 28, 67.
[217] Vgl. Schwarz / Krajger / Dummer 2006, S. 108, Schnetzler 2006, S. 171.
[218] Vgl. Block / MacMillan 2003, S. 102 f.
[219] Vgl. Wahren 2004, S. 158., Morse / Mitchell 2006, S. 43.

Grund durchlaufen nicht alle Ideen den Evaluierungsprozess komplett. Ideen die eine elementare Schwäche aufweisen, werden bereits im Verlauf des Prozesses aussortiert und vorerst nicht weiter betrachtet – ungeachtet der Tatsache, dass dies das Risiko birgt, eine auf den zweiten Blick lohnenswerte Idee zu eliminieren. Man unterscheidet diesbezüglich bei der Ideenbewertung zwei Arten von Fehlentscheidungen:[220]

- *Akzeptanzfehler*: Es werden Ideen angenommen, die nicht funktionieren
- *Selektionsfehler*: Es werden Ideen verworfen, die das Potenzial zu einer erfolgreichen Umsetzung gehabt hätten

Zugunsten der Vermeidung von Akzeptanzfehlern werden hier also Selektionsfehler billigend in Kauf genommen.

„False positives are what you worry about, not false negatives.“[221]

4.1.3 Mehrstufiger und iterativer Filterprozess

In der *Ideensuche* war es das Ziel, zwischen 150-200 Ideen zu entwickeln, im vorliegenden Fall wurden für HELLASIMAGE 162 Ideen erstellt. Im Rahmen der *Ideenverdichtung* wurden diese bereits konsolidiert und völlig wertlose Ansätze eliminiert, so dass die Zahl auf 124 reduziert wurde. Durch den *Ideenerfassungsbogen* wurde jede Idee, die es zur Aufnahme in die *Datenbank* geschafft hat, auf ein vorgegebenes Mindestmaß ausgearbeitet.

In Anbetracht der Zielsetzung der Ideenevaluierung, möglichst Ressourcen schonend vorzugehen, ist es nicht sinnvoll, im Vorfeld der Ideenbewertung für jede einzelne der 124 Ideen eine umfangreiche Recherche durchzuführen und ein bis ins Detail ausgearbeitetes Konzept zu erstellen. Dies würde einen unverhältnismäßig hohen Aufwand erfordern und wäre wenig effizient. Sinnvoller ist es, die Ideenevaluierung als mehrstufigen, trichterförmigen Auswahlprozess zu gestalten, bei dem die jeweilige Trichterstufe das Ausmaß der Beschäftigung mit einer Idee be-

---

[220] Vgl. Schwarz / Krajger / Dummer 2006, S. 89.
[221] Mullins 2003, S. 17.

stimmt.[222] Ein solches Modell wurde im Rahmen dieser Arbeit entwickelt und wird in Abb. 30 dargestellt.

Abb. 30: Trichterförmiger Auswahlprozess in drei Stufen

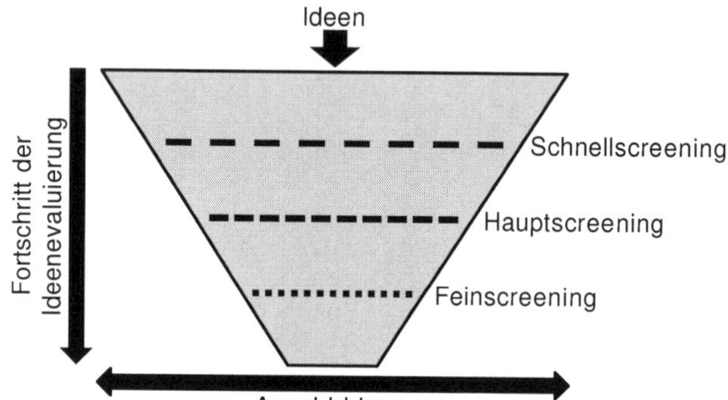

Quelle: In Anlehnung an Stern / Jaberg 2007, S. 189

Wie in der Abbildung zu erkennen ist, besteht die Ideenevaluierung hier aus drei aufeinander folgenden Filterstufen, dem *Schnellscreening*, dem *Hauptscreening* und dem *Feinscreening*.

Die besondere Herausforderung bei der Gestaltung dieses stufenweisen Evaluierungsprozesses besteht darin, die Bewertungskriterien der Ideen derart zu definieren und auf den drei verschiedenen Filterstufen zu verteilen, dass ein effizientes Management der anfänglich hohen Ideenanzahl erfolgt.[223]

Hierzu wurden auf der ersten Stufe, dem *Schnellscreening*, insbesondere solche Kriterien angesiedelt, für deren Anwendung die bereits vorliegenden Informationen aus dem *Ideenerfassungsbogen* als Grundlage für eine erste Einschätzung des Potentials der Ideen ausreichen. Für solch eine Bewertung eignen sich insbesondere qualitative[224] Kriterien.[225] Jedoch auch rein subjektive Kriterien und solche, die auf Intuition beruhen,

---

222 Vgl. Stern / Jaberg 2007, S. 188 ff., Wahren 2004, S. 158 ff., Schwarz / Krajger / Dummer 2006, S. 90.

223 Vgl. Stern / Jaberg 2007, S. 188 ff., Schwarz / Krajger / Dummer 2006, S. 90 f.

224 *Qualitative Verfahren* bezeichnen beschreibende, auf Fachkenntnis und Erfahrung basierende Einschätzungen, während das Pendant dazu, die *Quantitativen Verfahren* mathematische Modelle und berechnete Ergebnisse bezeichnen. Vgl. wikipedia.org [Prognose].

225 Vgl. Stern / Jaberg 2007, S. 189.

stehen am Anfang der Ideenevaluierung im Vordergrund.[226] Weiterhin spielt hier auch die Definition von *Knock-Out-Kriterien* eine bedeutende Rolle, also solcher Kriterien, die den sofortigen Ausschluss einer Idee zur Folge haben, wenn sie eine fundamentale Anforderung nicht erfüllt.[227] Die Thematik der Knock-Out-Kriterien wird weiter unten im Abschnitt 4.2.2 (S. 102) vertieft.[228] Es hat sich gezeigt, dass die Bewertung einer Idee auf dieser Stufe in etwa fünf bis 15 Minuten benötigt. Es wird tendenziell weniger Zeit benötigt, wenn bereits in der Ideengenerierung eine intensive Auseinandersetzung mit der Idee erfolgte. Ebenfalls hängt der Zeitbedarf davon ab, ob die Bewertung alleine oder im Team erfolgt. Teambewertungen benötigen mehr Zeit als Einzelbewertungen.

Gemessen an der im Schnellscreening erhaltenen Gesamtpunktzahl werden im Anschluss die 20 Ideen mit der höchsten Punktzahl in die nächste Filterstufe überführt, in das *Hauptscreening*. Im *Hauptscreening* sind erste Kriterien angesiedelt, welche *Sekundärforschung*[229] geringen Umfangs oder Überschlagskalkulationen erfordern, da hier erstmalig monetäre Größen in den Bewertungsprozess einfließen.[230] Die Bearbeitungszeit pro Idee lag auf dieser Stufe zwischen vier und acht Stunden. Die benötigte Zeit ist davon abhängig, ob der Bewertende bereits über Kenntnisse verfügt, welche den Umfang der benötigten Recherchen verkürzen können. So können Ideen, die einen bereits bekannten Markt betreffen naturgemäß schneller bewertet werden, als Ideen, die einen völlig fremden Markt betreffen, über den sich der Bewertende erst eine grundlegende Orientierung verschaffen muss. Ebenfalls determiniert die Kom-

[226] Vgl. McKnight 2004, S. 11 f.
[227] Vgl. Schwarz / Krajger / Dummer 2006, S. 90 ff.
[228] Hierbei wird klar, dass die Bestimmung der erforderlichen Informationsfelder im Ideenerfassungsbogen retrograd erfolgte, nachdem im Rahmen der Modellierung des Prozessabschnitts Ideenevaluierung deutlich wurde, welche Kriterien sich für eine schnelle, erste Einschätzung eignen. Entsprechend des Informationsbedarfs dieser Kriterien wurde anschließend rückwirkend der Ideenerfassungsbogen gestaltet. Hieraus erklären sich das Zustandekommen und die Zusammensetzung des Ideenerfassungsbogens, siehe gegebenenfalls Abb. 28 (S. 83).
[229] *Sekundärforschung* (*Desk Research*) bezeichnet eine Methode der Marktforschung, die sich zur Gewinnung von Marktinformationen bereits vorhandener Informationsquellen bedient, vgl. wikipedia.org [Sekundärforschung].
[230] Vgl. Stern / Jaberg 2007, S. 189.

plexität der jeweiligen Idee die Dauer der erforderlichen Überschlagskalkulationen.

Die fünf besten Ideen des Hauptscreenings werden anschließend in die dritte und letzte Stufe des Filterprozesses überführt, in das *Feinscreening*. Im Feinscreening wird an den Analysen und Kalkulationen der vorherigen Stufe angesetzt und diese weiter vertieft. Der Schwerpunkt liegt hierbei auf dem Aufdecken möglicher versteckter Risiken und auf der Umsetzbarkeit der Idee für das betrachtende Unternehmen. Die Bearbeitungszeit ist individuell an die Erfordernisse der jeweiligen Idee anzupassen und umfasste in etwa fünf bis zehn Stunden.

Zusammenfassend kann das in dieser Arbeit entwickelte Evaluierungskonzept dadurch charakterisiert werden, dass mit jeder Stufe der Ideenevaluierung die Anzahl der betrachteten Ideen reduziert wird und gleichzeitig der Reifegrad und der Informationsstand der weiterhin betrachteten Ideen steigen.[231] Dadurch kann der Schwerpunkt sukzessive von einer qualitativen und subjektiven Bewertung zu einer quantitativen und objektiven Bewertung verlagert werden.[232] Die folgende Abb. 31 visualisiert diesen Verlauf und fasst die erläuterte Vorgehensweise zusammen.

Abb. 31: Merkmale der Ideenevaluierung im Prozessverlauf

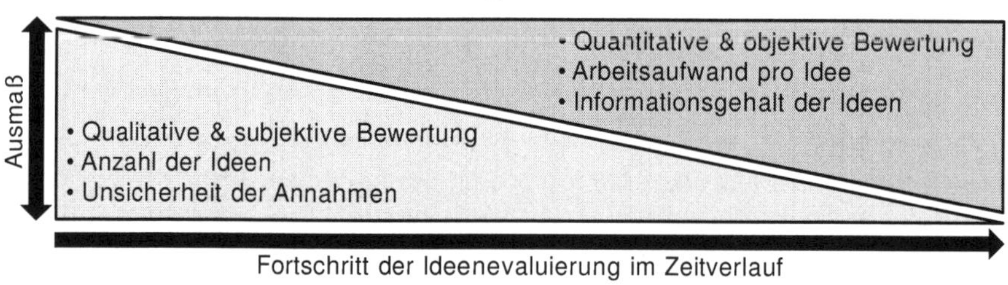

Quelle: In Anlehnung an Lüthje 2002, S. 57

Das beschriebene Vorgehen innerhalb dieses Filterprozesses impliziert nicht, dass eine Idee, die aufgrund einer zu geringen Punktzahl nicht für die Überführung in die nächste Stufe berücksichtigt wird, ultimativ verworfen werden muss. Da kaum eine Idee direkt bei Ihrer Entstehung per-

---

[231] Vgl. Schwarz / Krajger / Dummer 2006, S. 90 ff.
[232] Vgl. Leidig 2004, S. 62.

fekt ist und gerade besonders innovative Ansätze auf den ersten Blick oft absurd erscheinen, wäre eine reine *Go/No go-Mentalität*[233] wenig sinnvoll.[234]

Vielmehr ist der Evaluierungsprozess als stufenweiser Ausarbeitungs- und Filterprozess zu verstehen, welcher auch iterativ durchlaufen werden kann. Die einzelnen Bewertungskriterien können dabei als Checkliste für die Weiterentwicklung und Verbesserung von guten Ideen begriffen werden. So werden im Laufe des Prozesses stetig neue Informationen und Lösungsansätze gewonnen, die auch auf bereits bewertete Ideen rückgekoppelt werden können. Diese können dann konzeptionell überarbeitet und nachgebessert – oder auch mit anderen Ideen verschmolzen werden – und anschließend erneut hinsichtlich des betroffenen Kriteriums bewertet werden. MULLINS spricht diesbezüglich von *Ideenmodellierung* (*Idea shaping*). Somit kann der Ideenevaluierungsprozess durch ein solches iteratives Vorgehen einen planmäßigen Wechsel zwischen Divergentem und Konvergentem Denken mit sich bringen. Diese Vorgehensweise bietet die Chance, Ideen im Zuge der Bewertung laufend anzupassen und zu verbessern, wodurch die Qualität der Ideen innerhalb der Datenbank erhöht wird.[235]

Jedoch birgt eine solche Vorgehensweise auch die Gefahr, das Ziel aus den Augen zu verlieren und zu viel Zeit in die Ideenmodellierung auf jeder Filterstufe zu investieren. Aus diesem Grund wird hier in der Anwendung des Scoresheets empfohlen, erst den gesamten Prozess zu durchlaufen. Sollte sich im Ergebnis nicht eine ausreichende Anzahl von Ideen als interessant erwiesen haben, kann anschließend zurückgegangen werden, um einzelne, ausgewählte Ideen zu modellieren.

Nur wenn eine Idee einen irreparablen und schwerwiegenden Mangel aufweist und deshalb an einem wichtigen *Knock-Out-Kriterium* scheitert,

---

[233] *Go/No go* ist ein Test oder Entscheidungsprozess mit lediglich zwei Alternativen, bei dem es ausschließlich die möglichen Ergebnisse *bestanden* und nicht *bestanden*, beziehungsweise die Optionen *durchführen* oder *nicht durchführen* gibt. Vgl. wikipedia.org [Go/No go].

[234] Vgl. o. V. 2001, S. 40.

[235] Vgl. Mullins 2003, S. 21 f., Bragg / Bragg 2005, S. 15, 28, 159, 163.

sollte sie endgültig aus dem Bewertungsprozess herausgenommen werden.[236]

4.2 Einführung in die Verwendung des Tools *Scoresheet*

Im Abschnitt 3.5 (S. 79) wurde im Rahmen der *Ideenverdichtung* für die Erfassung der Ideen in der Datenbank das Tool *Scoresheet* bereits einführend vorgestellt. Da dieses Tool nicht nur der Erfassung, Verwaltung und Archivierung der Ideen, sondern insbesondere deren Evaluierung dient, wird dessen Grundfunktion im Folgenden näher vorgestellt. Es ist das zentrale Tool der Ideenevaluierung und wird innerhalb des gesamten Prozessabschnitts verwendet. Die nachfolgende Abb. 32 zeigt einen Ausschnitt aus dem Scoresheet. Dieser ist als Übersicht zu verstehen und umfasst nur einen kleinen Teil des gesamten Tools. Der Ausschnitt ist jedoch so gewählt worden, dass er alle im Scoresheet enthaltenen Elementgruppen und Steuerungsbereiche zeigt, so dass diese im Anschluss erläutert werden können und somit ein grundlegendes Verständnis der Funktion des Scoresheet vermittelt werden kann.

In der Abbildung sind die unterschiedlichen Bereiche des Scoresheets eingerahmt und mit den Zahlen eins bis sieben markiert worden. Diese werden im Folgenden einzeln vorgestellt:

1. Dieser Bereich wurde bereits in Abb. 27 (S. 82) separat dargestellt. Hier sind die einzelnen Ideen mit Ihren Bezeichnungen spaltenweise aufgeführt. In der Abbildung werden nur die ersten vier Ideenspalten gezeigt, das Scoresheet umfasst jedoch 1000 solcher Ideenspalten – entsprechend der maximalen Kapazität der Datenbank von 1000 Ideen. Sie sind einsehbar durch horizontales Scrollen über den rechten Rand.

2. Dieser Bereich führt zeilenweise die einzelnen Bewertungskriterien auf. Diese ändern sich, je nachdem welche Filterstufe aktiviert worden ist. Jede Filterstufe umfasst deutlich mehr Bewertungskriterien, als im Ausschnitt sichtbar sind. Sie lassen sich erreichen durch vertikales Scrollen über den unteren Rand.

---

[236] Vgl. Mullins 2003, S. 21 f., 200, McKnight 2004, S. 21.

Abb. 32:Scoresheet – Gesamtübersicht

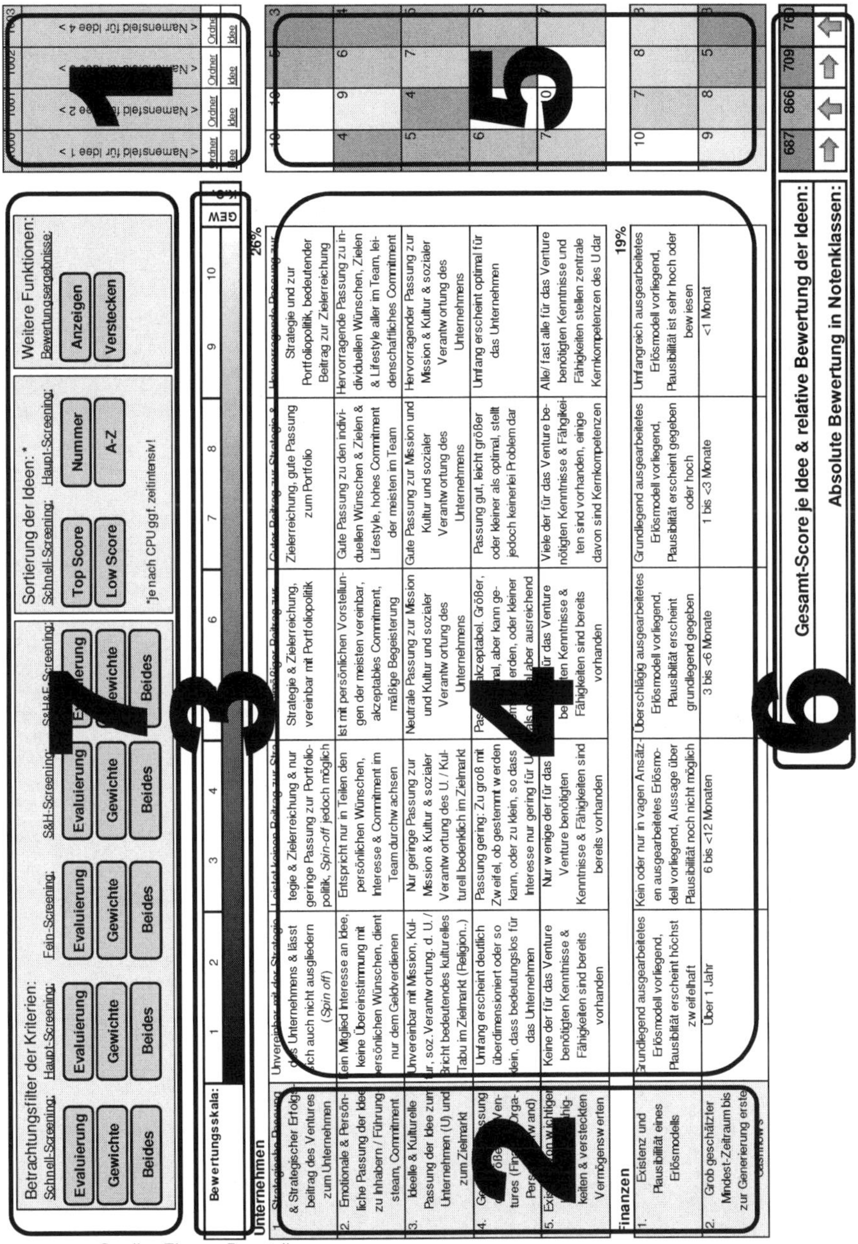

Quelle: Eigene Darstellung

3. Dieser Bereich zeigt die numerische Notenskala für die Bewertung der Ideen. Diese reicht von 1 bis 10, wobei 1 die schlechteste Note und 10 die beste Note darstellt. Die Noten sind jeweils zu Klassen von zwei Zahlen zusammengefasst (1 & 2, 3 & 4, etc.). Unterhalb der Notenskala ist ein Farbverlauf zu sehen, welcher den Noten eine farbliche Kodierung zuordnet, beispielsweise entspricht die Note 1 der Farbe Rot und die Note 10 der Farbe Grün.

4. Um die Bewertung der Kriterien transparenter zu machen, wurde die allgemeine numerische Skala für jedes einzelne Kriterium um eine verbale Skala erweitert. Dem Bewertenden wird damit die Evaluierung erleichtert und er kann besser nachvollziehen, welche inhaltliche Ausprägung eines Merkmals welcher numerischen Notenklasse entspricht.[237]
   Ist der Bewertende zum Beispiel der Meinung, dass die mittlere Notenklasse (5-6) am meisten zutrifft, so kann er im zweiten Schritt eine Feinbewertung durchführen. Er muss sich dabei tendenziell für die 5 oder die 6 entscheiden, je nachdem, ob die linke oder die rechte Nachbarklasse seinem Urteil näher kommt. Durch ein derartiges Untersuchungsdesign wurde darüber hinaus das Problem einer *Antwortverzerrung*[238] durch das Phänomen der *Tendenz zur Mitte*[239] abgemildert, da es keine exakte Mitte gibt.

5. In diesem Bereich erfolgt die eigentliche numerische Benotung einer jeden Idee bezüglich des jeweiligen Kriteriums. In Abhängigkeit

[237] Nachteilig an diesem Ansatz ist es im Vergleich zu rein numerischen Werten, dass es durch ungleichmäßig gewichtete Formulierungen zu einer Verzerrung der Skala kommen kann. Die Formulierungen müssen deshalb mit besonderer Vorsicht hinsichtlich dieser Gefahr gewählt werden. Hierbei wurde wie folgt vorgegangen: Zu jedem Kriterium wurden zuerst die beiden extremen Pole (also die Notenklassen 1-2 sowie 9-10) ausformuliert. Im zweiten Schritt wurde für die mittige Notenklasse 5-6 eine möglichst ausgewogene Formulierung gesucht, die die Mitte der beiden Pole repräsentiert. Im dritten Schritt wurden die jeweils zwischen den Polen und der Mitte befindlichen Klassen 2-3 sowie 6-7 ausformuliert.

[238] Der Terminus *Antwortverzerrung* bezeichnet einen Fehler in einer Erhebung. Er bezeichnet in der Empirie das Phänomen, dass bei Meinungserhebungen häufig nicht die tatsächlichen Einstellungen abgebildet werden, weil bestimmte Faktoren die Antworten beeinflusst haben. Vgl. wikipedia.org [Verzerrung (Empirie)].

[239] In der empirischen Sozialforschung beschreibt der Terminus *Tendenz zur Mitte* das Phänomen, dass Probanden bevorzugt den Wert in der absoluten Mitte auswählen, vgl. Berekoven / Eckert / Ellenrieder 1996, S. 76., wikipedia.org [Tendenz zur Mitte].

von der vergebenen Note werden diese Zellen entsprechend der oben beschriebenen farblichen Kodierung der Noten automatisch eingefärbt.

6. Dieser Bereich zeigt die jeweilige Gesamtpunktzahl der Ideen.
7. Dieser Bereich zeigt das zentrale, interaktive Bedien-Paneel des Scoresheets. Die Schaltflächen (*Buttons*) führen bestimmte interaktive Funktionen innerhalb der Datenbank aus, zum Beispiel die Sortierung der Ideen nach ihrer Punktzahl oder das Einblenden der Kriterien einer jeweiligen Filterstufe.

Bei der Bewertung in einem Punktbewertungssystem wie dem hier vorgestellten Scoresheet gibt es grundsätzlich zwei mögliche Alternativen:

Die Erste besteht darin, stets nur je eine Idee auszuwählen und diese komplett hinsichtlich aller Kriterien zu bewerten, bevor zur nächsten Idee übergegangen wird (hier: *Spaltenweise Bewertung*).

Die zweite Alternative ist es, stets nur je ein Kriterium zu betrachten und erst alle Ideen hinsichtlich dieses Kriteriums zu bewerten, bevor zum nächsten Kriterium übergegangen wird (hier: *Zeilenweise Bewertung*).

BRAGG & BRAGG raten von der Spaltenweisen Bewertung ab, um eine *Antwortverzerrung* durch den so genannten *Halo-Effekt*[240] zu vermeiden: Wenn eine Idee bezüglich eines Kriteriums besonders gut oder besonders schlecht beurteilt wird, könnte sich diese Tendenz auch auf die Beurteilung der Idee hinsichtlich des nächsten Kriteriums auswirken. Um diesen Effekt abzumildern solle lieber zeilenweise bewertet werden.[241]

Es hat sich jedoch bei HELLASIMAGE in der Praxis gezeigt, dass diese Vorgehensweise nicht immer praktikabel ist. Den Bewertenden fiel es schwer, sich bei den erforderlichen schnellen Wechseln im *Schnellscreening* auf die vielen, komplexen und inhaltlich verschiedenen Ideen

[240] Der *Halo-Effekt* ist ein Beurteilungsfehler, bzw. Wahrnehmungseffekt, der unter anderem in Fragekatalogen auftreten kann. Einzelne Fragen können dabei auf andere überstrahlen. So kann eine Frage z.B. bestimmte Gedanken oder Gefühle auslösen, welche auch die Antwort auf die nachfolgende Frage beeinflusst. Deshalb muss dieser Effekt bei der Konstruktion und Verwendung von wissenschaftlichen Fragebogen beachtet werden. Vgl. wikipedia.org [Halo (Psychologie)].

[241] Vgl. Bragg / Bragg 2005, S. 167.

gedanklich einzustellen. Im *Hauptscreening* und *Feinscreening* erwies es sich als sehr ineffizient und den Arbeitsfluss störend, nach dem Durchführen einer Recherche oder Kalkulation zu einer Idee im Rahmen eines Kriteriums, im Anschluss daran zu einer völlig anderen Idee überzugehen, anstatt an derselben Idee weiterzuarbeiten. Aus diesen Gründen stellte sich die *Spaltenweise Bewertung* als einzig praktikable Methode heraus.

4.2.1 Erfolgsfelder und Bewertungskriterien

Für die zielorientierte Bewertung der Ideen müssen auf jeder Stufe geeignete und sinnvolle Kriterien entwickelt werden.[242] Die Bewertungskriterien des Scoresheets stellen das Kernelement und damit den wichtigsten Bereich der Ideenevaluierung dar. Bei ihrer Auswahl und Gestaltung mussten die folgenden Aspekte berücksichtigt werden:

- Die Kriterien sollten inhaltlich relevant für die Evaluierung von Ideen für das Internal Corporate Venturing sein, also für das Bewerten von Ideen für neue Geschäftsfelder von bestehenden Unternehmen geeignet sein.[243] Damit unterscheiden sie sich inhaltlich zum Beispiel von Bewertungskriterien für Ideen für Produktinnovationen, Werbeslogans, Existenzgründungen von Privatpersonen, etc.[244]
- Die Bewertungskriterien sollten in ihrer Gesamtheit alle wesentlichen inhaltlichen Faktoren abdecken, die für eine ganzheitliche und umfassende Bewertung der Ideen nötig sind. Wird nur ein Teilbereich abgedeckt, so könnte es zum Beispiel dazu kommen, dass eine Idee eine gute Gesamtwertung erhält, ihre wesentlichen Schwächen jedoch unentdeckt bleiben.

---

[242] Vgl. Wahren 2004, S. 169, Schwarz / Krajger / Dummer 2006, S. 91 ff.

[243] Vgl. Bragg / Bragg 2005, S. 166 f.

[244] Vgl. hierzu die Unterschiedlichkeit der jeweils vorgeschlagenen Kriterien zueinander in Wahren 2004, S. 169 f., Schwarz / Krajger / Dummer 2006, S. 93 ff., McKnight 2004, S. 23 ff., Timmons / Spinelli 2007, S. 128 ff., Leidig 2004, S. 84 ff., Schnetzler 2006, S. 133 ff.

- Die Bewertungskriterien sollten inhaltlich möglichst überschneidungsfrei sein. Sollte es wesentliche Überschneidungen geben, kommt es zu einer Mehrfachbewertung derselben Dimension. Dies führt zu Verzerrungen der Ergebnisse: Es könnte zum Beispiel eine besonders gute Eigenschaft einer Idee mehrfach bewertet werden, eine schlechte Eigenschaft hingegen nur einmal. In Folge dessen würde die Idee insgesamt zu gut benotet werden.

Fasst man die beiden letztgenannten Punkte zusammen, so gelangt man zur so genannten *MECE-Regel*, die von der Unternehmensberatungs-Gesellschaft McKINSEY formuliert wurde. Das Akronym steht für ***m**utually **e**xclusive and **c**ollectively **e**xhaustive*. Im Deutschen spricht man dabei von *disjunkt*[245] *und erschöpfend*.[246]

Die im Rahmen dieser Arbeit entwickelten Bewertungskriterien lassen sich zu vier inhaltlichen Gruppen zusammenfassen. Diese werden hier *Erfolgsfelder* genannt:

- Erfolgsfeld 1 – *Kunden & Produkt*: Kriterien in diesem Erfolgsfeld bewerten das Produkt des Ventures und dessen Wirkung auf die angestrebte Kundengruppe, zum Beispiel den Kundennutzen des Produktes oder die erwartete Nachfrage nach dem Produkt.
- Erfolgsfeld 2 – *Markt & Branche*: Kriterien in diesem Erfolgsfeld bewerten die Situation in dem Markt und der Branche, in denen das betrachtete Venture operieren möchte, zum Beispiel die Konkurrenzsituation innerhalb des angestrebten Marktes oder die Verfügbarkeit der erforderlichen Absatzkanäle.
- Erfolgsfeld 3 – *Unternehmen*: Die Kriterien dieses Erfolgsfeldes bewerten die Passung des neuen Ventures zum Unternehmen, welches das Venturing betreibt, zum Beispiel in Hinblick auf dessen Ziele oder vorhandene Kompetenzen.

[245] Als *disjunkt* bezeichnet man in der Mengenlehre solche Mengen, die untereinander kein gemeinsames Element besitzen, vgl. wikipedia.org [Disjunkt].

[246] Vgl. wikipedia.org [MECE-Regel].

- Erfolgsfeld 4 – *Finanzen*: Kriterien dieses Erfolgsfeldes bewerten insbesondere die finanziellen Aspekte des Ventures, zum Beispiel dessen Erlösmodell oder Kapitalbedarf.

Aufgrund der hohen Bedeutung für das korrekte Verständnis – und somit der richtigen Anwendung der Kriterien – sei an dieser Stelle erneut darauf hingewiesen, dass in dieser Arbeit nicht explizit zwischen *Produkten* und *Dienstleistungen* unterschieden wird, sondern der Definition von KOTLER & ARMSTRONG gefolgt wird: Ein Produkt ist demnach alles, was in einem Markt zum Gebrauch oder Verbrauch angeboten werden kann und ein Bedürfnis befriedigt, zum Beispiel physische Objekte, Dienstleistungen, Orte, Personen, Ideen.[247]

4.2.2 Gewichtung und Knock-outs

MULLINS kritisiert Punktbewertungssysteme wie das hier vorgestellte Scoresheet und rät von solchen Instrumenten zugunsten eines rein qualitativen Verfahrens ab. Er begründet seine Kritik insbesondere damit, dass die relative Wichtigkeit der ausgewählten Kriterien unterschiedlich sein kann. Die Werte von Kriterien mit geringer Wichtigkeit und die Werte von Kriterien mit höherer Wichtigkeit würden jedoch aufaddiert und somit gleich behandelt, so dass es unweigerlich zu Verzerrungen in der Gesamtbewertung einer Idee und somit zu Fehlurteilen komme.[248] Auch LEIDIG kommt im kritischen Rückblick auf ein von ihm entwickeltes, kriterienbasiertes Punktbewertungsmodell zu einem ähnlichen Schluss.[249]

Diese grundsätzliche Problematik der unterschiedlichen Wichtigkeit der Bewertungskriterien wird nicht bestritten. Jedoch lässt sich diesem Effekt wirkungsvoll gegensteuern, indem die Bewertungskriterien mit *Gewichten* versehen werden, die entsprechend dessen Wichtigkeit für die Ge-

---
[247] Vgl. wikipedia.org [Produkt (Wirtschaft)].
[248] Vgl. Mullins 2003, S. 20 f.
[249] Vgl. Leidig 2004, S. 92.

samtbewertung der Idee unterschiedlich hoch justiert werden.[250] Diese Möglichkeit wurde im Scoresheet implementiert.[251]

Die zu vergebenden Gewichte werden in den zentralen Einstellungen des Scoresheets konfiguriert. Dabei werden vom Benutzer nur jeweils das geringste gewünschte Gewicht sowie das größte Gewicht eingegeben. Die Datenbank errechnet automatisch vier Zwischengewichte, die eine identische prozentuale Steigung zueinander aufweisen.[252] Abb. 33 illustriert diese Einstellungsmöglichkeit im Scoresheet.

Abb. 33: Justierung der Gewichte

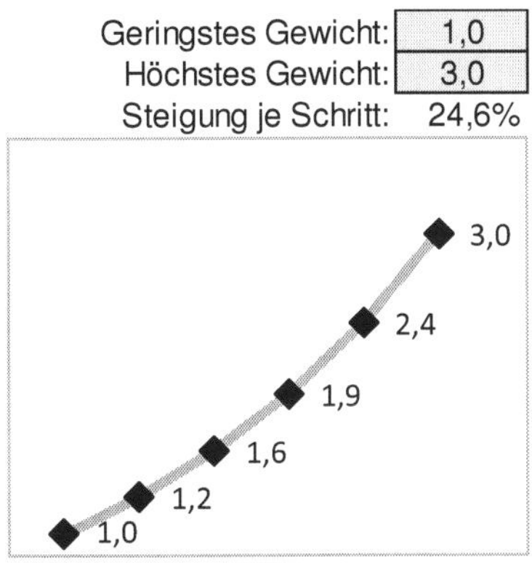

Quelle: Eigene Darstellung

Anschließend können diese Gewichte über entsprechende Pulldown-Menüs an die einzelnen Bewertungskriterien im Scoresheet vergeben

---

[250] Vgl. Bragg / Bragg 2005, S. 170 f., McKnight 2004, S. 14 f., Schwarz / Krajger / Dummer 2006, S. 108.

[251] Beispiel: Zwei Kriterien erhalten dieselbe Note, z.B. 10. Das Kriterium A hat eine geringe Wichtigkeit und erhält das Gewicht 1. Das Kriterium B hat eine hohe Wichtigkeit und erhält das Gewicht 3. Werden die Noten der Kriterien mit ihren Gewichten multipliziert, so erhält das Kriterium A die Punktzahl 10, das Kriterium B die Punktzahl 30. Diese Punktzahlen können nun mit denen der anderen Kriterien zu einer Gesamtpunktzahl summiert werden, ohne dass die unterschiedliche Wichtigkeit der Kriterien unberücksichtigt bleibt.

[252] Diese Vorgehensweise verhindert im Gegensatz zu einer linearen Vergabe von Gewichten (z.B. 1, 2, 3, 4, 5), dass die Steigung von mittleren Gewichten zu hohen Gewichten geringer ausfällt, als von geringen Gewichten zu mittleren Gewichten. So entspricht die Steigung von 1 auf 2 100%, während die Steigung von 4 auf 5 nur noch 25% beträgt. Somit werden bei einer linearen Vergabe der Gewichte gerade die weniger wichtigen Kriterien im Verhältnis zu den wichtigeren Kriterien überbewertet. Diesem hier unerwünschten Effekt wird durch die Vergabe von Gewichten mit gleich bleibender Steigung zueinander entgegengewirkt.

werden. Im weiteren Verlauf dieser Arbeit werden die Gewichte 1,0 und 1,2 (Klasse *Interessant*), 1,6 und 1,9 (Klasse *Wichtig*) sowie 2,4 und 3,0 (Klasse *Notwendig*) verwendet.[253]

Weiterhin führt MULLINS als Kritik an Punktbewertungssystemen an, dass es durch die Summierung der Ergebnisse der einzelnen Kriterien zu einem *Verschleierungseffekt* kommt. Ein gutes Gesamtergebnis einer Idee könne darüber hinwegtäuschen, dass eine Idee unter Umständen zwar in vielen Kriterien gut, aber in einem elementaren Kriterium schlecht bewertet wurde. Wenn es sich bei dem schlecht bewerteten Kriterium um einen *Tödlichen Mangel* (*Fatal Flaw*) einer Idee handle, hätte es fatale Folgen, wenn diese wegen ihres guten Gesamtergebnisses weiterhin berücksichtigt würde, anstatt aus dem Betrachtungsfeld eliminiert zu werden.

Auch diese Problematik wird grundsätzlich nicht bestritten. Jedoch lässt sie sich durch die Installation von *Knock-Out-Schwellen (K.O.-Schwellen)* neutralisieren.[254] Im Scoresheet kann zu diesem Zweck für jedes Kriterium eine erforderliche Mindestnote festgelegt werden. Wenn eine Idee bezüglich eines Kriteriums diese Mindestnote nicht erreicht, wird sie automatisch durch den Hinweis *KO!* markiert. Dies erfolgt ungeachtet dessen, wie sie hinsichtlich der weiteren Kriterien bewertet wird.[255] Die folgende Abb. 34 zeigt die besprochenen Elemente.

---

[253] Die hier verwendeten Gewichte entsprechen einer jeweiligen Steigung von ca. 24,6% zueinander. Die Tatsache, dass dies nicht der hier gezeigten Darstellung der Gewichte entspricht (so beträgt zum Beispiel die Steigung von 1,0 auf 1,2 20% und nicht 24,6%) liegt darin begründet, dass die Gewichte hier für die bessere Darstellung auf eine Nachkommastelle gerundet angezeigt werden. Die Datenbank rechnet intern jedoch mit den korrekten Werten, also mit den Gewichten: 1,000..; 1,2457..; 1,5518.., etc.

[254] Vgl. für den generellen Knock-Out-Gedanken Schwarz / Krajger / Dummer 2006, S. 92 ff.

[255] Auch MCKNIGHT erkennt die Problematik der *Fatal Flaws* an, er verwendet hierfür den Terminus *Showstopper*. Als Lösung präsentiert er in dem von ihm vorgestellten Punktbewertungssystem eine Notenskala von -10 bis +10, wobei für die reguläre Benotung nur das Spektrum zwischen 0 und +10 verwendet werden soll. Sollte eine schlechte Eigenschaft einer Idee als Showstopper identifiziert werden, so sei für ihre Bewertung der negative Teil der Skala hinzuzuziehen, z.B. -10. Dies kann, insbesondere wenn das Kriterium ein entsprechend hohes Gewicht hatte, die Gesamtbewertung der Idee drastisch senken. MCKNIGHT begründet dieses Vorgehen damit, dass eine schlechte Bewertung eines Kriteriums eine Idee nicht aus dem Bewertungsprozess eliminieren dürfe, sondern die Chance existieren müsse, die Idee später nachzubessern. Vgl. McKnight 2004, S. 13 ff. An MCKNIGHTS Lösung wird hier als positiv erachtet, dass er die Problematik der Showstop-

Abb. 34: Scoresheet – Noten- und Gewichtsvergabe

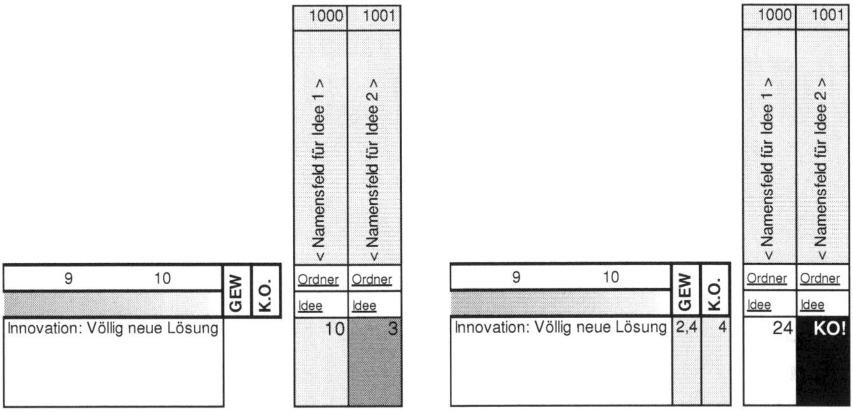

Quelle: Eigene Darstellung

Die Abbildung zeigt links und rechts denselben Ausschnitt des Scoresheets, jeweils in zwei verschiedenen Ansichtsmöglichkeiten, welche über das Bedien-Paneel ausgewählt werden können:

- Links: Hier ist der Ansichtsmodus *Evaluierung* des Scoresheets aktiv, in welchem die Benotung der Ideen durchgeführt wird. In diesem Beispiel wurde *Idee 1* (mit der Nummer 1000) bezüglich des gezeigten Kriteriums mit der Note 10 bewertet und *Idee 2* (Nummer 1001) mit der Note 3.
- Rechts: Hier ist der Ansichtsmodus *Gewichte* des Scoresheets aktiv. Es wird hier in der Mitte nun auch das ausgewählte Gewicht des Kriteriums (2,4) sowie dessen K.O.-Schwelle (4) eingeblendet. Rechts davon – dort wo sich in der Ansicht *Evaluierung* die vergebenen Noten befanden – sind nun die Punkte eingeblendet, die sich aus der Multiplikation der Note mit dem Gewicht errechnen. So ergibt sich zum Beispiel für *Idee 1* eine Punktzahl von 24 (Note 10 multipliziert mit dem Gewicht 2,4). Die Idee 2 hingegen hat auf-

per anerkennt. Jedoch verringert eine Saldierung von positiven und negativen Noten nur die Gesamtbewertung, ohne das Problem vom Grundsatz her zu neutralisieren. Weiterhin kann auch eine mit *KO!* markierte Idee anschließend nachgebessert werden, wie hier gezeigt wird.

grund ihrer Note von 3 die *K.O.-Schwelle* von 4 nicht überschritten. Deshalb wird anstatt ihrer Punktzahl die Meldung *KO!* angezeigt.[256]

Nachdem nunmehr umfassend die kapitelübergreifenden Grundlagen erläutert wurden, erfolgt in den nächsten Abschnitten die Betrachtung der einzelnen Prozessschritte der Teilphase *Ideenevaluierung* für das Unternehmen HELLASIMAGE.

Die Ideenevaluierung besteht aus den vier Prozessschritten *Schnellscreening*, *Hauptscreening*, *Feinscreening* und *Selektion.* Diese werden jeweils in einem eigenen Kapitelabschnitt vorgestellt, gemeinsam mit den Bewertungskriterien, die auf einer Filterstufe zum Einsatz kommen.

4.3 Prozessschritt 5: Schnellscreening

Das *Schnellscreening* stellt insgesamt den fünften Prozessschritt der *Ideenphase* dar, wie Abb. 35 verdeutlicht.

Abb. 35:Prozessschritt 5: Schnellscreening

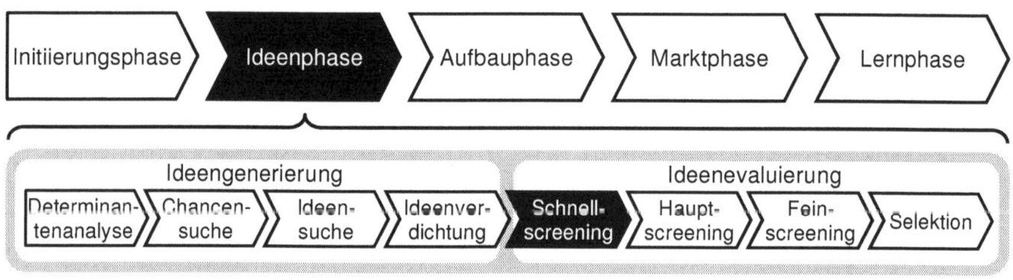

Quelle: Eigene Darstellung

Im Rahmen des vorangegangenen Prozessschritts *Ideenverdichtung* wurden 124 Ideen in die Datenbank überführt. Diese werden nun in im Rahmen des Schnellscreenings erstmalig einer Bewertung unterzogen.

In den folgenden Abschnitten werden die auf dieser Filterstufe platzierten Bewertungskriterien vorgestellt, gegliedert nach der Zugehörigkeit zu ihrem jeweiligen Erfolgsfeld. Dies entspricht auch der Reihenfolge, in der

[256] Hinter der Tatsache, dass im Modus *Evaluation* die Gewichte, Knock-Out-Schwellen und eventuelle KO!-Meldungen verborgen bleiben, steht die Intention, eine psychologische Beeinflussung des Bewertenden zum Zeitpunkt der Bewertungsvorname zu vermeiden. Erst wenn der gesamte Bewertungsvorgang abgeschlossen ist und der Bewertende den Modus wechselt, werden die Wichtigkeit der jeweiligen Kriterien und das Nichterreichen von Knock-Out-Schwellen sichtbar.

die Kriterien während der Durchführung der Bewertung im Scoresheet abgefragt werden. Hierbei wurde die Reihenfolge innerhalb eines Erfolgsfelds derart gewählt, dass die Kriterien möglichst inhaltlich auf einander aufbauen, um die Bewertung zu vereinfachen.

Für den hier gewünschten Zweck der Erläuterung der Kriterien befindet sich das Scoresheet im Ansichtsmodus *Gewichte*. Dadurch kann die für HELLASIMAGE vorgenommene Gewichtung der jeweiligen Kriterien eingesehen werden. Ebenfalls werden dadurch eventuell vergebene *K.O.-Schwellen* ersichtlich. Hierbei ist zu beachten, dass die Anzeige der K.O.-Schwelle stets mindestens den Wert 1 einnimmt. Dies ist gleichbedeutend mit einer deaktivierten K.O.-Schwelle, da keine kleinere Note als 1 im Scoresheet vergeben werden kann und somit jede Idee diese Anforderung erfüllt.

4.3.1 Erfolgsfeld 1 – Kunden & Produkt

Die folgende Abb. 36 zeigt die fünf Kriterien, die in der Filterstufe *Schnellscreening* im Erfolgsfeld *Kunden & Produkt* zur Bewertung der Ideen eingeblendet werden. Sie sind in der ersten Spalte auf der linken Seite untereinander aufgeführt. Rechts von ihnen ist jeweils die für sie ausformulierte Bewertungsskala zu sehen. Am rechten Rand sind jeweils links das Gewicht und rechts die K.O.-Schwelle eines Kriteriums eingeblendet.

Abb. 36: Scoresheet – Schnellscreening: Kunden & Produkt

Bewertungsskala:	1 2	3 4	5 6	7 8	9 10	GEW	K.O.
Kunden & Produkt					23%		
1. Tatsächlicher Kundennutzen des Produktes	Kein Kundennutzen feststellbar	Kundennutzen gering oder nur erahnbar	Ausreichender, solider Kundennutzen feststellbar	Großer, deutlicher Kundennutzen	Außerordentliche hoher Kundennutzen, Befriedigung eines kritischen Bedürfnisses, z.B. HIV-Impfung	3,0	4
2. Verständlichkeit und Vermarktungsfähigkeit des Kundennutzens	Kundennutzen sehr komplex, selbst für Fachleute erst nach intensiver Erkärung, Kommunikation extrem schwer	Kundennutzen erfordert umfangreiche Erklärung, schwer kommunizierbar	Kundennutzen muss erläutert werden, ist dann aber verständlich, kann akzeptabel kommuniziert werden	Kundennutzen leicht zu verstehen, kann einfach, ausdrucksstark und kurz & knapp kommuniziert werden	Kundennutzen sehr einfach zu verstehen/ selbsterklärend, lässt sich hervorragend und plakativ bewerben	3,0	4
3. Einzigartigkeit und Neuigkeitscharakter des Produktes, Wettbewerbsvorteile	Me-too: Unverändertes Nachahmen von Konkurrenten im selben Markt	Me-too-but-different: Nachahmen aber mit wahrgenommener Andersartigkeit	Me-too-but-better: Nachahmen jedoch mit wahrgenommener Verbesserung	Quasi-Innovation: gravierende Produktverbesserung / neu in diesem Markt / neu in der Wahrnehmung	Innovation: Völlig neue Lösung	2,4	1
4. Schnelle Demonstrationsfähigkeit des Produktes / Nutzens (Prototyp, Konzepttest)	Erstellung eines Prototypens fast gleichbedeutend mit abgeschlossener Produktentwicklung	Erstellung eines Prototypens erst in weit fortgeschrittenem Produktentwicklungsprozess möglich	Erstellung eines Prototypens relativ früh im Produktentwicklungsprozess und zu akzeptablen Kosten möglich	Prototyp sehr schnell & günstig herstellbar / In Grundzügen ähnliches Produkt existiert bereits	Identisches Produkt existiert bereits, z.B. Ausland, und Funktion kann daran sofort demonstriert werden	1,0	1
5. Schutzfähigkeit & Dauerhaftigeit der Differenzierung & der Wettbewerbsvorteile	Produkt kann mit sehr geringem Aufand und sehr schnell vollständig imitiert werden	Nachahmung des Produktes weitgehend möglich, erfordert jedoch einen nennenswerten Aufwand	Nachahmung des Produktes erfordert einen erheblichen Aufwand und kann nur von wenigen erzielt werden	Möglichkeit das Produkt durch Patente, Markenrechte, etc. umfangreich zu schützen	Produkt kann nicht nachgeahmt werden, Alleinstellung ist sicher, z.B. Bau der einzig möglichen Brücke zu einer Insel	2,4	1

Quelle: Eigene Darstellung

Die hier vorgestellten Kriterien werden nachfolgend entsprechend ihrer laufenden Nummer im Scoresheet erläutert:

1. Das Kriterium überprüft, ob das Produkt ein wesentliches Problem löst, einen Wunsch erfüllt oder ein Bedürfnis befriedigt, also einen *Kundennutzen* stiftet. In der Regel sind Produkte, die nur einen geringen oder keinen Kundennutzen liefern unverkäuflich und somit chancenlos im Wettbewerb.[257] Deshalb wurde hier eine K.O.-Schwelle bei dem Wert 4 festgelegt. Ideen mit einer geringeren Note als 4 werden also in der anschließenden Filterstufe der Ideenevaluierung nicht mehr weiter betrachtet. Ein hoher Kundennutzen ist für den Erfolg des Produktes von hoher Wichtigkeit, weshalb als Gewicht vergeben wurde: Hoch (3,0).
2. Ein hoher Kundennutzen alleine genügt noch nicht, für den Erfolg eines Produktes muss auch vermittelbar und wahrnehmbar sein. Je einfacher und plakativer ein Produkt zu erklären ist, desto höher sind dessen Erfolgschancen. In der Regel sind selbst Produkte mit hohem Kundennutzen chancenlos, wenn dieser nicht von der Zielgruppe verstanden wird.[258] Deshalb wurde hier die K.O.-Schwelle auf 4 gesetzt. Die Bewertung sollte in Relation zum Sachverstand der angestrebten Zielgruppe vorgenommen werden. Gewicht: Hoch (3,0).
3. Je höher die wahrgenommene Einzigartigkeit, Neuigkeit oder Vorteilhaftigkeit eines Produktes ist, desto höher sind dessen Chancen, sich von seinen Konkurrenten deutlich abzuheben und dadurch im Markt einen Wettbewerbsvorteil zu erzielen. Dies geschieht zum Beispiel durch bessere Qualität, interessante Zusatznutzen, zeitsparenden Einsatz, vorteilhaftes Preis-Leistungs-Verhältnis, etc.[259] Gewicht: Hoch (2,4).[260]

---

[257] Vgl. Schwarz / Krajger / Dummer 2006, S. 97 ff.

[258] Vgl. Schwarz / Krajger / Dummer 2006, S. 98 f., 118, McKnight 2004, S. 273 ff.

[259] Anbieter, die sich in keiner Weise von ihrer Konkurrenz differenzieren können müssen zumindest andere, elementare Vorteile aufweisen können, z.B. entscheidende Kostenvorteile. Hier wird jedoch davon ausgegangen, dass es eher unwahrscheinlich ist, dass ein neues Venture gegenüber bereits etablierten Anbietern entscheidende Kostenvorteile ha-

4. Je schneller und kostengünstiger sich von einem geplanten Produkt eine demonstrierbare Vorabversion erstellen lässt, desto früher lassen sich Probleme erkennen und desto günstiger lassen sich diese beheben. Insbesondere bei völlig neuartigen Produkten lässt sich das Interesse potentieller Kunden zuverlässiger erfragen, wenn sie das Produkt vorab sehen, anfassen, schmecken, hören oder ausprobieren können, als wenn ihr Urteil nur auf Erklärungen basiert. Auch Investoren sind leichter zu überzeugen, wenn sie sich nicht nur allein auf ihre Vorstellungskraft verlassen müssen. Gewicht: Gering (1,0).[261]
5. Hier wird gemessen, wie dauerhaft die Wettbewerbsvorteile sind, die durch ein Produkt erzielt werden können. Es stellt sich also hier die Frage, wie schwer es für Konkurrenten ist, das Produkt zu kopieren und ob es möglich ist, eine Nachahmung zu verhindern oder zu erschweren, zum Beispiel durch Patente, Markenrechte, schnelles Wachstum oder durch entsprechende Gesetze, die vom Unternehmen angestoßen werden. Produkte, die sich aufgrund ihrer besonderen Beschaffenheit nicht nachahmen lassen, sind besonders viel versprechend, da sie eine Alleinstellung im Markt implizieren.[262] Gewicht: Hoch (2,4).

4.3.2 Erfolgsfeld 2 – Markt & Branche

Die folgende Abb. 37 zeigt die drei Kriterien, die in der Filterstufe *Schnellscreening* im Erfolgsfeld *Markt & Branche* zur Bewertung der Ideen eingeblendet werden.

---

ben kann, weshalb das entsprechende Feld im Scoresheet die schlechteste Bewertung einer Idee darstellt.

[260] Hierbei ist zu beachten, dass ein Produkt durchaus auch auf einen Verkäufermarkt treffen kann, in dem ein Nachfrageüberhang existiert. In diesem Fall kommen auch Anbieter zum Zuge, deren Produkte keinen Wettbewerbsvorteil aufweisen können. Dieser spezielle Fall wäre bei der Bewertung zu berücksichtigen. Vgl. wikipedia.org [Käufermarkt].

[261] Vgl. McKnight 2004, S. 49 ff., Bragg / Bragg 2005, S. 193 f., Block / MacMillan 2003, S. 49.

[262] Vgl. McKnight 2004, S. 41 ff., Bragg / Bragg 2005, S. 181 f., Schwarz / Krajger / Dummer 2006, S. 98.

Abb. 37: Scoresheet – Schnellscreening: Markt & Branche

Bewertungsskala:	1 – 2	3 – 4	5 – 6	7 – 8	9 – 10	GEW	K.O.
Markt & Branche					32%		
1. Kenntnisse der Branche	Keinerlei Kenntnisse der Branche. Ist völlig fremd zum bisherigen Geschäft	Geringe Kenntnisse der Branche. Ist fremd zu den Branchen bisheriger Geschäftsfelder	Geringe Kenntnisse der Branche. Ist jedoch verwandt zu den Branchen anderer Geschäftsfelder	Gute Kenntnisse der Branche, Erfahrungen in mindestens einem Markt dieser Branche / Branche entsteht völlig neu	Intime Kenntnis der Branche, umfangreiche Erfahrung in mehreren Märkten der Branche	2,4	1
2. Kenntnisse des Markts	Keinerlei Kenntnisse des Marktes. Ist völlig fremd zum bisherigen Geschäft	Geringe Kenntnisse des Marktes. Ist fremd zu den Märkten bisheriger Geschäftsfelder	Geringe Kenntnisse des Marktes. Ist jedoch verwandt zu den Märkten anderer Geschäftsfelder	Gute Kenntnisse des Marktes. Eng verwandt zu Märkten anderer Geschäftsfelder / Markt entsteht völlig neu	Intime Kenntnis des Marktes, incl. seiner Teil- und Randmärkte, intimes Kunden-/ Konsumentenverständnis	2,4	1
3. Unfaire Vorteile in Branche & Markt: Beziehungen, Informationen, Einfluss, Absprachen	Keinerlei *Unfaire Vorteile* für das Venture feststellbar	Einige wenige, nicht unmittelbar relevante *Unfaire Vorteile* von untergeordneter Bedeutung für das Venture	Einige relevante *Unfaire Vorteile* mit mittlerer Bedeutung für das Venture	Viele relevante *Unfaire Vorteile* mit hoher Bedeutung für das Venture	*Unfaire Vorteile* stellen außerordentlichen Wettbewerbsvorteil für das Venture dar	2,4	1

Quelle: Eigene Darstellung

Die hier vorgestellten Kriterien werden nachfolgend entsprechend ihrer laufenden Nummer im Scoresheet erläutert:

1. Umfangreiche Erfahrungen innerhalb der zu betretenden Branche, oder zumindest fundierte Kenntnisse über diese, können einen elementaren Wettbewerbsvorteil darstellen.[263] Je mehr das Unternehmen über die Branche weiß, desto besser kann es das Potential der Idee einschätzen, Risiken sowie Probleme frühzeitig erkennen und desto genauer entsprechen die getroffenen Annahmen der Realität. Gewicht: Hoch (2,4).
2. Wenn ein Unternehmen über Branchenkenntnisse hinaus sogar über entsprechende Kenntnisse des angestrebten Marktes innerhalb der Branche verfügt, erhöht dies die Erfolgsaussichten nochmals.[264] Gewicht: Hoch (2,4).
3. Unter *Unfairen Vorteilen* (*Unfair Advantages*) subsumiert McKnight solche Vorteile, die nicht in unmittelbarem Zusammenhang zum Venture stehen, aber für dessen Gelingen förderlich sein können. Dazu zählen zum Beispiel besondere Insider-Kenntnisse oder der Zugang zu einflussreichen Personen, die für das Venture relevant sind. Letztere können zum Beispiel Politiker oder Prominente sein, die als *Testimonials*[265] für das Venture beziehungsweise dessen Produkte fungieren würden.[266] Wenngleich ein Venture meist auch ohne solche Vorteile gedeihen kann, ist deren Existenz oft ein eklatanter Wettbewerbsvorteil. Gewicht: Hoch (2,4).[267]

---

[263] Vgl. Timmons / Spinelli 2007, S. 121, Bragg / Bragg 2005, S. 189, Block / MacMillan 2003, S. 111.

[264] Vgl. Block / MacMillan 2003, S. 81.

[265] Unter einem *Testimonial* versteht man in der Werbung eine Person, die sich für die Verwendung eines Produktes ausspricht. Solche Fürsprecher sind in der Regel Kunden, bzw. Schauspieler in Kunden-Rollen aber auch Prominente, deren Beliebtheit, Glaubwürdigkeit und positives Image in der Wahrnehmung der Beworbenen auf das beworbene Produkt übertragen werden soll. Vgl. wikipedia.org [Testimonial].

[266] Vgl. McKnight 2004, S. 211 ff, 267 ff.

[267] Es ist zu beachten, dass hier unter *Unfairen Vorteilen* keine illegalen Handlungen zu verstehen sind und dass dies nicht als Aufforderung zu strafbarem Verhalten missverstanden werden soll.

4.3.3 Erfolgsfeld 3 – Unternehmen

Die folgende Abb. 38 zeigt die fünf Kriterien, die in der Filterstufe *Schnellscreening* im Erfolgsfeld *Unternehmen* zur Bewertung der Ideen eingeblendet werden.

Es folgen die Erläuterungen der Kriterien entsprechend ihrer laufenden Nummer:

1. Dieses Kriterium misst die Übereinstimmung der Idee mit der in der *Determinantenanalyse* notierten Strategie des Unternehmens, beziehungsweise ihren Beitrag zur gewünschten Zielerfüllung. Ideen, die sich nicht mit der Strategie vereinbaren lassen sollten durch eine entsprechende K.O.-Schwelle herausgefiltert werden.[268] Da für HELLASIMAGE auch eine Ausgliederung des Ventures als *Spin-off*[269] akzeptabel ist, wird als K.O.-Schwelle der relativ geringe Wert 3 gesetzt. Gewicht: Mittel (1,9).
2. Ein neues Venture kann nur dann erfolgreich sein, wenn es mit höchstem Engagement, leidenschaftlicher Hingabe und aufopferndem Einsatzwillen durchgeführt wird. Dies setzt voraus, dass alle am Venture elementar Beteiligten Team-Mitglieder, inklusive der Unternehmensführung, kompromisslos und geschlossen hinter dem Vorhaben stehen und sich mit diesem in höchstem Maße identifizieren können. Aufgrund der fast ausnahmslos im Verlauf eines jeden Ventures auftretenden Probleme und unvorhergesehenen Herausforderungen wird ein Venture ohne ein solch hohes Commitment zwangsläufig scheitern.[270] Jedoch sind es oft insbesondere die polarisierenden Ideen, oder Ideen, die von der Mehrheit im ersten Moment abgelehnt werden, welche sich bei intensiverer Betrachtung als überdurchschnittlich interessant und innovativ erweisen.

[268] Vgl. Schwarz / Krajger / Dummer 2006, S. 98, Block / MacMillan 2003, S. 103 f.

[269] Für eine Erklärung des Begriffs *Spin-off* siehe Abschnitt 2.1.3, S. 23.

[270] Vgl. McKnight 2004, S. 9, 111 ff., 121 ff., Bragg / Bragg 2005, S. 185 f., Vgl. Timmons / Spinelli 2007, S. 135, 176, Block / MacMillan 2003, S. 134 f., Mullins 2003, S. 16 f.

Abb. 38: Scoresheet – Schnellscreening: Unternehmen

Bewertungsskala:	1 – 2	3 – 4	5 – 6	7 – 8	9 – 10	GEW	K.O.
Unternehmen					26%		
1. Strategische Passung & Strategischer Erfolgsbeitrag des Ventures zum Unternehmen	Unvereinbar mit der Strategie des Unternehmens & lässt sich auch nicht ausgliedern (*Spin-off*)	Leistet keinen Beitrag zur Strategie & Zielerreichung & nur geringe Passung zur Portfoliopolitik, *Spin-off* jedoch möglich	Mittelmäßiger Beitrag zur Strategie & Zielerreichung, vereinbar mit Portfoliopolitik	Guter Beitrag zur Strategie & Zielerreichung, gute Passung zum Portfolio	Hervorragende Passung zur Strategie und zur Portfoliopolitik, bedeutender Beitrag zur Zielerreichung	1,9	3
2. Emotionale & Persönliche Passung der Idee zu Inhabern / Führungsteam, Commitment	Kein Mitglied Interesse an Idee, keine Übereinstimmung mit persönlichen Wünschen, dient nur dem Geldverdienen	Entspricht nur in Teilen den persönlichen Wünschen, Interesse & Commitment im Team durchwachsen	Ist mit persönlichen Vorstellungen der meisten vereinbar, akzeptables Commitment, mäßige Begeisterung	Gute Passung zu den individuellen Wünschen & Zielen & Lifestyle, hohes Commitment der meisten im Team	Hervorragende Passung zu individuellen Wünschen, Zielen & Lifestyle aller im Team, leidenschaftliches Commitment	3,0	3
3. Ideelle & Kulturelle Passung der Idee zum Unternehmen (U) und zum Zielmarkt	Unvereinbar mit Mission, Kultur, soz.Verantwortung. d. U. / Bricht bedeutendes kulturelles Tabu im Zielmarkt (Religion..)	Nur geringe Passung zur Mission & Kultur & sozialer Verantwortung des U. / Kulturell bedenklich im Zielmarkt	Neutrale Passung zur Mission und Kultur und sozialer Verantwortung des Unternehmens	Gute Passung zur Mission und Kultur und sozialer Verantwortung des Unternehmens	Hervorragender Passung zur Mission & Kultur & sozialer Verantwortung des Unternehmens	1,6	4
4. Geschätzte Passung der Größe des Ventures (Finanz-, Orga-, Personalaufwand)	Umfang erscheint deutlich überdimensioniert oder so klein, dass bedeutungslos für das Unternehmen	Passung gering: Zu groß mit Zweifel, ob gestemmt werden kann, oder zu klein, so dass Interesse nur gering für U.	Passung akzeptabel. Größer, als optimal, aber kann gestemmt werden, oder kleiner als optimal aber ausreichend	Passung gut, leicht größer oder kleiner als optimal, stellt jedoch keinerlei Problem dar	Umfang erscheint optimal für das Unternehmen	1,2	4
5. Existenz von wichtigen Kenntnissen, Fähigkeiten & versteckten Vermögenswerten	Keine der für das Venture benötigten Kenntnisse & Fähigkeiten sind bereits vorhanden	Nur wenige der für das Venture benötigten Kenntnisse & Fähigkeiten sind bereits vorhanden	Viele der für das Venture benötigten Kenntnisse & Fähigkeiten sind bereits vorhanden	Viele der für das Venture benötigten Kenntnisse & Fähigkeiten sind vorhanden, einige davon sind Kernkompetenzen	Alle/ fast alle für das Venture benötigten Kenntnisse und Fähigkeiten stellen zentrale Kernkompetenzen des U dar	3,0	4

Quelle: Eigene Darstellung

Das Interesse an einer Idee muss meist erst im Verlauf des Bewertungsprozesses bei den Beteiligten reifen. Deshalb sollte eine K.O.-Schwelle so gesetzt werden, dass eine Idee weiterhin berücksichtigt bleibt, wenn sie von mindestens einer der beteiligten Personen für interessant erachtet wird.[271] Dies entspricht einer K.O.-Schwelle mit dem Wert 3. Gewicht: Hoch (3,0).

3. Über die Passung zu den im Venture direkt beteiligten Personen hinaus ist es wichtig, dass die Idee zum Selbstverständnis, den Werten und der Kultur des gesamten Unternehmens passt. Dies ist erforderlich, um Konflikte zu vermeiden, die dem Venture und dem Unternehmen an sich schaden könnten.[272] Ebenfalls wird in diesem Feld eine kulturelle Passung der Idee zum Zielmarkt abgefragt. Stellt die Idee dort einen wesentlichen sozialen oder kulturellen Tabubruch dar, so ist von ihr abzuraten.[273] K.O.-Schwelle: 4, Gewicht: Mittel (1,6).
4. Dieses Kriterium prüft, ob das Ausmaß des Ventures hinsichtlich der erforderlichen personellen, finanziellen und organisationalen Maßnahmen zum Unternehmen passt. An dieser Stelle sind die genauen Anforderungen des Ventures noch nicht im Detail bekannt. Deshalb soll hier nur eine überschlägige, grobe Einschätzung erfolgen, mit dem Ziel, Ideen auszustoppen, die völlig offensichtlich nicht vereinbar sind mit den verfügbaren Ressourcen des Unternehmens.[274] K.O.-Schwelle: 4, Gewicht: Gering (1,2).
5. Dieses Kriterium prüft, ob das Unternehmen bereits über Kompetenzen verfügt, welche für das Venture relevant sind und in dieses einfließen können. Je umfassender ein neues Venture auf bereits vorhandenes Know-how, auf Kernkompetenzen und wichtige Fertigkeiten zurückgreifen kann, desto näher befindet es sich am be-

[271] Vgl. Schnetzler 2006, S. 142 f.
[272] Vgl. Block / MacMillan 2003, S. 81.
[273] Vgl. McKnight 2004, S. 247.
[274] In der dritten Filterstufe werden diese Kriterien erneut gemessen, dann jedoch einzeln und im Detail. Eine Idee, die bis in die dritte Filterstufe vorgedrungen ist, wurde im Zuge des Evaluierungsprozesses soweit analysiert, durchdacht und modelliert, dass zu diesem späteren Zeitpunkt eine genauere und fundierte Bewertung erfolgen kann.

stehenden Unternehmenskern und desto höher sind dessen Erfolgsaussichten.[275]

Ventures hingegen, die vom Kern weit entfernt sind, bergen ein sehr hohes Risiko des Scheiterns.[276] Dafür stellen sie jedoch die Chance dar, völlig neue Kernkompetenzen zu entwickeln und den Unternehmenskern zu erweitern.[277] Somit kann das Unternehmen hier mit der Vergabe der K.O.-Schwelle das Ausmaß der gewünschten Diversifikation und der Risikobereitschaft bestimmen. Dies sollte auch in Hinblick auf die in der Determinantenanalyse festgestellte Erfahrung des Unternehmens im Internal Corporate Venturing geschehen. Unternehmen mit nur geringer Erfahrung sollten wegen des erhöhten Risikos nur Ventures ins Auge fassen, für welche sie direkt zu Beginn zumindest über die wichtigsten relevanten Kompetenzen verfügen. Für HELLASIMAGE wurde als Schwelle die Note 4 festgelegt. Für die Durchführung der Bewertung bietet sich ein Vergleich der Wertkette des Ventures mit der des Unternehmens an. Gewicht: Hoch (3,0).

4.3.4 Erfolgsfeld 4 – Finanzen

Die folgende Abb. 39 zeigt die zwei Kriterien, die in der Filterstufe *Schnellscreening* im Erfolgsfeld *Finanzen* zur Bewertung der Ideen eingeblendet werden.

Es folgen die Erläuterungen der Kriterien entsprechend ihrer laufenden Nummer:

1. Die erste Frage, die sich auf die finanziellen Aspekte einer Idee bezieht, ist die, ob ein plausibles Erlösmodell vorliegt, also ob eine realistische Vorstellung darüber existiert, wie mit der Idee Umsätze erwirtschaftet werden können.

[275] Vgl. Block / MacMillan 2003, S. 110 f.

[276] Vgl. Zook / Seidensticker 2004, S. 86 ff.

[277] In diesem Fall kann es sinnvoll sein, strategische Partnerschaften mit anderen Unternehmen einzugehen, welche bereits über notwenige Kompetenzen verfügen, vgl. Block / MacMillan 2003, S. 111. Dieser Gedanke wird im Abschnitt 4.5.2 auf S. 106 erneut aufgegriffen.

Abb. 39: Scoresheet – Schnellscreening: Finanzen

Bewertungsskala:	1 2	3 4	5 6	7 8	9 10	GEW	K.O.
Finanzen						19%	
1. Existenz und Plausibilität eines Erlösmodells	Grundlegend ausgearbeitetes Erlösmodell vorliegend, Plausiblität erscheint höchst zweifelhaft	Kein oder nur in vagen Ansätzen ausgearbeitetes Erlösmodell vorliegend, Aussage über Plausibilität noch nicht möglich	Überschlägig ausgearbeitetes Erlösmodell vorliegend, Plausiblität erscheint grundlegend gegeben	Grundlegend ausgearbeitetes Erlösmodell vorliegend, Plausiblität erscheint gegeben oder hoch	Umfangreich ausgearbeitetes Erlösmodell vorliegend, Plausiblität ist sehr hoch oder bewiesen	1,0	4
2. Grob geschätzter Mindest-Zeitraum bis zur Generierung erster Cashflows	Über 1 Jahr	6 bis <12 Monaten	3 bis <6 Monate	1 bis <3 Monate	<1 Monat	1,9	3

Quelle: Eigene Darstellung

Für HELLASIMAGE wurde eine K.O.-Schwelle auf 4 gesetzt. Dadurch sollen sowohl Ideen eliminiert werden, die noch so unreif sind, dass kein Erlösmodel vorliegt, als auch solche, deren Erlösmodell nicht plausibel erscheint. Gewicht: Gering (1,0).

2. Dieses Kriterium prüft Ideen hinsichtlich ihrer geschätzten minimalen Vorlaufzeit, die notwendig ist, bis erste Cashflows generiert werden können.[278] Durch entsprechendes Festlegen der K.O.-Schwelle lässt sich die Risikobereitschaft des Unternehmens festlegen. Je schneller es möglich ist, mit einem Venture erste Cashflows zu generieren, desto früher lässt sich die tatsächliche Marktgängigkeit feststellen und desto weniger Kapital ist in der Regel bis dahin verzehrt. Somit sind die Verluste geringer, falls das Produkt sich als Flop herausstellen sollte, als bei einer Idee mit einer sehr langen Vorlaufzeit. Für HELLASIMAGE sollen gemäß der Venturing-Zielsetzung nur Ideen in Frage kommen, bei denen erste Cashflows bereits nach spätestens zwölf Monaten möglich sind, somit wurde die K.O.-Schwelle auf 3 gesetzt. Gewicht: Mittel (1,9).

4.4 Prozessschritt 6: Hauptscreening

Das *Hauptscreening* stellt insgesamt den sechsten Prozessschritt der *Ideenphase* dar, wie Abb. 40 verdeutlicht.

Abb. 40: Prozessschritt 6: Hauptscreening

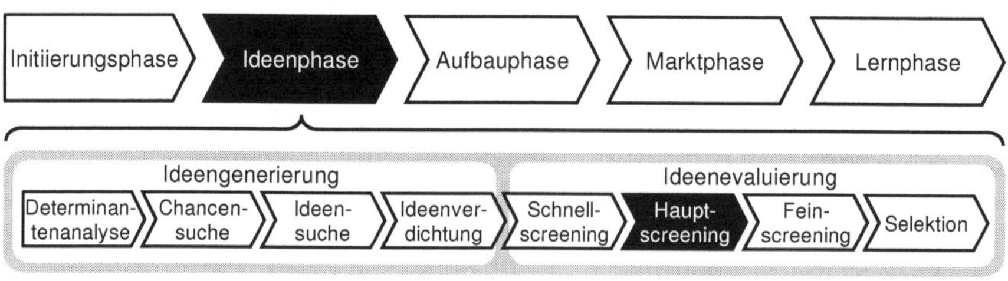

Quelle: Eigene Darstellung

Nachdem in der vorhergehenden Filterstufe die 124 Ideen in der Datenbank einer ersten Bewertung unterzogen worden sind, können nun ihre

[278] Somit wird hier die benötigte Mindestdauer der *Aufbauphase* der jeweiligen Idee festgestellt, im Sinne des hier vorgestellten Internal Corporate Venturing-Prozesses.

jeweiligen Gesamtpunktzahlen betrachtet werden. Abb. 41 zeigt exemplarisch das Anzeigefeld der Gesamtpunktzahlen für zehn Ideen.

Abb. 41: Gesamtpunktzahl nach Schnellscreening – unsortiert

Gesamt-Score je Idee & relative Bewertung der Ideen:	269	210	KO!	158	85	327	222	199	KO!	181

Quelle: Eigene Darstellung

Die Gesamtpunkzahlen werden gemäß ihrer Relation zueinander automatisch eingefärbt, in Anlehnung an die Farbkodierung der Notenskala: Die besten Ideen sind grün eingefärbt, die schlechtesten rot, mittlere gelb. Wie in der Abbildung zu erkennen ist, haben in dem hier gezeigten Beispiel zwei der zehn Ideen eine oder mehrere K.O.-Schwellen nicht überwunden und wurden entsprechend markiert.

Nun können durch Betätigen des Buttons *Top Score* im Bedien-Paneel des Scoresheets die Ideen nach der Höhe ihrer Gesamtpunktzahl sortiert werden, siehe Abb. 42.

Abb. 42: Gesamtpunktzahl nach Schnellscreening – sortiert

Gesamt-Score je Idee & relative Bewertung der Ideen:	327	269	222	210	199	181	158	85	KO!	KO!

Quelle: Eigene Darstellung

Ideen, deren Bewertung in einem Kriterium geringer ist, als die entsprechende K.O.-Schwelle des Kriteriums, werden in den nachfolgenden Filterstufen zwar nicht mehr berücksichtigt, verbleiben jedoch weiterhin in der Datenbank, um sie gegebenenfalls zu einem späteren Zeitpunkt erneut betrachten, modellieren und bewerten zu können, falls dies sinnvoll erscheint.

In der jetzigen Filterstufe *Hauptscreening* werden im weiteren Verlauf nur noch die besten 20 Ideen von HELLASIMAGE betrachtet, jedoch deutlich intensiver, als in der Filterstufe zuvor.

Manche Kriterien auf dieser Ebene erfordern zunächst Recherchen kleineren Umfangs oder eine überschlägige Kalkulation, bevor die Bewertung vorgenommen werden kann. Hierfür ist in den meisten Fällen *Se-*

kundärforschung[279] empfehlenswert, wobei sich aufgrund dessen hoher Zeiteffizienz insbesondere das Recherchieren im Internet anbietet.

Dabei ist jedoch zu beachten, dass für inexistente Märkte und meist auch für sehr junge Märkte noch keine aggregierten Zahlen vorliegen. In diesem Fall sind vereinfachende, aber möglichst realistische Annahmen zu treffen.[280] Diese sind in den Ideenerfassungsbögen der jeweiligen Idee einzutragen und als solche zu kennzeichnen.

In manchen Fällen kann sich auch *Primärforschung*[281] als sinnvoll erweisen, wenn diese schnell und unkompliziert durchführbar ist. Beispielsweise kann es sich anbieten, über das Telefon eine kleine Anzahl der Bestandskunden nach ihrer Meinung zu dem Produkt, oder die zukünftige Konkurrenz des Ventures nach ihren aktuellen Produkten und Preisen zu befragen.[282]

Generell ist es sehr wichtig – sowohl in dieser Filterstufe, als auch in der gesamten Ideenphase – die richtige Balance zu finden, zwischen der Datenrecherche und dem Treffen von sinnvollen Annahmen. Wie dargelegt wurde, ist es nicht das Ziel der Ideenphase, eine Detailanalyse der Ideen durchzuführen. Vielmehr ist es das Ziel, schnell und effizient innerhalb der großen Menge von Ideen diejenigen Ideen zu identifizieren, welche am werthaltigsten erscheinen, um sie in der späteren Aufbauphase einer solchen umfangreichen Detailanalyse zu unterziehen. BRAGG & BRAGG empfehlen in diesem Kontext sinngemäß: *Avoid paralysis by analysis.*[283]

Im Folgenden werden die Bewertungskriterien dieser Filterstufe vorgestellt.

---

279 Die Sekundärerforschung (*Desk Research*) ist eine Methode der Marktforschung, die sich zur Gewinnung von Marktinformationen an bereits vorhandenen Informationsquellen bedient, vgl. wikipedia.org [Sekundärforschung].

280 Vgl. Bragg / Bragg 2005, S. 178.

281 Unter Primärforschung (*Field Research*) versteht man eine Methode der Marktforschung, die neue, bisher noch nicht erfasste Marktdaten erhebt, vgl. wikipedia.org [Primärforschung].

282 Vgl. Schwarz / Krajger / Dummer 2006, S. 118.

283 Vgl. Bragg / Bragg 2005, S. 177 f.

4.4.1 Erfolgsfeld 1 – Kunden & Produkt

Die folgende Abb. 43 zeigt die vier Kriterien, die in der Filterstufe *Hauptscreening* im Erfolgsfeld *Kunden & Produkt* zur Bewertung der Ideen eingeblendet werden.

Es folgen die Erläuterungen der Kriterien entsprechend ihrer laufenden Nummer:[284]

6. Dieses Kriterium bewertet die Idee hinsichtlich der grob geschätzten, voraussichtlichen Nachfrage nach dem Produkt. Die Bewertung ist umso besser, je höher die angenommene Nachfrage ist. K.O.-Schwelle: 3, Gewicht: Mittel (1,9).
7. Auf dem vorigen Kriterium aufbauend misst dieses Kriterium die Verlässlichkeit der erfolgten Einschätzung der Nachfrage. Es ist kein Hindernis, wenn in diesem frühen Stadium die Einschätzung der Nachfrage noch ausschließlich auf Basis subjektiver Annahmen erfolgt. Jedoch existieren Ideen, für die bereits jetzt eine Aussage über die Nachfrage relativ verlässlich erfolgen kann, zum Beispiel bei vorliegenden, konkreten Interessensbekundungen von Kunden oder einer staatlich zugesicherten Abnahme.[285] Solche Ideen können sich über dieses Kriterium von den übrigen Ideen positiv absetzen. Gewicht: Hoch (3,0).
8. Ein Qualitätsmerkmal einer Idee ist ihre Ausbaufähigkeit.[286] Wenn es möglich ist, ein Produkt zukünftig auszubauen, können zusätzliche Ertragsquellen erschlossen werden.

---

[284] Wenngleich im Rahmen dieser Arbeit die Kriterien sequentiell erläutert werden, ist zu beachten, dass in der Anwendung der Scoresheet die Betrachtung einer Idee teilweise kriterienübergreifend erfolgt. So ist es zum Beispiel für die Anwendung einiger der folgenden Bewertungskriterien erforderlich, zuvor Recherchen unternommen zu haben, die auch das nachfolgende Erfolgsfeld *Markt & Branche* dieser Filterstufe betreffen.

[285] Vgl. McKnight 2004, S. 73 ff., 79 ff.

[286] Vgl. Bragg / Bragg 2005, S. 182.

Abb. 43: Scoresheet – Hauptscreening: Kunden & Produkt

Bewertungsskala:	1 2	3 4	5 6	7 8	9 10	GEW	K.O.
Kunden & Produkt					23%		
6. Voraussichtliche Höhe der Nachfrage	Keine oder nur sehr geringe Nachfrage	Verhaltene Nachfrage / Einmalige Nachfrage	Befriedigende Nachfrage	Hohe Nachfrage	Außerordentlich hohe Nachfrage	1,9	3
7. Beweismöglichkeit der Nachfrage zum jetzigen Zeitpunkt	Nachfrage kann zum jetzigen Zeitpunkt nur geraten oder erahnt werden	Nachfrage wird aus Informationen abgeleitet, z.B. Presse, Berichten, Trendforschung, etc.	Nachfrage existiert nach sehr ähnlichen Produkten in sehr ähnlichen Märkten, z.B. Nachbarstadt	Interesse mündlich od. schriftlich von vielen Kunden zugesichert oder umfangreiche Befragung durchgeführt	Abnahme vertraglich vereinbart	3,0	1
8. Ausbaufähigkeit des Produktes (Line extensions, neue Teilmärkte, Varianten)	Produkt bietet keine Möglichkeiten zum Ausbau / zur Erweiterung. Nur dieses eine Produkt ist möglich.	Produkt bietet nur wenige Möglichkeiten von geringer Bedeutung zum Ausbau	Produkt bietet vereinzelte Möglichkeiten von durchschnittlicher Bedeutung zum Ausbau	Produkt bietet einige gute und bedeutende Möglichkeiten zum Ausbau / der Erweiterung	Produkt bietet sehr viele verschiedene und sehr bedeutende Möglichkeiten zum Ausbau / der Erweiterung	1,6	1
9. Möglichkeit der Differenzierung durch ein Servicekonzepts	Art des Produktes ermöglicht kein Servicekonzept	Produkt ermöglicht nur minimales Servicekonzept	Produkt ermöglicht normales Servicekonzept	Produkt ermöglicht ein herausragendes Servicekonzept aber noch kein Konzept vorliegend	Produkt ermöglicht ein herausragendes Servicekonzept und bedeutendes Konzept bereits vorliegend	1,6	1

Quelle: Eigene Darstellung

Beispiele hierfür sind die Erweiterung der Produktprogrammbreite und -tiefe[287] oder das Erschließen von neuen geographischen Märkten beziehungsweise von Zusatzmärkten durch Funktionserweiterungen.[288] Weiterhin bietet eine Ausbaufähigkeit die Chance den Lebenszyklus des Produktes zu verlängern, zum Beispiel durch einen *Relaunch*[289]. Gewicht: Mittel (1,6).

9. Wenn es die Beschaffenheit des Produktes zulässt, ein dieses flankierendes, umfassendes Servicekonzept zu entwickeln, erhöht dies dessen Bewertung. Ein solches Servicekonzept kann einen bedeutenden Wettbewerbsvorteil darstellen.[290] Es ermöglicht dem Unternehmen, sich von der Konkurrenz zu differenzieren, fördert die Kundenbindung und erweitert den Preisgestaltungsspielraum. Wenn die Beschaffenheit eines Produktes ein Servicekonzept nicht ermöglicht, so wird die Idee nicht von der weiteren Betrachtung ausgeschlossen. Sie erhält jedoch eine geringere Bewertung, als Ideen, deren Produkte diese Möglichkeit zur Differenzierung bieten. Gewicht: Mittel (1,6).

4.4.2 Erfolgsfeld 2 – Markt & Branche

Die folgende Abb. 44 zeigt die sechs Kriterien, die in der Filterstufe *Hauptscreening* im Erfolgsfeld *Markt & Branche* zur Bewertung der Ideen eingeblendet werden.

---

[287] Die beiden Termini werden anhand eines Beispiels erläutert: Ein Süßwarenhersteller hat zwei *Produktarten* im *Produktprogramm*: Tafelschokolade und Pralinen. Dies stellt seine *Programmbreite* dar. Nimmt er eine weitere Produktart ins Programm, z.B. Bonbons, so erweitert er dadurch seine *Programmbreite*. Nimmt er hingegen eine weitere *Produktausführung* (*Sorte*) ins Produktprogramm, z.B. Pralinen mit Füllung, so stellt dies eine Erweiterung der *Programmtiefe* der Produktart Pralinen dar (*Produktvariation*, *Line extension*), vgl. Becker 2002, S. 160, 204.

[288] Vgl. Kerth / Asum / Nührich 2007, S. 189 f.

[289] Unter *Relaunch* ist die grundlegende Reaktivierung eines Produktes oder einer Marke zu verstehen, welche nicht nur eine kommunikationspolitische Renovierung sondern auch eine umfassende Renovierung des Produktes selbst umfasst, im Sinne einer *Reinnovation*. Vgl Becker 2002, S. 737.

[290] Vgl. Timmons / Spinelli 2007, S. 136.

Abb. 44: Scoresheet – Hauptscreening: Markt & Branche

Bewertungsskala:	1 2	3 4	5 6	7 8	9 10	GEW	K.O.
Markt & Branche						32%	
4. Überschlägig errechnete Marktgöße (in ester Erschließungsstufe vor Marktentwicklungen)	Jährlicher Umsatz kleiner als 10 Millionen €	Jährlicher Umsatz 10 bis <40 Millionen €	Jährlicher Umsatz 40 bis <70 Millionen €	Jährlicher Umsatz 70 bis <100 Millionen €	Jährlicher Umsatz größer als 100 Millionen €	1,6	3
5. Marktstruktur, Marktreife & Wettbewerbssituation im Markt (Timing der Idee)	Reifer, verteilter, hochgradig konzentrierter Markt mit wenigen großen, agressiven Wettbewerbern / Idee zu früh	Erschlossener Markt mit ersten Tendenzen zum Verdrängungskampf, nur noch selten große Veränderungen	Von vielen Wettbewerbern erschlossener Markt, häufige Änderungen, erste Konzentrationstendenzen	Junger, ungesättigter und unperfekter Markt, stark fragmentierter Wettbewerb, dynamische Veränderungen	Kein Wettbewerb vorhanden, neuer Markt oder unbesetzte Nische	1,9	1
6. Marktwachstum (Bei neuen Märkten: geschätztes mittelfristiges Wachstum)	Schrumpfend oder stark schrumpfend	Stagnierend oder gering wachsend 0-<10% p.A.	Mittleres Wachstum, 10-<20% p.A.	Starkes Wachstum, 20-<50% p.A.	Rasantes Wachstum, > 50% pro Jahr	1,9	3
7. Erzielbarer Marktanteil bis zum Ende von Jahr 3 nach Start	Unter 5%	5 bis <10%	10 bis <15%	15 bis <20% oder über 20% und Marktführerschaft nicht realistisch möglich	Über 20% und Marktführerschaft realistisch möglich	1,9	4
8. Zugang zu Lieferantenkanälen	Unbekannt / Es gibt keine, nicht ausreichene oder nur sehr unzuverlässige Lieferanten für das Zielgebiet	Einige wenige Lieferanten mit hoher Verhandlungsmacht / Versorgung kann jederzeit erschweren oder abbrechen	Ausreichene Anzahl Lieferanten, normale Verhandlungsmacht / Versorgung ist i.d.R. normal gewährleistet	Viele Lieferanten / Zugang unbedenklich / Ausweichalternative möglich (z.B. Ausland)	Sehr viele verschiedene Lieferanten / Zugang ist langfristig und hochgradig gesichert (z.B. Liefervertrag)	1,2	5
9. Zugang zu Absatzkanälen	Absatzkanäle sind unbekannt oder vollkommen belegt und es existieren keine Alternativen	Viele interessante Absatzkanäle sind belegt, nur wenige interessante alternative Kanäle denkbar	Einige interessante Absatzkanäle sind belegt, zu den meisten ist jedoch Zugang möglich	Absatzkanäle sind frei und können nicht belegt werden (z.B. Internet-Endkundengeschäft)	Viele wichtige Absatzkanäle derzeit noch zugänglich, sind jedoch endlich, so dass es für Nachfolger schwierig wird	1,2	5

Quelle: Eigene Darstellung.

Es folgen die Erläuterungen der Kriterien entsprechend ihrer laufenden Nummer:

4. Die Größe eines Marktes, worunter hier die Höhe der insgesamt erzielbaren Umsätze aller Anbieter in einem Markt verstanden wird, gibt einen ersten Hinweis auf das maximal mögliche Umsatz-Potential der Idee.[291] Mit steigender Größe eines Marktes steigt oft[292] auch dessen Attraktivität.[293] Vor Anwendung dieses Kriteriums ist es erforderlich, eine kurze, überschlägige Kalkulation durchzuführen, zum Beispiel auf Basis von relevanten statistischen Eckdaten und Annahmen. Hierbei steht nicht die Genauigkeit im Vordergrund, vielmehr geht es um eine grobe Kategorisierung der Ideen. Da HELLASIMAGE in der Determinantenanalyse als Zielvorgabe des Ventures eine Markt-Mindestgröße von zehn Millionen Euro geäußert hat (siehe 3.2, S. 45), wurde hier eine K.O.-Schwelle bei 3 gesetzt. Gewicht: Mittel (1,6).[294]
5. Dieses Kriterium misst die Reife des Marktes und die zu erwartende Wettbewerbssituation. Je jünger und fragmentierter ein Markt ist, desto größer sind die Chancen des Ventures, sich im Wettbewerb behaupten zu können, da Marktanteile noch mit vergleichsweise geringer Anstrengung umverteilt werden können. In reifen, vollkommen erschlossenen Märkten hingegen, herrscht in der Regel ein aggressiver Verdrängungskampf zwischen einigen wenigen, großen Unternehmen.[295] Ein solcher Markt sollte nur dann betreten werden, wenn das eigene Produkt das Potential hat, die Produkte aller Konkurrenten umgehend obsolet zu machen. Dies

---

291 Vgl. Mullins 2003, S. 9.

292 Eine konkrete Aussage kann natürlich erst dann getroffen werden, wenn auch die entsprechende *Umsatzrendite* bekannt ist, also der Anteil am Umsatz, der als Gewinn erwirtschaftet wird. So kann ein kleinerer Markt mit geringeren Umsätzen, aber einer hohen Umsatzrendite unter Umständen lukrativer sein, als ein Markt mit hohen Umsätzen, aber einer geringen Umsatzrendite. Die Umsatzrendite jeder Idee wird in der nächsten Filterstufe ermittelt. Siehe hierzu z.B. wikipedia.org [Umsatzrendite].

293 Vgl. Timmons / Spinelli 2007, S. 131.

294 Es ist zu beachten, dass hier unter *Unfairen Vorteilen* keine illegalen Handlungen zu verstehen sind und dass dies nicht als Aufforderung zu strafbarem Verhalten missverstanden werden soll.

295 Vgl. Timmons / Spinelli 2007, S. 130.

ist zum Beispiel dann der Fall, wenn das Produkt einen solch bedeutenden Technologiesprung darstellt, dass es die Konkurrenzprodukte völlig entwertet.[296]
Eine Idee kann jedoch auch zu früh für einen Markteintritt sein, zum Beispiel wenn die benötigte Infrastruktur im Markt noch nicht vorhanden ist.[297] Eine solche Idee wird im Scoresheet gering bewertet und sollte genauestens geprüft werden, da ein zu früher Markteintritt einen typischen *Fatal Flaw* darstellt. Gewicht: Mittel (1,9).

6. In diesem Feld wird die Veränderung der Marktgröße im Zeitablauf bewertet. Ein hohes Wachstum ist sehr attraktiv und bietet meist geringere Risiken für einen Markteintritt, als in langsam wachsenden Märkten.[298] Schrumpfende oder stagnierende Märkte sind in der Regel für ein neues Venture unattraktiv.[299] K.O.-Schwelle: 3, Gewicht: Mittel (1,9).
7. Eine Idee mit dem Potential zu einem hohen Marktanteil ist sehr wertvoll.[300] Ein hoher Marktanteil bietet die Chance, den Markt zu dominieren und Einfluss auszuüben.[301] Da ein höherer Marktanteil in der Regel auch mit einer höheren Produktionsmenge einhergeht, ergeben sich Kostenvorteile durch positive *Skaleneffekte*, wie etwa durch Mengenrabatte in der Beschaffung oder eine effizientere

---

296 Vgl. McKnight 2004, S. 61 ff. Ein anschauliches Beispiel hierfür ist der Internet-Suchmaschinen-Anbieter GOOGLE. Dieser hat als kleines Start-up-Unternehmen den Markt für Internet-Suchmaschinen erst im Jahr 1998 betreten. Zu diesem Zeitpunkt war der Markt für Internet-Suchmaschinen bereits längst unter wenigen finanzkräftigen Großunternehmen wie YAHOO, AOL, MSN oder LYCOS verteilt. Aufgrund des revolutionären Suchalgorithmus der GOOGLE-Suchmaschine jedoch, welcher eine deutlich höhere Qualität der Suchergebnisse ermöglichte, als bisher, konnte sich GOOGLE innerhalb von kurzer Zeit durchsetzen und die Konkurrenz zurückdrängen. GOOGLE hat heute im deutschsprachigen Internet einen Marktanteil von über 90%, der zweitplatzierte Anbieter ist der ehemalige Marktführer YAHOO mit nur noch 3,3% Marktanteil, vgl. heise.de.

297 Vgl. Carr 2006, S. R7. CARR nennt als Beispiel hierfür sehr anschaulich Medienunternehmen, die Ende der neunziger Jahre Videodaten online vertreiben wollen, jedoch daran scheiterten, dass die wenigsten Haushalte über Internetanschlüsse mit der erforderlichen hohen Bandbreite verfügten.

298 Vgl. Bragg / Bragg 2005, S. 179, Timmons / Spinelli 2007, S. 131.

299 Vgl. Zook / Seidensticker 2004, S. 94 f., Timmons / Spinelli 2007, S. 130.

300 Vgl. Timmons / Spinelli 2007, S. 131.

301 Vgl. McKnight 2004, S. 173 ff.

Produktion durch umfangreichere Erfahrung.[302] Einige Unternehmen schließen deshalb Ventures aus, die nicht das Potential bieten, zumindest den zweiten Platz im Markt einzunehmen.[303] Ventures mit einem maximal erzielbaren Marktanteil von unter 5% werden in der Regel als unattraktiv angesehen.[304] K.O.-Schwelle: 4, Gewicht: Mittel (1,9).

8. Um sicherzustellen, dass die Produktion problemlos und durchgängig erfolgen kann, sind die Existenz und die Zuverlässigkeit von Lieferanten der benötigten Einsatzmittel zu prüfen.[305] Dieses Kriterium ist im Scoresheet als *Hygienefaktor* zu interpretieren: Das Gewicht ist gering, so dass eine Idee, die die Anforderungen erfüllt keinen hohen Score erzielt. Jedoch ist die K.O.-Schwelle relativ hoch angesetzt, um Ideen deren Beschaffung nicht gesichert ist aufgrund des hohen Risikos auszustoppen. K.O.-Schwelle: 5, Gewicht: Gering (1,2).
9. Für dieses Kriterium gilt das zuvor genannte entsprechend für die Absatzkanäle. Nicht selten wird die Verfügbarkeit von Distributionskanälen ungeprüft angenommen.[306] Dabei kann übersehen werden, dass ein wichtiger Kanal eventuell bereits durch einen Konkurrenten belegt ist, zum Beispiel durch entsprechende Lieferverträge. Die Verfügbarkeit sollte deshalb genau untersucht werden.[307] K.O.-Schwelle: 5, Gewicht: Gering (1,2).

4.4.3 Erfolgsfeld 3 – Unternehmen

Die folgende Abb. 45 zeigt die vier Kriterien, die in der Filterstufe *Hauptscreening* im Erfolgsfeld *Unternehmen* zur Bewertung der Ideen eingeblendet werden.

---

[302] Vgl wikipedia.org [Economies of scale], wikipedia.org [Erfahrungskurve].
[303] Vgl. Block / MacMillan 2003, S. 55.
[304] Vgl. Timmons / Spinelli 2007, S. 131.
[305] Vgl. Leidig 2004, S. 85.
[306] Vgl. Timmons / Spinelli 2007, S. 136.
[307] Vgl. Schwarz / Krajger / Dummer 2006, S. 119.

Abb. 45:Scoresheet – Hauptscreening: Unternehmen

Bewertungsskala:	1 2	3 4	5 6	7 8	9 10	GEW	K.O.
Unternehmen					26%		
6. Synergien mit vorhandenem U.: Wechselgeschäfte, Know-how-Transfer, freie Kapazität	Zwischen Venture & bestehenden Geschäftsfeldern kommt es zu keinerlei synergetischen Effekten	Zwischen Venture & bestehenden G-feldern kommt es nur zu wenigen & unbedeutenden synergetischen Effekten	Zwischen Venture & bestehenden G-feldern kommt es zu einigen interessanten synergetischen Effekten	Zwischen Venture & bestehenden Geschäftsfeldern kommt es zu vielen interessanten synergetischen Effekten	Zwischen Venture & bestehenden Geschäftsfeldern kommt es zu herausragenden synergetischen Effekten	1,6	1
7. Möglichkeit, die im Venture entwickelten neuen Kompetenzen für weitere V. zu nutzen	Die im Venture entwickelten Kompetenzen lassen sich nicht anderweitig einsetzen	Nur sehr wenige der durch das Venture gebildeten neuen Kompetenzen könnten in neue Ventures einfließen	Einige der durch das Venture gebildeten neuen Kompetenzen könnten in neue Ventures einfließen	Viele der durch das Venture gebildeten neuen Kompetenzen könnten in neue Ventures einfließen	Die Venture bildet eine ausgezeichnete Plattform von der aus vielfältige lukrative neue Ventures starten können	2,4	1
8. Risiko des Ventures für die anderen bereits vorhandenen Geschäftsfelder	Großes Risiko, Kunden- od. Lieferantenboykotte wahrscheinlich / hoher Imageschaden / hohe Kannibalisierung	Kunden- od. Lieferanten unerfreut / Image leidet / Kannibalisierung & Zugewinn des Ventures neutralisieren sich	Keine negativen Kunden- od. Lieferantenreaktionen absehbar / Image neutral / Kannibalisierung wird überkompensiert	Keine negativen Kunden- od. Lieferantenreaktionen absehbar / Image neutral / Keine Kannibalisierung zu erwarten	Negative Auswirkungen auf die bestehenden Geschäfte sind völlig ausgeschlossen	1,0	5
9. Fehlertoleranz des Ventures (*Room for Error*) (Erfahrung im Venturing relevant)	Nulltoleranz bezüglich Fehlern, der Grat zwischen Erfolg und Niederlage ist äußerst gering	Unterdurchschnittliche Fehlertoleranz Nur kleinere Fehler dürfen unterlaufen	Das Venture birgt eine normale Fehlertoleranz. Es verkraftet einige kleine oder wenige größere Fehler	Überdurchschnittliche Fehlertolerantz. Kleinere Fehler unbedenklich, selbst größere können kompensiert werden	Das Venture ist äußerst Fehlerverzeihend, großer Puffer an Handlungsspielraum um beste Methode auszuloten	1,6	5

Quelle: Eigene Darstellung

Es folgen die Erläuterungen der Kriterien entsprechend ihrer laufenden Nummer:

6. Dieses Feld misst, inwieweit es zu Synergie-Effekten zwischen dem Venture und den bereits vorhandenen Geschäftsfeldern kommen kann, zum Beispiel durch die Möglichkeit Gegenseitigkeitsgeschäfte durchzuführen, Ressourcen gemeinsam zu nutzen oder durch ein Zustandekommen von Know-how-Transfer (siehe Abschnitt 2.1.3, S. 23).[308] Es ist für den Erfolg eines Ventures nicht erforderlich, dass es zu solchen Effekten kommt. Sollte eine Idee jedoch das Potential zu Synergie-Effekten haben, so steigert dies ihren Wert im Rahmen des Corporate Venturing.[309] Gewicht: Mittel (1,6).
7. Der Aufbau eines neuen Ventures erfordert in der Regel die Entwicklung von zuvor nicht vorhandenen Fähigkeiten. In manchen Fällen kann dieses Bündel von neuen Fähigkeiten es dem Unternehmen ermöglichen, zukünftig eine große Anzahl weiterer Ventures darauf aufzubauen. In diesem Fall spricht man von einer *Wachstumsplattform.*[310] Eine solche Wachstumsplattform kann dem Unternehmen zu ausgiebiger Expansion verhelfen und ist folglich von strategischer Bedeutung.[311] Somit sind Ideen, die das Potential bieten, eine Wachstumsplattform darzustellen besonders wertvoll. Gewicht: Hoch (2,4).
8. Dieses Kriterium prüft exakt das Gegenteil von positiven Synergie-Effekten, nämlich das Vorhandensein, beziehungsweise das Ausmaß von Risiken für die bereits bestehenden Geschäftsfelder durch das Venture. Solche Risiken sind zum Beispiel eine negative

---

[308] Das tatsächliche Ausmaß solcher Synergieeffekte wird manchmal überschätzt, da auch ein gewisser organisatorischer *Trade-off* zu berücksichtigen ist und nicht immer die Unternehmenseinheiten so stark von einander profitieren, wie erhofft, vgl. Goold / Campbell 1999, S. 63 f. (Der Terminus *Trade-off* bezeichnet einen Nutzenverlust, der entsteht, um in einem anderen Bereich einen Nutzenzugewinn zu erzielen, vlg. wikipedia.org [Trade-off]).

[309] Vgl. Block / MacMillan 2003, S. 57.

[310] Vgl. Zook 2007, S. 85.

[311] Vgl. Laurie / Doz / Sheer 2006, S. 66 ff.

Auswirkung auf das Image oder eine hohe *Kannibalisierung*[312] der vorhandenen Geschäfte.[313] K.O.-Schwelle: 5, Gewicht: Gering (1,0).

9. Ventures unterscheiden sich in ihrer Fehlertoleranz und damit in dem Ausmaß ihres Risikos. Ventures mit einer hohen Fehlertoleranz sind auch dann weiterhin lebensfähig, wenn sich viele der getroffenen Annahmen und Erwartungen nicht oder nicht in dem erwarteten Ausmaß bewahrheiten. Eine hohe Fehlertoleranz kann zum Beispiel vorliegen, wenn das Venture ein breites Spektrum von Ausweichstrategien zulässt.[314] Ideen mit einer sehr geringen Fehlertoleranz sind für Unternehmen mit geringer Venturing-Erfahrung zu riskant und sollten ausgestoppt werden. K.O.-Schwelle: 5, Gewicht: Mittel (1,6).

4.4.4 Erfolgsfeld 4 – Finanzen

Wie bereits im Abschnitt 4.1.1 (S. 88) einführend thematisiert wurde, ist es kaum möglich die finanzielle Performance einer Venture-Idee präzise und weit in die Zukunft projiziert zu berechnen. Die Faktenlage ist hierfür zu gering und Erfahrungswerte sind meist nicht – oder nur in geringem Umfang – vorhanden. Dadurch entsprechen selbst die Prognosen von Businessplänen, die am Ende der Aufbauphase erstellt werden und denen lange und umfangreiche Recherchen zu Grunde liegen, oft nur entfernt der später eintreffenden Realität.[315]

Diese Tatsache betrifft hier das Bewerten der Ideen hinsichtlich ihres finanziellen Aspektes im Rahmen der Scoresheet umso mehr, da die hier betrachteten Ideen weiterhin größtenteils auf Annahmen und nur kurzen und oberflächlichen Recherchen basieren. Weiterhin widersprechen aufwändige und zeitintensive Kalkulationen dem Zweck des Scores-

---

[312] Der Terminus *Kannibalisierung* bezeichnet die Umsatzsteigerung eines eigenen Produktes auf Kosten eines anderen, eigenen Produktes eines Unternehmens, vgl. wikipedia.org [Kannibalisierung].

[313] Vgl. Donahoe / Schefter / Harding 2001, S. 8, Schwarz / Krajger / Dummer 2006, S. 94.

[314] Vgl. Timmons / Spinelli 2007, S. 129, 136 f.

[315] Vgl. Block / MacMillan 2003, S. 163.

heets, möglichst schnell die verschiedenen Ideen sichten und überschlägig bewerten zu können.

Aus diesem Grund sind klassische Verfahren, insbesondere solche, die die genaue Entwicklung im Zeitverlauf prognostizieren, wie zum Beispiel die Erstellung einer fiktiven, monatsgenauen *Gewinn- und Verlustrechnung* (*GuV*) über die ersten drei Jahre des Ventures, für die vorliegende Untersuchung mangelhaft.[316] Dasselbe gilt entsprechend für Verfahren der dynamischen Investitionsrechnung oder für komplexe Kennzahlen, die auf solchen detaillierten Kalkulationen basieren, zum Beispiel die Berechnung des *Economic Value Added* (*EVA*).[317]

> *„The most accurate prediction that can be made about any venture plan is that cost and time estimates will be achieved or exceeded and revenue estimates will not."*[318]

LEIDIG geht aus diesen Gründen bei dem von ihm vorgestellten Punktbewertungssystem für die Ideenbewertung von Start-ups sogar so weit, die ökonomische Betrachtung völlig davon auszuschließen.[319]

Aus den besagten Gründen wurde in dem Scoresheet der Schwerpunkt der Betrachtung größtenteils auf die Erfolgsfaktoren gelegt, die die ökonomischen Größen schlussendlich determinieren, wie zum Beispiel das Marktwachstum oder der Kundennutzen des Produktes.

Dennoch dürfen hier die finanziellen Größen des Ventures nicht gänzlich unbeachtet bleiben.[320] Für eine umfassende Bewertung der Ideen ist es erforderlich, zumindest eine Schätzgröße berechnen zu können, um das ungefähre ökonomische Potential der Ideen erfassen und diese miteinander vergleichen zu können. Dabei geht es nicht um ganz genau berechnete Zahlen, sondern darum, grob einschätzen zu können, ob das

---

[316] Vgl. Block / MacMillan 2003, S. 163 f.

[317] Der EVA ist ein komplexes, finanzmathematische Verfahren zur Ermittlung der jährlichen Wertsteigerung beziehungsweise Wertzerstörung eines Unternehmens. Es basiert seinerseits auf den Finanzkennzahlen *Return on invested Capital* (*ROIC*) und *Weighted average cost of capital* (*WACC*), welche aufgrund der mangelnden Relevanz hier nicht weiter vertieft werden sollen. Vgl. Wiehle / Diegelmann / Deter et. al. 2007, S. 232.

[318] Block / MacMillan 2003, S. 163.

[319] Vgl. Leidig 2004, S. 61 f.

[320] Vgl. Stevenson / Roberts / Grousbeck et. al 1999, S. 34 ff.

Geschäftsmodell einer Idee unter Berücksichtigung der getroffenen Annahmen kostendeckend, beziehungsweise gewinnbringend sein könnte und welches maximale Gewinnpotential ihr inhärent ist. Ideen, die bereits in dieser überschlägigen Kalkulation keine oder nur geringe Gewinne erzielen, können anschließend von der weiteren Betrachtung bereits ausgeschlossen werden.[321]

Damit die Vergleichbarkeit der Ideen gewährleistet ist, ist ein standardisiertes Verfahren nötig, um eine solche überschlägige Kalkulation zu erstellen. Deshalb wurde ein solches für die vorliegende Untersuchung entwickelt. Dieses wird im Folgenden *Venture-GuV* bezeichnet. Es basiert auf dem *Gesamtkostenverfahren* gemäß § 275 (2) HGB[322], wurde jedoch auf einige wenige, zentrale Elemente reduziert, um die Anforderungen dieser Untersuchung hinsichtlich der einfachen und schnellen Anwendung sowie der Beschränkung auf das Wesentliche zu genügen. Die folgende Abb. 46 zeigt die Venture-GuV im Überblick, wobei die darin enthaltenen Werte als Beispiel-Berechnung zu verstehen sind.

Abb. 46: Venture-GuV

		Stufe I	Stufe II
Umsatzerlöse		1.000 €	
- Materialaufwand (RHB, bezogene Waren & Leistungen)		600 €	
= RE (Rohergebnis)		**400 €**	
- Personalaufwand (brutto inkl. Abgaben)		100 €	
- Sonst. betrieblichen Aufwendungen (Miete, Telefon, Werbung..)		50 €	
= BEvAfA (Betriebsergebnis vor AfA)		**250 €**	
- Abschreibungen auf Anlagevermögen		50 €	
- Fremdkapitalzinsen		100 €	
= EgG (Ergebnis der gewöhnlichen Geschäftstätigkeit)		**100 €**	
- Steuern und Abgaben	Anteil ca.: 35%		35 €
= JÜJF (Jahresüberschuss / Jahresfehlbetrag)			**65 €**
Kennzahlen			
BUR (Brutto-Umsatzrendite=EgG/Umsatzerlöse)		**10%**	
RdV (Rentabilität des Ventures=JÜJF/Investiertes Kapital)			**7%**
Investiertes Kapital (für Berechnung RdV):	1.000 €		

Quelle: Eigene Darstellung

[321] Vgl. Bragg / Bragg 2005, S. 182.
[322] Vgl. o. V. 2004, S. 70 f.

Um die Venture-GuV im Sinne der Untersuchung zu verwenden, ist eine grobe Berechnung der darin enthaltenen Posten im Sinne einer Momentaufnahme durchzuführen. Für HELLASIMAGE wurde als Zeitpunkt für die Momentaufnahme das Ende des dritten Jahres festgelegt und als Betrachtungszeitraum das dritte Jahr. Dies ist gemäß den in der Determinantenanalyse festgelegten Venturing-Zielen der Zeitpunkt, zu dem das Venture spätestens die Gewinnschwelle überschritten haben soll.

Wie in der Abbildung ersichtlich sind weiterhin auf Grundlage der Venture-GuV zwei Kennzahlen entwickelt worden, die *Brutto-Umsatzrendite* (*BUR*) sowie die *Rentabilität des Ventures* (*RdV*). Diese werden weiter unten an den entsprechenden Stellen weitergehend erläutert.

Ebenfalls kann aus der Abbildung zur Venture-GuV entnommen werden, dass diese aus zwei Stufen besteht. Für die Kriterien der aktuellen Filterstufe *Hauptscreening* sind nur die unter *Stufe I* aufgeführten Posten zu berechnen. Erst für Ideen, die bis in die Filterstufe *Feinscreening* vorgedrungen sind, werden die zusätzlichen Berechnungen unter *Stufe II* notwendig.

Die folgende Abb. 47 zeigt die fünf Kriterien, die in der Filterstufe *Hauptscreening* im Erfolgsfeld *Finanzen* zur Bewertung der Ideen eingeblendet werden.

Es folgen die Erläuterungen der Kriterien entsprechend ihrer laufenden Nummer:

3. Dieses Kriterium bewertet die Idee entsprechend der Höhe ihres *Ergebnisses der gewöhnlichen Geschäftstätigkeit* (*EgG*), welches in der Venture-GuV ermittelt worden ist. Das EgG entspricht dem erwirtschafteten Gewinn des Ventures am Ende des dritten Jahres, vor Abzug von Steuern und Abgaben.

Abb. 47: Scoresheet – Hauptscreening: Finanzen

Bewertungsskala:	1 2	3 4	5 6	7 8	9 10	GEW	K.O.
Finanzen					19%		
3. EgG im Jahr 3 im Vergleich zu den anderen Ventures	EgG ist negativ	EgG des Ventures liegt unterhalb des 25%-Quantils aller Ventures mit positivem EgG	EgG des Ventures liegt zwischen dem 25%-Quantil und dem 50%-Quantil aller Ventures mit positivem EgG	EgG des Ventures liegt zwischen dem 50%-Quantil und dem 75%-Quantil aller Ventures mit positivem EgG	EgG des Ventures liegt oberhalb des 75%-Quantils aller Ventures mit positivem EgG	2,4	3
4. BUR im Jahr 3 im Vergleich zu den anderen Ventures	BUR ist negativ	BUR des Ventures liegt unterhalb des 25%-Quantils aller Ventures mit positivem BUR	BUR des Ventures liegt zwischen dem 25%-Quantil und dem 50%-Quantil aller Ventures mit positivem BUR	BUR des Ventures liegt zwischen dem 50%-Quantil und dem 75%-Quantil aller Ventures mit positivem BUR	BUR des Ventures liegt oberhalb des 75%-Quantils aller Ventures mit positivem BUR	1,9	3
5. Gesamter Kapitalbedarf für den Start des Ventures	Übersteigt Venturing-Budget bei Weitem, Differenz ist nicht finanzierbar	Übersteigt Venturing-Budget deutlich, Differenz erfordert komplexe Finanzierung/ Beteiligung z.B. *Venture Capital*	Übersteigt Venturing-Budget geringfügig, Differenz erfordert einfache Finanzierung, z.B. Bankkredit	Der Kapitalbedarf entspricht maximal 70-100% des Budgets	Der Kapitalbedarf entspricht weniger, als 70% des Budgets (Sicherheitspuffer)	1,2	5
6. Kapitalverzehr (*Cash burn*) bis zum Zeitpunkt der ersten Cashflows	Der Kapitalverzehr entspricht 75 bis 100% des Gesamtbudgets (Venturing-Budget + ggf. Finanzierung)	Der Kapitalverzehr entspricht 50 bis <75% des Gesamtbudgets (Venturing-Budget + ggf. Finanzierung)	Der Kapitalverzehr entspricht 25 bis <50% des Gesamtbudgets (Venturing-Budget + ggf. Finanzierung)	Der Kapitalverzehr entspricht 10 bis <25% des Gesamtbudgets (Venturing-Budget + ggf. Finanzierung)	Der Kapitalverzehr entspricht unter 10% des Gesamtbudgets (Venturing-Budget + ggf. Finanzierung)	1,0	7
7. Möglichkeit, bei einem Scheitern in Jahr 1 das in Aktiva investierte Kapital zu liquidieren	Unter 25 % des investierten Kapitals ist wieder liquidierbar	25 bis <50 % des investierten Kapitals ist wieder liquidierbar	50 bis <75 % des investierten Kapitals ist wieder liquidierbar	75 bis <90 % des investierten Kapitals ist wieder liquidierbar	90 bis 100 % des Investiertes Kapitals ist wieder liquidierbar	1,0	7

Quelle: Eigene Darstellung

Je höher das EgG im Vergleich zu den EgGs der übrigen Ideen ist, desto höher die Bewertung.[323] Ideen, die ein negatives EgG aufweisen, sollten ausgestoppt werden. K.O.-Schwelle: 3, Gewicht: Hoch (2,4).

4. Wenn das EgG ins Verhältnis zu den Umsätzen gesetzt wird, erhält man die *Bruttoumsatzrendite* (*BUR*). Diese Kennzahl sagt aus, wie hoch der Anteil des Gewinns (vor Steuern und Abgaben) am erzielten Umsatz ist. Je höher dieser Wert ist, desto weniger anfällig ist das Venture in den folgenden Situationen: Die tatsächlichen Aufwandspositionen sind höher als in der Planungsphase des Ventures angenommen oder es fallen unvorhergesehene Kosten an.[324] K.O.-Schwelle: 3, Gewicht: Mittel (1,9).

5. Dieses Kriterium misst, inwieweit das Venture zum Venturing-Budget passt, welches in der Determinantenanalyse festgelegt worden ist. Falls das Venture das vorhandene Budget übersteigt, wird bewertet, inwieweit es möglich ist, den Fehlbetrag zu finanzieren. Dabei werden hohe Bewertungen an Ideen vergeben, die einen geringen Finanzierungsbedarf haben und geringere Bewertungen, je komplexer und umfangreicher eine eventuell notwendige Finanzierung ist.[325] Für HELLASIMAGE wurde festgelegt: K.O.-Schwelle: 5, Gewicht: Gering (1,2).

6. In der ersten Filterstufe wurden Ideen dahingehend bewertet, wie lange der geschätzte Zeitraum bis zur Generierung erster Cashflows ist. Dies unterlag der Annahme, dass bei einem Flop um so

---

323 Wie in der Abbildung zu sehen ist, wurden hierzu fünf Klassen erstellt. Eine Venture mit einem negativen EgG bekommt die schlechteste Bewertung. Ventures mit einem positiven EgG wurden nach der Höhe ihres EgGs auf die übrigen vier Klassen verteilt. Für die Bildung der Klassen wurden die statistischen *Lagemaße 25%-Quantil* (auch *Unteres Quartil*) *50%-Quantil* (auch *Median*), und *75%-Quantil* (auch *Oberes Quartil*) verwendet. Nachdem die Ideen entsprechend der Höhe ihres EgGs absteigend sortiert worden sind, unterteilen diese Lagemaße die Gesamtheit der Ideen in vier anzahlmäßig gleichgroße Gruppen von Ideen. Gehört eine Idee z.B. in die oberste Gruppe (der Gruppe oberhalb des 75%-Quantils), so lässt sich das umgangssprachlich so interpretieren, dass die Idee *zu den Top-25%* der Ideen gehört. Vgl. Fahrmeir / Künstler / Pigeot et. al. 2004, S. 55 f., 64 f., Elser 2004, S. 48 ff.

324 Vgl. wikipedia.org [Umsatzrendite].

325 Vgl. McKnight 2004, S. 217 ff., Bragg / Bragg 2005, S. 188.

weniger Kapital verloren geht, je frühzeitiger das Scheitern erkannt wird.[326] Nachdem nunmehr durch die Venture-GuV eine genauere Vorstellung über die Finanzen des Ventures existiert, wird dieser Gedanke hier erneut aufgegriffen und nach dem geschätzten voraussichtlichen Kapitalverzehr (*Cash-Burn*)[327] bis zum Erfolgen erster Cashflows gefragt. Die K.O.-Schwelle ist somit Ausdruck der Risikobereitschaft des Unternehmens. Für HELLASIMAGE wurde festgelegt: K.O.-Schwelle: 7, Gewicht: Gering (1,0).

7. Dieses Kriterium bewertet die Ideen danach, inwieweit das in Anlage- und Umlaufvermögen investierte Kapital bei einem Scheitern des Ventures innerhalb des ersten Jahres wieder liquidierbar ist. Erfordert ein Venture Investitionen, die nicht oder nur zum Teil liquidierbar sind, erhält es hier eine geringere Bewertung, als solche Ventures, deren Vermögen wieder größtenteils veräußert werden können. Auch hier ist die K.O.-Schwelle je nach Risikobereitschaft des Unternehmens vorzunehmen. Für HELLASIMAGE wurde festgelegt: K.O.-Schwelle: 7, Gewicht: Gering (1,0).

4.5 Prozessschritt 7: Feinscreening

Das *Feinscreening* stellt insgesamt den siebten Prozessschritt der *Ideenphase* dar, wie Abb. 48 verdeutlicht.

Abb. 48: Prozessschritt 7: Feinscreening

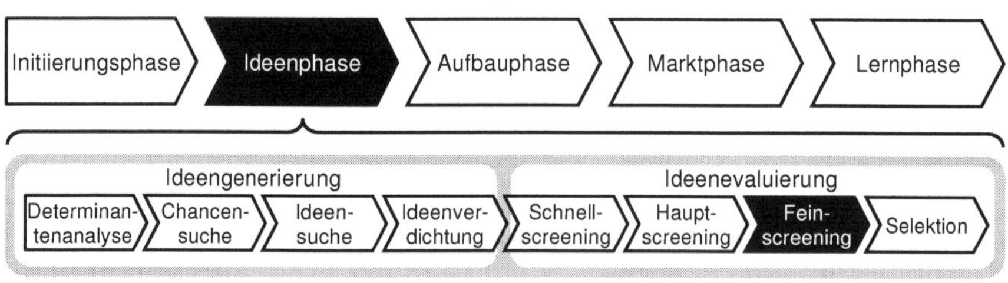

Quelle: Eigene Darstellung

Nachdem der Bewertungsvorgang der vorherigen Filterstufe abgeschlossen wurde, können nun durch Betätigen des Buttons *Top Score*

[326] Vgl. McKnight 2004, S. 223 ff.
[327] Vgl. wikipedia.org [Cash-Burn-Rate].

innerhalb des Bedien-Paneels des Scoresheets erneut die Ideen entsprechend ihrer jetzigen Gesamtpunktzahl sortiert werden (siehe Abb. 41 und Abb. 42, S. 119).

Die fünf Ideen mit der bislang höchsten Gesamtpunktzahl werden in dieser letzten Filterstufe des Filterprozesses, dem *Feinscreening* einer intensiven, abschließenden Untersuchung unterzogen. Im Folgenden werden die Bewertungskriterien dieser Filterstufe vorgestellt.

4.5.1 Erfolgsfeld 1 – Kunden & Produkt

Die folgende Abb. 49 zeigt die zwei Kriterien, die in der Filterstufe *Feinscreening* im Erfolgsfeld *Kunden & Produkt* zur Bewertung der Ideen eingeblendet werden.

Es folgen die Erläuterungen der Kriterien entsprechend ihrer laufenden Nummer:

10. Dieses Kriterium bewertet das Produkt des Ventures danach, ob und wie weit es durch mögliche *Substitute* gefährdet ist. Ideen, die auf kurze Frist oder unmittelbar durch Substitute gefährdet sind sollten ausgestoppt werden. K.O.-Schwelle: 5, Gewicht: Gering (1,2).

11. Nachdem in der Venture-GuV eine grobe Übersicht über die Kostenstruktur des Produktes gewonnen wurde, kann nunmehr eine erste Aussage darüber getroffen werden, welchen Mindestpreis dieses Produkt haben muss, um den innerhalb der Determinantenanalyse festgelegten Mindest-Gewinn erwirtschaften zu können. In dem vorliegenden Kriterium wird dieser Preis in Relation zu den am Markt vorherrschenden Preisen für sehr ähnliche Produkte bewertet. Wenn der Mindestpreis deutlich höher sein muss, als vergleichbare Konkurrenzprodukte, sollte die Idee ausgestoppt werden. Hat das Venture hingegen so große Kostenvorteile, dass das Produkt auch deutlich günstiger angeboten werden könnte, so könnte dies einen wichtigen Wettbewerbsvorteil darstellen.[328]

---

[328] Vgl. McKnight 2004, S. 67 ff.

Abb. 49:Scoresheet – Feinscreening: Kunden & Produkt

Kunden & Produkt 23%

Bewertungsskala:	1 2	3 4	5 6	7 8	9 10	GEW	K.O.
10. Substiutionsgefahr des Produkts durch andere Produkte die es ersetzen	Konkrete Substitute sind bereist in der Entwicklung und deren Markteintritt wird sehr kurzfristig erwartet	Substitutionsgefahr bereits auf mittelfristige Sicht gegeben	Substitutionsgefahr auf mittelfristige Sicht nicht gegeben	Substitutionsgefahr selbst auf längerfristige Sicht minimal	Substitute auch auf sehr langfristige sicht nicht oder nur sehr schwer vorstellbar	1,2	5
11. Mindestpreis Produkt angesichts geschätzten Entwicklungs-/ Produktionskosten	Muss viel teurer angeboten werden als vergleichbare Produkte im Markt / Kunden nicht bereit dafür zu bezahlen	Preis muss leicht über dem Markt-durchschnitt liegen oder nur Knapp außreichende Zahl an Kunden zahlungsbereit	Wettbewerbsfähiger Preis möglich, welchen eine befriedigende Anzahl von Kunden zu zahlen bereit sind	Wie mittleres Feld, mit einem nennenswerten Spielraum für Preissenkungen	Wie mittleres Feld, mit einem großen Spielraum für Preissenkungen	2,4	5

Quelle: Eigene Darstellung

Bei der Anwendung dieses Kriteriums ist darauf zu achten, dass die betrachteten Produkte tatsächlich vergleichbar sind. Für den Fall, dass das eigene Produkt teurer sein muss, aber einen erheblichen Zusatznutzen bietet, ist zu prüfen, ob Kunden auch bereit sind, für diesen Zusatznutzen einen Aufpreis zu bezahlen. Dann könnte das Produkt im Sinne dieses Kriteriums durchaus als wettbewerbsfähig klassifiziert werden. K.O.-Schwelle: 5, Gewicht: Hoch (2,4).

4.5.2 Erfolgsfeld 2 – Markt & Branche

Die folgende Abb. 50 zeigt die sieben Kriterien, die in der Filterstufe *Feinscreening* im Erfolgsfeld *Markt & Branche* zur Bewertung der Ideen eingeblendet werden.

Es folgen die Erläuterungen der Kriterien entsprechend ihrer laufenden Nummer:

10. Dieses Kriterium knüpft an dem Kriterium zur Marktstruktur und Marktreife des Hauptscreenings an. Der darin bereits pauschal enthaltene Konkurrenzaspekt wird jetzt im Detail bewertet. In dieser fortgeschrittenen Reifestufe der Idee sollte es nunmehr möglich sein, die wichtigsten Konkurrenten bereits konkret zu identifizieren und ihre voraussichtliche Reaktion auf das neue Venture einzuschätzen. Der mögliche Spielraum der Konkurrenten ist groß und umfasst zum Beispiel Preissenkungen, Produkterweiterungen, das Einreichen von Klagen[329] (unabhängig davon, ob diese begründet sind oder nicht), Abwerben von Schlüsselpersonen im Team, Einflussnahme auf die Lieferanten elementarer Inputfaktoren oder auf wichtige Absatzkanäle.[330]

---

[329] Dieser Aspekt ist insbesondere dann äußerst kritisch zu prüfen, wenn die Konkurrenten über deutlich höhere personelle und finanzielle Mittel verfügen, als das eigene Unternehmen. In diesem Fall können diese das Venture mit einer Flut von Klagen torpedieren, deren Abwehr so hohe personelle und finanzielle Ressourcen bindet, dass das Venture in seiner operativen Tätigkeit deutlich behindert wird oder gar scheitert, selbst wenn am Ende des langwierigen juristischen Prozesses die Klagen wegen ihrer Unbegründetheit gewonnen würden.

[330] Vgl. Block / MacMillan 2003, S. 186.

Abb. 50: Scoresheet – Feinscreening: Markt & Branche

Bewertungsskala:	1 2	3 4	5 6	7 8	9 10	GEW	K.O.
Markt & Branche					32%		
10. Mögliche Angriffe "aus dem Hinterhalt" bzw. Rache und Vergeltung der Konkurrenten	Sofortige & hochagressive Reaktion zu erwarten, z.B. juristische Großoffensive, Boykottaufrufe, Absprachen	Schnelle Reakion der Konkurrenz, z.B. drastische Preissenkungen, Werbeaktionen, kleine juristische Scharmützel	Konkurrenz wird eigenes Venture wahrnehmen & kleinere Reaktionen zeigen, z.B. Werbeaktionen, Preispolitik	Konkurrenz wird eigenes Venture wahrnehmen hat aber nur geringe Mittel um entsprechend zu reagieren	Konkurrenz wird eigenes Venture kaum wahrnehmen und keinerlei Reaktion zeigen	3,0	5
11. Mögliche Angriffe "aus dem Hinterhalt" bzw. Rache und Vergeltung der Branche	Großteil der Branche sieht Venture sehr negativ: Boykott der Absatz- & Lieferantenkanäle, Juristischer Großangriff	Ein Teil der Branche sieht Venture negativ, z.B. Teil der Absatzkanäle & Lieferanten verärgert, juristische Scharmützel	Branchenteilnehmer stehen dem neuen Venture neutral gegenüber	Großteil der Branche steht dem neuen Venture neutral gegenüber, manche begrüßen es	Venture wird von großem Teil der Branche begrüßt, da es für viele Teilnehmer bedeutenden Nutzen stiftet	3,0	5
12. Integrationsbedrohung durch Branchenteilnehmer (VI=Vorwärtsi-, RI=Rückwärtsintegration)	Hohe Wahrscheinlichkeit der VI- oder RI mit der Konsequenz des Wegfalls der eigenen Existenzgrundlage	Erhöhte Wahrscheinlichkeit der VI- oder RI, signifikante negative Konsequenzen	Möglichkeit sowohl zur VI- als oder zur RI gegeben, mittlere Wahrscheinlichkeit, aushaltbare negative Konsequenzen	Möglichkeit zur VI- oder zur RI gegeben, jedoch unwahrscheinlich oder ohne große negative Konsequenzen	Es besteht keine realistische Möglichkeit der Branchenteilnehmer zur VI- oder RI	3,0	5
13. Möglichkeit zu Partnerschaften/ strategischen Allianzen/ Kooperationsmöglichkeiten	Keine sinnvolle Partnerschaften oder Kooperationen denkbar	Partnerschaften & Kooperationen theoretisch möglich, aber unwahrscheinlich und wenig sinnvoll	Einige wenige sinnvolle Konstellationen an Parterschaften, Kooperationen oder Allianzen denkbar	Strategisch sehr wertvolle Partnerschaften möglich, Kooperationsmodelle denkbar z.B. Franchise	Großes externes Interesse an Kooperationen zu erwarten z.B. viele Anfragen von Franchisenehmern	1,9	1
14. Eintrittsbarrieren in den Markt (Show stoppers, Gesetze, Markentreue, Wechselkosten, ..)	Unüberwindbare Eintrittsbarrieren	Hohe Eintrittsbarrieren	Mittlere Eintrittsbarrieren	Leicht überwindbare Eintrittsbarrieren	Keine Eintrittsbarrieren	1,6	5
15. Austrittsbarrieren aus dem Markt (Zusätzliche Kosten, weiterlaufende Verpflichtungen)	Sehr hohe Austrittsbarrieren, sehr hohe Kosten für den Ausstieg, langfristige weitere, erhebliche Verpflichtungen	Hohe Austrittsbarrieren, bedeutende zusätzliche Kosten für den Ausstieg ggf. langfristige weitere Verpflichtungen	Mittlehohe Austrittsbarrieren, geringe Kosten für den Ausstieg, ggf. kurzfristige, weitere Verpflichtungen	Geringe Austrittsbarrieren, sehr geringe Kosten für den Ausstieg, keine weitere Verpflichtungen	Keine Austrittsbarrieren erkennbar	1,6	5
16. Möglichkeit selbst Eintritts- bzw. Austrittsbarrieren zu schaffen (Verträge, Standards)	Es besteht keine Möglichkeit, den Eintritt von Konkurrenten in den Markt zu verhindern bzw. zu erschweren	Es lässt sich ein kleier Teil des Marktes sichern, z.B. durch Lieferantenabkommen, Vertragliche Kundenbindung	Es lässt sich ein außreichener Teil des Marktes sichern, z.B. Ausschließlichkeitsabkommen Belegung von Absatzkanälen	Es lässt sich ein bedeutender Teil des Marktes langfristig sichern & schwer überwindbare Hürden aufbauen	Möglich schnell den gesamten Markt abzuriegeln & langfristige, unüberwindbare Hürden aufzubauen	2,4	3

Quelle: Eigene Darstellung

Das Ausmaß und die Intensität möglicher Konkurrenzreaktionen sollte niemals unterschätzt werden.[331] Dabei sollte auch beachtet werden, dass die Konkurrenz sich nicht nur ausschließlich dann wehren wird, wenn dies rational und ökonomisch sinnvoll erscheint. Vielmehr können auch subjektive, persönliche Faktoren diese Reaktionen auslösen. Nicht selten empfinden Manager mit langjähriger Tätigkeit in Konkurrenzunternehmen das neue, ihnen konkurrierende Venture als persönlichen Affront oder als Ungerechtigkeit und bekämpfen es entsprechend verbittert.[332] Bei der Analyse eventueller Konkurrenzreaktionen sollte auch das mögliche Eintreten neuer Konkurrenten in den Markt bedacht werden.[333]
Das setzten einer K.O.-Schwelle sollte sich zum einen an der Bereitschaft orientieren, sich auf Konkurrenzkämpfe einzulassen. Zum anderen an der Wahrscheinlichkeit, aus solchen Kämpfen als Sieger hervorzugehen, was durch die verfügbaren personellen und finanziellen Ressourcen determiniert wird. KIM & MAUBORGNE bezeichnen heftig umkämpfte Märkte als *Rote Ozeane* (in Anspielung auf die Farbe des Blutes) und bezweifeln den Sinngehalt, solche Märkte neu zu betreten. Vielmehr empfehlen sie – von ihnen als solche bezeichnete – *Blaue Ozeane* anzustreben, also Märkte, in denen Kämpfe noch nicht erforderlich sind.[334] Für HELLASIMAGE wurde festgelegt: K.O.-Schwelle: 5, Gewicht: Hoch (3,0).

11. Dieses Kriterium baut inhaltlich auf dem vorherigen auf, erweitert jedoch die Betrachtung auf die übrigen Teilnehmer der Branche und damit über die direkten Konkurrenten hinaus. Dies beinhaltet zum Beispiel Lieferanten- und Absatzkanäle, die eine Rückwärts- beziehungsweise Vorwärtsintegration in ihre eigenen Bereiche befürchten könnten oder Unternehmen der Branche, die befürchten, dass die Marktmacht des Ventures für sie zukünftig zur Bedrohung werden kann. Wie bei der Analyse der Konkurrenten

331 Vgl. Bragg / Bragg 2005, S. 179.
332 Vgl. Porter 1980, S. 343 f.
333 Vgl. McKnight 2004, S. 91 ff.
334 Vgl. Kim / Mauborgne 2005, S. 4 ff.

sind auch hier durchaus persönliche oder irrationale Motive zu beachten, wie zum Beispiel Neid oder Missgunst. Für HELLASIMAGE wurde festgelegt: K.O.-Schwelle: 5, Gewicht: Hoch (3,0).

12. Dieses Kriterium kehrt die Perspektive des vorigen Kriteriums um und betrachtet das Ausmaß einer von den Lieferanten- und Absatzkanälen ausgehenden Integrationsbedrohung auf das eigene Venture.[335] Die Benotung erfolgt in Relation zur Möglichkeit und Wahrscheinlichkeit einer solchen Integration sowie zum Ausmaß der negativen Konsequenzen einer Integration für das Venture. Für HELLASIMAGE wurde festgelegt: K.O.-Schwelle: 5, Gewicht: Hoch (3,0).

13. Dieses Kriterium bewertet ein Venture danach, ob es sich eignet, mit anderen Unternehmen eine strategisch wertvolle Partnerschaft einzugehen. Solche Partnerschaften können einen bedeutenden Erfolgsfaktor für das Venture darstellen.[336] Beispiele hierfür sind der Austausch von notwendigem Know-how oder die Unterstützung durch ein finanzkräftiges Unternehmen bei juristischen Angriffen von Konkurrenten. Als potentielle Partner bieten sich zum Beispiel Lieferanten und Kunden an, die ihrerseits einen Nutzen aus dem Venture ziehen oder Unternehmen, für die das Venture strategische Relevanz aufweist.[337] Ebenfalls positiv fließt in die Bewertung ein, wenn sich das Venture für das Partnerschaftskonzept *Franchising*[338], eignet, da dies Chancen für ein schnelles Wachstum bietet.[339] Gewicht: Mittel (1,9).

---

[335] Vgl. McKnight 2004, S. 91 ff.
[336] Vgl. Block / MacMillan 2003, S. 111.
[337] Vgl. McKnight 2004, S. 193 ff.
[338] Unter *Franchising* versteht man ein auf Partnerschaft basierendes Absatzsystem mit dem Ziel der Verkaufsförderung. Dabei übernimmt der *Franchisegeber* die Planung, Durchführung und Kontrolle eines erfolgreichen Betriebstyps. Er erstellt ein unternehmerisches Gesamtkonzept, das von seinen Geschäftspartnern, den *Franchisenehmern*, selbstständig an ihrem jeweiligen Standort umgesetzt wird. Vgl. wikipedia.org [Franchising].
[339] Vgl. Bragg / Bragg 2005, S. 188.

14. Dieses Kriterium bewertet die Existenz beziehungsweise die Höhe von *Eintrittsbarrieren* des angestrebten Marktes.[340] Mögliche Eintrittsbarrieren sind zum Beispiel eine hohe Markentreue oder eine lange vertragliche Bindung der Kunden der Konkurrenz, hohe Wechselkosten für die angestrebten Kunden, hohe Kostenvorteile der Konkurrenz oder gesetzliche Reglementierungen.[341] K.O.-Schwelle: 5, Gewicht: Mittel (1,6).

15. Dieses Kriterium bewertet die Existenz beziehungsweise die Höhe von *Austrittsbarrieren* des angestrebten Marktes. Mögliche Austrittsbarrieren sind zum Beispiel langfristige vertragliche Verpflichtungen oder hohe durch den Austritt verursachte, zusätzliche Kosten wie zum Beispiel durch den erforderlichen Abriss eines Gebäudes.[342] Auch gesetzliche Bestimmungen können Austrittsbarrieren darstellen, zum Beispiel wenn erfolgte Subventionen an bestimmte Bedingungen gekoppelt sind, die den Austritt verhindern.[343] K.O.-Schwelle: 5, Gewicht: Mittel (1,6).

16. Wenn ein Markt geringe Einstiegsbarrieren aufweist, erleichtert dies zwar den Einstieg des Ventures, jedoch auch die Nachfolge von weiteren neuen Konkurrenten. Der Wert des Ventures steigt folglich, je leichter es nach seinem Betreten des Marktes selbst Eintrittsbarrieren für potentielle Nachfolger errichten kann.[344] Gewicht: Hoch (2,4).

---

[340] Hier sollen nur solche Eintrittsbarrieren bewertet werden, die nicht bereits in einem separaten Kriterium berücksichtigt worden sind. So stellt z.B. auch die bereits bewertete Gefahr einer hohen Vergeltung seitens der Konkurrenten eine Eintrittsbarriere im Sinne der Definition dar. Vgl. Porter 1998, S. 6. Weiterhin können auch hohe *Austrittsbarrieren* als Eintrittsbarriere verstanden werden, z.B. weil sie eine auf schnelle Gewinnabschöpfung zielende *Hit-and-Run-Strategie* verhindern, vgl. wikipedia.org [Marktschranke]. Hohe Austrittsbarrieren sollten jedoch hier in die Bewertung nicht mit einfließen, da diese im nächsten Kriterium getrennt bewertet werden.

[341] Vgl. Porter 1998, S. 6., Porter 1980, S. 7 ff.

[342] Vgl. Porter 1980, S. 20 f.,

[343] Vgl. wikipedia.org [Marktschranke].

[344] Vgl. Timmons / Spinelli 2007, S. 134.

4.5.3 Erfolgsfeld 3 – Unternehmen

Die folgende Abb. 51 zeigt die fünf Kriterien, die in der Filterstufe *Feinscreening* im Erfolgsfeld *Unternehmen* zur Bewertung der Ideen eingeblendet werden.

10. Dieses Kriterium bewertet ein Venture danach, in welchem Ausmaß es die zeitlichen Kapazitäten der Geschäftsführung des Unternehmens – nicht zu verwechseln mit den Kapazitäten des Venture-Teams – bindet, welche sonst für andere Tätigkeiten genutzt werden könnten.[345] Somit indiziert dieses Kriterium die *Opportunitätskosten*[346] des Ventures für die Geschäftsführung.[347] Wenn ein Venture die Geschäftsführung nur sehr gering beansprucht, so bietet dies zum Beispiel die Möglichkeit, nach kurzer Zeit weitere Ventures zu starten und somit das Risiko auf mehrere Ventures zu verteilen. Die K.O.-Schwelle sollte sich danach richten, wie groß das für Venturing-Aktivitäten verfügbare Zeitkontingent der Geschäftsführung ist. K.O.-Schwelle: 6, Gewicht: Mittel (1,9).

11. In der ersten Filterstufe erfolgte bereits eine grobe Einschätzung, ob das Venture hinsichtlich seiner Größe zum Unternehmen passt. Die Frage, ob ein Unternehmen die Anforderungen eines Ventures erfüllen kann ist von großer Bedeutung für die Bewertung der Idee.[348] Da nunmehr eine viel konkretere Vorstellung über die Einzelheiten des Ventures existiert, wird dieser Aspekt hier erneut aufgegriffen und in diesem, sowie den beiden nächsten Kriterien im Detail behandelt.

---

[345] Vgl. Block / MacMillan 2003, S. 80.

[346] *Opportunitätskosten* sind eine Bezeichnung für den Nutzen einer Alternative, welcher entgeht, weil man sich für eine andere Alternative entscheidet. Somit stellen Opportunitätskosten keine Kosten im Sinne der Kosten- und Leistungsrechnung dar, sondern sind ein ökonomisches Konzept zur Quantifizierung entgangener Alternativen. Umgangssprachlich kann man Opportunitätskosten als *entgangenen Gewinn* bezeichnen. Vgl. wikipedia.org [Opportunitätskosten].

[347] Vgl. Timmons / Spinelli 2007, S. 135.

[348] Vgl. Block / MacMillan 2003, S. 79.

Abb. 51: Scoresheet – Feinscreening: Unternehmen

Bewertungsskala:	1 – 2	3 – 4	5 – 6	7 – 8	9 – 10	GEW	K.O.
Unternehmen					26%		
10. Beanspruchung der Geschäftsführung (GF) (=Opportunitätskosten des Ventures für GF)	Das Venture beansprucht GF völlig, auch langfristig nach Startphase keine zusätzlichen Aktivitäten möglich	Das Venture beansprucht in einer längeren Startphase die GF völlig, mittelfristig jedoch weitere Aktivitäten möglich	Das Venture beansprucht in einer längeren Startphase die GF erheblich, mittelfristig jedoch gering	Das Venture beansprucht nur in einer kurzen Startphase die GF nennenswert	Das Venture beansprucht zu keinem Zeitpunkt die GF nennenswert	1,9	6
11. Anforderung des Ventures and das Organisationsmanagement des Unternehmens	Die organisationalen Anforderungen des Ventures können nicht erfüllt werden	Die organisationalen Anforderungen des Ventures können nur sehr schwer und langfristig erfüllt werden	Die organisationalen Anforderungen des Ventures können mit Mühe, jedoch mittelfristig erfüllt werden	Die organisationalen Anforderungen des Ventures können leicht und kurzfristig erfüllt werden	Die organisationalen Anforderungen des Ventures werden bereits größtenteils oder vollkommen erfüllt	1,6	6
12. Anforderung des Ventures and das Personalmanagement des Unternehmens	Die personellen Anforderungen des Ventures können nicht erfüllt werden	Die personellen Anforderungen des Ventures können nur sehr schwer und langfristig erfüllt werden	Die personellen Anforderungen des Ventures können mit Mühe, jedoch mittelfristig erfüllt werden	Die personellen Anforderungen des Ventures können leicht und kurzfristig erfüllt werden	Die personellen Anforderungen des Ventures werden bereits größtenteils oder vollkommen erfüllt	1,9	6
13. Anforderung des Ventures and die Technlologie des Unternehmens	Die technischen Anforderungen des Ventures können nicht erfüllt werden	Die technischen Anforderungen des Ventures können nur sehr schwer und langfristig erfüllt werden	Die technischen Anforderungen des Ventures können mit Mühe, jedoch mittelfristig erfüllt werden	Die technischen Anforderungen des Ventures können leicht und kurzfristig erfüllt werden	Die technischen Anforderungen des Ventures werden bereits größtenteils oder vollkommen erfüllt	1,9	6
14. Bewertung des nominierten Venture-Teams für das geplante Venture	Keine der erforderlichen Fähigkeiten ist im Team vorhanden	Die erforderlichen Fähigkeiten sind sehr lückenhaft oder nur durch einzelne Personen im Team vertreten	Das Mindestmaß der erforderlichen Fähigkeiten wird von mindestens der Hälfte des Teams ausreichend abgedeckt	Der Großteil der erforderlichen Fähigkeiten wird von einem großen Teil des Teams gut abgedeckt	Das Team stellt für Venture eine Top-Besetzung dar, alle benötigten Fähigkeiten vorhanden	3,0	5

Quelle: Eigene Darstellung

Dieses erste Kriterium misst, ob und wie schnell die organisationalen Anforderungen des Ventures durch das Unternehmen erfüllt werden können. In die Betrachtung sollte die Komplexität der notwendigen *Aufbau-*[349] und *Ablauforganisation*[350] sowie das Ausmaß notwendiger infrastruktureller Maßnahmen einfließen, wie zum Beispiel dem Bau von Gebäuden. K.O.-Schwelle: 6, Gewicht: Mittel (1,6).

12. Dieses Kriterium entspricht Nr. 11, jedoch in Hinblick auf die Anforderungen an das Personalmanagement. Hierbei sollte in die Betrachtung zum Beispiel einfließen, inwieweit es für das Unternehmen möglich ist, Mitarbeiter in der benötigten Anzahl und mit der erforderlichen Qualifikation zu beschaffen oder Mitarbeiter entsprechend auszubilden. K.O.-Schwelle: 6, Gewicht: Mittel (1,9).

13. Dieses Kriterium entspricht Nr. 11, jedoch in Hinblick auf die Anforderungen an die Technologie. Hierbei sollte in die Betrachtung zum Beispiel einfließen, inwieweit es für das Unternehmen möglich ist, die erforderlichen Maschinen, technischen Anlagen, Computersysteme, et cetera zu beschaffen und in Betrieb zu nehmen. K.O.-Schwelle: 6, Gewicht: Mittel (1,9).

14. Das letzte Kriterium des Erfolgsfeldes *Unternehmen* bewertet die Idee dahingehend, inwieweit das Unternehmen fähig ist, ein für die Idee geeignetes *Venture-Team* zusammenzustellen. Unter dem Venture-Team wird hier die Gruppe von Personen verstanden, die das Venture in der *Aufbauphase* planen und aufbauen sowie in der ersten Zeit der *Marktphase* steuern wird, also die zukünftige Füh-

---

349 Die *Aufbauorganisation* bildet das hierarchische Gerüst einer Organisation. Für ihre Ausgestaltung wird in der *Aufgabenanalyse* die abstrakte, zu bewältigende Gesamtaufgabe in ihre einzelnen Bestandteile zerlegt und in der anschließenden *Aufgabensynthese* zu Aufgabenkomplexen gebündelt. Diese werden *Aufgabenträgern* im Sinne von Stellen, Instanzen und Abteilungen zugeordnet. Vgl. Siedenbiedel 2001, S. 8 ff.

350 Die *Ablauforganisation* befasst sich mit der sinnvollen Gestaltung der dynamischen Prozesse innerhalb der *Aufbauorganisation.* Sie strukturiert die betrieblichen Leistungs- und Informationsprozesse in sachlicher, räumlicher und zeitlicher Hinsicht. Vgl. Siedenbiedel 2001, S. 26 ff.

rungsgruppe des Ventures.[351] Es ist von essenzieller Wichtigkeit für den Erfolg eines Ventures, dass sowohl herausragende unternehmerische Fähigkeiten als auch die für den Aufbau des Ventures wichtigen Kompetenzen im Venture-Team vorhanden sind.[352] Es reicht dabei nicht aus, wenn das Unternehmen über die erforderlichen Kompetenzen verfügt – es muss auch die Möglichkeit haben, die für dieses Venture benötigten Mitarbeiter mit dem entsprechenden Know-how von ihrer bisherigen Tätigkeit freizustellen. K.O.-Schwelle: 6, Gewicht: Hoch (3,0).

4.5.4 Erfolgsfeld 4 – Finanzen

Die folgende Abb. 52 zeigt die vier Bewertungskriterien, die in der Filterstufe *Feinscreening* im Erfolgsfeld *Finanzen* eingeblendet werden.

8. Dieses Kriterium analysiert, ob sich das Venture qualifizieren könnte, von dem oder den Staaten, in denen es operieren soll, Förderungsleistungen im Sinne von Subventionen zu beziehen. Dies kann das Ertragspotential eines Ventures signifikant steigern. Weiterhin wird analysiert, ob das Venture steuerlich interessante Gestaltungsspielräume hat. Diesbezüglich bietet es sich zum Beispiel an, das Venture dahingehend zu untersuchen, ob es standortelastische Funktionsbereiche aufweist, also Funktionsbereiche, welche geographisch verlagert werden können.[353] Wird ein solcher Funktionsbereich ins Ausland verlagert, so werden Einkünfte aus der Ausübung dieser Funktion nicht mehr im Inland, sondern im betroffenen Ausland steuerlich erfasst.[354] Dies kann bei einer entsprechenden Gestaltung zu einer erheblichen Reduzierung der Steuerbelastung für das Venture führen.[355] Gewicht: Mittel (1,9).

---

[351] Die Bezeichnung des Venture-Teams ist abhängig von der Organisations- und Rechtsform des Ventures. Wird das Venture z.B. als Projekt durchgeführt, so handelt es sich bei dem Venture-Team um die *Projektleitung*, wird das Venture hingegen als eigenständiges Unternehmen aufgebaut, um die *Geschäftsführung* bzw. den *Vorstand*, etc.

[352] Vgl. Sahlman 1997, S. 100 f., Mullins 2003, S. 16 f., Timmons / Spinelli 2007, S. 128 f., 134.

[353] Vgl. Bodenmüller 2004, S. 1.

[354] Vgl. Bodenmüller 2004, S. 15.

[355] Vgl. Herzig, 2004, S. V.

Abb. 52:Scoresheet – Feinscreening: Finanzen

Bewertungsskala:	1 2	3 4	5 6	7 8	9 10	GEW	K.O.
Finanzen					19%		
8. Subventionen / Steuerliche Vorteile / Standortelastizität	Keinerlei Subentionen oder außerordentliche Steuergestaltungs-möglichkeiten relevant	Kleinere Förderprogramme kommen in Frage z.B. Teilübernahme von Gehältern für bestimmte Berufsgruppen	Kleine Teil-Subventionen vorhanden / Off-Shoring für kleinere Teile der Geschäftstätigkeit möglich	Bedeutende Subventionen vorhanden / Off-Shoring für bedeutenden Teil der Geschäftstätigkeit möglich	Vollsubventionierung / Geschäft lässt sich vollkommen steuerfrei betreiben	1,9	1
9. JÜJF im Jahr 3 im Vergleich zu den anderen Ventures	JÜJF ist negativ oder erreicht nicht minmale Zielvorgabe des Unternehmens	JÜJF des Ventures liegt unterhalb des unteren Quartils aller Ventures mit positivem JÜJF	JÜJF des Ventures liegt zwischen dem unteren Quartil und dem Median aller Ventures mit positivem JÜJF	JÜJF des Ventures liegt zwischen dem Median und dem oberen Quartil aller Ventures mit positivem JÜJF	JÜJF des Ventures liegt oberhalb des oberen Quartils aller Ventures mit positivem JÜJF	3,0	3
10. RdV im Jahr 3 im Vergleich zu den anderen Ventures	RdV ist negativ oder erreicht nicht minmale Zielvorgabe des Unternehmens	RdV des Ventures liegt unterhalb des unteren Quartils aller Ventures mit positivem RdV	RdV des Ventures liegt zwischen dem unteren Quartil und dem Median aller Ventures mit positivem RdV	RdV des Ventures liegt zwischen dem Median und dem oberen Quartil aller Ventures mit positivem RdV	RdV des Ventures liegt oberhalb des oberen Quartils aller Ventures mit positivem RdV	1,9	3
11. Exit- und Erntestrategien des Ventures	Illiquides Investment, kein Nachfolger aus Familien der Geschäftsführung denkbar, Abschöpfen von Gewinnen	Illiquides Invenstment, jedoch Nachfolger aus Familie der Geschäftsführung denkbar, Abschöpfen von Gewinnen	Verkauf von Anteilen / gesamten Venture an privaten Investor oder ebenbürtigen Konkurrenten denkbar	Merger mit bzw. Aquisition durch ein deutlich größeres Unternehmen denkbar	Börsengang denkbar	2,4	5

Quelle: Eigene Darstellung

9. Nachdem das Venture hinsichtlich seiner voraussichtlichen Besteuerung analysiert wurde, kann nun in der zweiten Stufe der Venture-GuV die geschätzte Steuer- und Abgabenbelastung eingetragen werden und somit der Jahresüberschuss beziehungsweise Jahresfehlbetrag (JÜJF) ermittelt werden. Wie bereits zuvor, bei dem EgG und dem BUR erfolgt die Bewertung in Relation zu den JÜJFs der übrigen Ideen. Ventures, die einen negativen JÜJF, erzielen, sollten ausgestoppt werden. K.O.-Schwelle: 3, Gewicht: Hoch (3,0).

10. Setzt man den JÜJF in Relation zu dem in das Venture investierte Kapital, so erhält man eine Rentabilitäts-Kennzahl, hier *Rentabilität des Ventures* genannt (*RdV*). Sie gibt an, wie hoch die Erträge sind, die das investierte Kapital zum Ende des dritten Jahres jährlich erwirtschaftet. Wenngleich es sich auf den ersten Blick anzubieten scheint, diese Kennzahl mit anderen Rentabilitätskennzahlen zu vergleichen, zum Beispiel den Zinssätzen auf dem Kapitalmarkt, ist zu bedenken, dass es sich hier nur um eine grobe Überschlagskalkulation handelt. Der Zweck der Ermittlung dieser Kennzahlen soll hier lediglich sein, die verschiedenen Venture-Alternativen in Relation zueinander zu vergleichen. K.O.-Schwelle: 3, Gewicht: Mittel (1,9).

11. Das letzte Kriterium des Scoresheets untersucht, welche *Exit-Strategien* dem Unternehmen aus dem jeweiligen Venture offen stehen. Exit-Strategien sind Wege um das Venture ökonomisch zu verwerten, nachdem es aufgebaut wurde, zum Beispiel durch einen Verkauf des Ventures. Die Bewertung der Ventures erfolgt in Abhängigkeit von ihrer Liquidität, je höher diese ist, desto höher erfolgt die Bewertung. Eine K.O.-Schwelle ist generell in Abhängigkeit von Zielen des Unternehmens einzurichten. Generell ist ein illiquides Venture nicht per se negativ, zum Beispiel wenn es dauerhaft das Abschöpfen hoher Gewinne ermöglicht. Sollte das Venture jedoch auf fremdes Venture Kapital angewiesen sein, dann ist zu beachten, dass Venture Kapital-Gesellschaften in der Regel einen

sehr hohen Wert auf das Potential eines Ventures für einen Börsengang legen.[356] Für HELLASIMAGE wurde festgelegt: K.O.-Schwelle: 5, Gewicht: Hoch (2,4).

4.6 Prozessschritt 8: Selektion

Die *Selektion* stellt insgesamt den achten und letzten Prozessschritt der *Ideenphase* dar, wie Abb. 53 verdeutlicht.

Abb. 53: Prozessschritt 8: Selektion

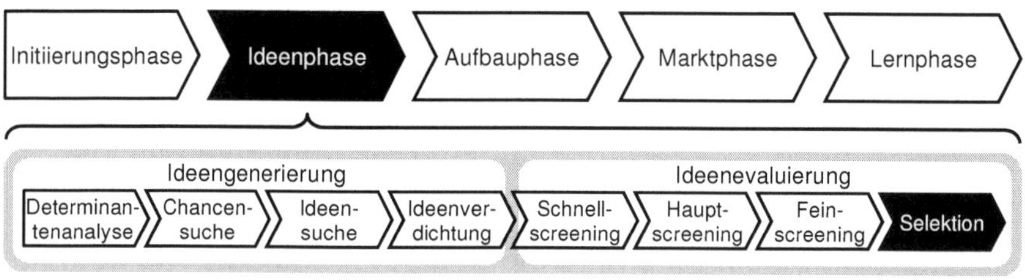

Quelle: Eigene Darstellung

In der Filterstufe *Schnellscreening* wurden die 124 Ideen der Datenbank grob gesichtet und bewertet, um die 20 aussichtsreichen von ihnen für eine genauere Betrachtung zu nominieren. Diese 20 Ideen wurden im darauf folgenden *Hauptscreening* einer intensiveren Prüfung unterzogen und entsprechend bewertet. Die besten fünf von ihnen wurden in der dritten Filterstufe, dem Feinscreening, einer weiterführenden Untersuchung unterzogen und abschließend bewertet. Nunmehr können durch ein letztmaliges Betätigen des Buttons *Top Score* die Ideen entsprechend ihrer finalen Gesamtpunktzahl sortiert werden.

Bis zu dieser Stelle wurden die Ideen in der Datenbank stets in Relation zu einander bewertet. Dies geschah, um auf jeder Filterstufe die bislang besten Ideen zu erkennen, um diese in die nächste Filterstufe zu überführen.

Für eine abschließende Beurteilung der nunmehr am Ende des Filterprozesses angelangten Ideen ist es jedoch nicht mehr ausreichend, diese nur in *Relation* zu einander zu beurteilen. Es erfordert jetzt vielmehr auch

356 Vgl. McKnight 2004, S. 241 ff.

eine *absolute* Betrachtung der Ergebnisse. Ansonsten kann der Fehler begangen werden, dass zwar die Beste der betrachteten Ideen ausgewählt wird, diese jedoch absolut gesehen von geringer Qualität ist.

Aus diesem Grund werden die Ideen im Scoresheet für die abschließende Selektion zusätzlich absolut bewertet. Hierfür sind drei Klassen definiert: *A-*, *B-*, und *C-Ideen*. Zu der Klasse der *A-Ideen* zählen im Scoresheet solche Ideen, deren *gewichtete Durchschnittsnote*[357] mindestens sieben beträgt, gemessen an der bereits bekannten Notenskala von Kriterien von eins bis zehn. *B-Ideen* hingegen haben eine Durchschnittsnote von vier bis (unter) sieben, *C-Ideen* eine Durchschnittsnote, die geringer ist als vier.

Die Ideen werden vom Scoresheet den jeweiligen Klassen automatisch zugeordnet. Die folgende Abb. 54 zeigt die Klassifizierung von Ideen, wobei die folgende Symbolik verwendet wird: *A-Ideen*: ⇧, *B-Ideen*: ⇨, *C-Ideen*: ⇩.

Abb. 54: Scoresheet – Gesamtbewertung

Gesamt-Score je Idee & relative Bewertung der Ideen:	920	841	788	733	728	652	530	416	397	330
Absolute Bewertung in Notenklassen:	⇧	⇧	⇧	⇧	⇨	⇨	⇨	⇩	⇩	⇩

	Notenklassen	
	Min:	Max:
A	7	<= 10
B	4	< 7
C	1 <=	< 4

Quelle: Eigene Darstellung

Für HELLASIMAGE ergab die Überprüfung der verbliebenen fünf Ideen hinsichtlich ihrer absoluten Güte, dass die beiden Ideen mit der höchsten Punktzahl der Klasse der *A-Ideen* zuzuordnen sind und sie somit eine hohe absolute Güte in Bezug auf die hier vorgestellten Kriterien im Scoresheet aufweisen. Diese beiden Ideen wurden in einer abschließenden Gruppendiskussion mit der Geschäftsführung und dem zukünftigen Venture-Team besprochen. Im Rahmen dieser Diskussion wurde eine Idee ausgewählt. Diese wird zukünftig in die anschließende *Aufbauphase* des Internal Corporate Venturing-Prozesses von HELLASIMAGE überführt.

---

[357] *Gewichtete Durchschnittsnote* bedeutet hier, dass die Gewichte der jeweiligen Kriterien bei der Ermittlung der Durchschnittsnote für eine Idee berücksichtigt werden.

5 Diskussion

In diesem abschließenden Kapitel erfolgt zunächst eine Zusammenfassung der wesentlichen Prozessschritte im Rahmen dieser Arbeit. Im Anschluss daran werden diese Resultate einer kritischen Würdigung unterzogen. Hierbei liegt der Schwerpunkt der Betrachtung insbesondere auf einer differenzierten Bewertung des Vorgehens sowie dem Grad der Zielerreichung, in Hinblick auf die unter 1.3 (S. 4) formulierte Zielsetzung dieser Arbeit. Abschließend werden einige Empfehlungen und Gestaltungshinweise für das weitere Vorgehen im Rahmen des Internal Corporate Venturing-Prozesses gegeben sowie mögliche Ansatzpunkte für weiterführende Untersuchungen aufgezeigt.

Die folgende Abb. 55 zeigt den Aufbau dieses Kapitels und stellt ihn im Kontext des Buches dar.

Abb. 55:Übersicht – Kapitel 5

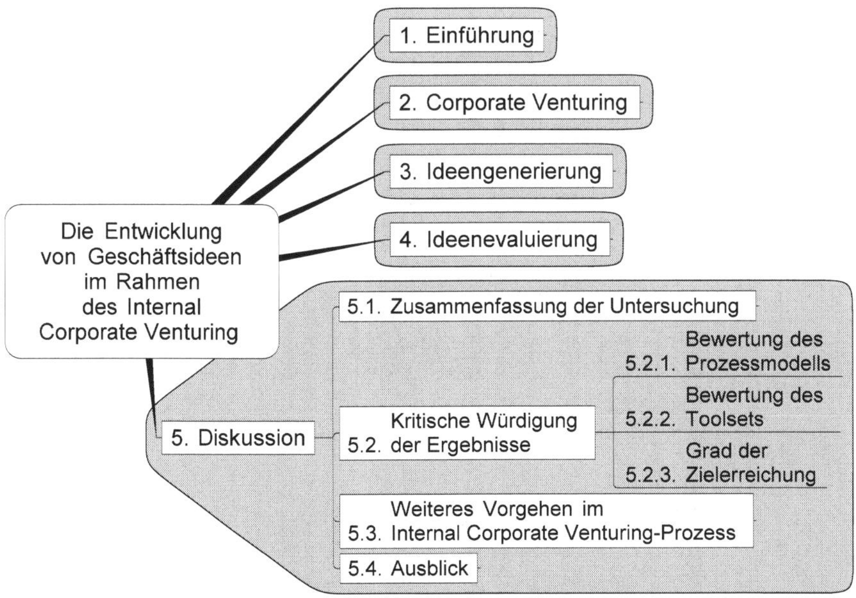

Quelle: Eigene Darstellung

5.1 Zusammenfassung der Untersuchung

Der Gegenstand der vorliegenden Untersuchung war die Entwicklung eines ganzheitlichen Konzeptes zur systematischen Generierung und Evaluierung von Ideen für neue Geschäftsfelder im Rahmen des Internal Corporate Venturing. Im Vordergrund der Betrachtung stand dabei insbesondere der konkrete, prozessuale Ablauf – von der Erzeugung bis hin zur Bewertung und zielorientierten Selektion erfolgversprechender Geschäftsideen. Als Grundlage wurde hierfür das bestehende Geschäft des Referenzunternehmens HELLASIMAGE herangezogen.

Nach einer grundlegenden Einführung in die Materie des Corporate Venturing und der Vorstellung eines theoretischen Internal Corporate Venturing-Prozessmodells, erfolgte eine Fokussierung auf den Prozessschritt *Ideenphase* im Rahmen dieses Modells. Für diesen abstrakten Prozessschritt wurden im Rahmen dieser Arbeit konkrete Subprozessschritte entworfen, mit dem Ziel, eine detaillierte Handlungsanweisung für die Durchführung der Ideenphase in der Praxis zu erzeugen. Die folgende Abb. 56 zeigt diese Subprozessschritte im Überblick und stellt sie im Kontext des Internal Venturing Prozesses dar.

Abb. 56: Der Subprozess der Ideenphase

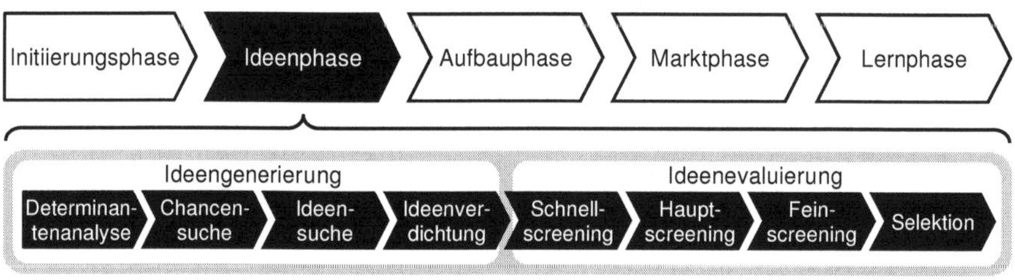

Quelle: Eigene Darstellung

Die einzelnen Schritte des Prozesses werden im Folgenden zusammengefasst:

- **Determinantenanalyse:** In diesem ersten Prozessschritt erfolgte eine Festlegung der spezifischen Rahmenbedingungen, die für die Suche von Ideen für neue Geschäftsfelder des Unternehmens HELLASIMAGE gelten. Hierbei wurden insbesondere die generelle

Stoßrichtung der Bemühungen, die das Venture limitierenden Ressourcen sowie ökonomische Zielvorstellungen der Geschäftsführung aufgegriffen. Die identifizierten Bestimmungsgrößen des Ventures bildeten das Rahmenwerk für die im nächsten Prozessschritt erfolgte Chancensuche.

- **Chancensuche:** Gemäß der strikten Trennung von Ideen für neue Geschäftsfelder und den diesen Ideen zugrunde liegenden Chancen, erfolgte in diesem Prozessschritt zunächst eine systematische Fahndung nach Chancen innerhalb der definierten Suchfelder: *Unternehmen*, *Markt und Branche* sowie *Unternehmensumwelt*. Dies wurde im Rahmen von Kreativitäts-Workshops durchgeführt, wobei insbesondere die Kreativitätstechniken *Brainstorming* und *Mindmapping* zum Einsatz kamen. Als unterstützende Tools für die Suche von derartigen Chancen wurden hierbei die *Wertkettenanalyse*, die *Kernkompetenz-Checkliste*, eine Kombination aus *Branchenstrukturanalyse* und *Wertkettenanalyse* sowie der *Katalog der Zukunftsfaktoren* herangezogen.
- **Ideensuche:** Basierend auf den Chancen, die im Rahmen des vorigen Prozessschrittes ermittelt wurden, erfolgte in diesem Teilschritt die systematische Erzeugung von Ideen für neue Geschäftsfelder, im Sinne von Lösungskonzepten zur Nutzung dieser Chancen. Dies geschah ebenfalls im Rahmen von Kreativitäts-Workshops und unter der Anwendung der Kreativitätstechniken *Brainstorming* und *Mindmapping*. Als hilfreiche Tools wurden hierbei die *Produkt-Markt-Matrix* und die *Osborn-Checkliste* eingesetzt.
- **Ideenverdichtung:** Die Vielzahl der im Rahmen der Ideensuche gewonnenen Rohideen und fragmentarischen Ideenansätze erforderte in diesem Prozessschritt zunächst eine zielorientierte Konsolidierung und Bereinigung, bevor die Ideen in Form von konkreten Datenbankeinträgen in dem zentralen Evaluierungstool *Scoresheet* erfasst werden konnten. Hierzu diente das Tool *Ideenerfassungsbogen*, welches dazu beitrug, die Ideen möglichst eindeutig zu spezifizieren und eine grundlegende Beschreibung jeder Idee in

der Datenbank zu hinterlegen. Soweit für eine Idee zu diesem Zeitpunkt bereits weiterführende Materialien erarbeitet worden waren, konnten auch diese gemeinsam mit der Idee in der Datenbank abgelegt werden. Die auf diese Art gewonnenen 124 Ideen wurden im nächsten Schritt in den Filterprozess der Ideenevaluierung weitergereicht.

- **Schnellscreening:** In dieser ersten Stufe des Filterprozesses wurden die 124 Ideen hinsichtlich der im Scoresheet definierten Kriterien bewertet. Die Kriterien dieser Filterstufe sind derart ausgestaltet, dass sie eine zügige, grobe Ersteinschätzung des Ideenpotentials ermöglichen. Dabei wurde die anfangs sehr hohe Anzahl von Ideen drastisch reduziert, nur die besten 20 wurden in die nächste Filterstufe überführt. Diese strikte Filterung ist zwingend notwendig, um sicherzustellen, dass der weitere Aufwand, der für die Bewertung einer Idee unternommen wird, in angemessenem Verhältnis zu dem Erfolgspotential steht, welches dieser Idee innewohnt.
- **Hauptscreening:** Auf der zweiten Bewertungsstufe im Ideenfilterprozess wurden für die verbleibenden 20 Ideen Evaluierungskriterien definiert, die bereits in geringem Umfang Recherchen und Kalkulationen erfordern. Basierend auf den im Rahmen der Evaluierung erzielten Ergebnissen wurden die fünf bestbewerteten Ideen in das anschließende Feinscreening überführt.
- **Feinscreening:** Auf dieser dritten und letzten Filterstufe der Ideenevaluierung wurde an den Recherchen und Kalkulationen der vorherigen Stufe angesetzt und diese für die fünf verbliebenen Ideen weiter vertieft und fortgeführt. Dabei wurde das Ausmaß der Untersuchungen von dem Erfordernis determiniert, eine relativ fundierte Begutachtung der verbleibenden Ideen gewährleisten zu können.
- **Selektion:** Durch die erzielte Punktzahl auf der Stufe des Feinscreenings wurden die besten fünf Ideen für neue Ventures automatisch in eine Reihenfolge gebracht, die ihrem inhärenten Erfolgspotential entspricht. In dem die Ideenphase abschließenden

Prozessschritt der Selektion wurde endgültig über die Auswahl der Idee entschieden, die in die anschließende Aufbauphase des Corporate Venturing-Prozesses überführt werden soll.

Das Ergebnis der Untersuchung ist ein ganzheitliches und praxisorientiertes Modell, das einen konkreten Handlungsleitfaden für die sukzessive Umsetzung der Ideenphase im Beispiel HELLASIMAGE darstellt. Über die Darstellung des spezifischen Vorgehens hinaus wurden wertvolle Hinweise für die Gestaltung der einzelnen Prozessschritte sowie eine adäquate Auswahl von Tools zur Umsetzung der Arbeitsanforderungen bereitgestellt.

5.2 Kritische Würdigung der Ergebnisse

In diesem Abschnitt erfolgt eine kritische Auseinandersetzung mit den Ergebnissen, die im Rahmen dieser Untersuchung hervorgebracht wurden.

5.2.1 Bewertung des Prozessmodells

Wie bereits in Kapitel 2.3 (S. 32) dargelegt, ist die Existenz eines strukturierten Prozessmodells der Ideenphase von elementarer Bedeutung für das Gelingen eines Corporate Venturing-Vorhabens.

Das im Rahmen dieser Arbeit vorgestellte Modell bietet einen systematischen und zielorientierten Handlungsrahmen, der die einzelnen Arbeitsschritte der Ideenphase in eine optimale Struktur bringt und dabei Orientierung hinsichtlich der zu erfüllenden Aufgaben verschafft. Auf jeder Stufe des Prozesses ist klar definiert, welche Ergebnisse hervorgebracht werden sollen und wie diese in die nächste Stufe des Prozesses einfließen. Schritt für Schritt erfolgt auf diese Weise eine Navigation durch den komplexen Prozess der Ideenphase. Darüber hinaus wird gleichzeitig eine umfangreiche Hilfestellung bezüglich des *Wie's* der Umsetzung geboten, indem entsprechende Tools und Techniken zur Verfügung gestellt werden.

Wie die vorliegende Untersuchung gezeigt hat, kennzeichnet sich die Ideenphase insbesondere durch das mehrfache, iterative Aufeinanderfolgen von Phasen des Divergenten und Konvergenten Denkens. Um ICV-Projekte erfolgreich und effizient zum Abschluss zu bringen, ist es von besonderer Wichtigkeit, dass eine zielorientierte Steuerung der beiden voneinander gänzlich verschiedenen, jedoch gleichermaßen wichtigen Arbeitsphasen erfolgt.[358]

Durch das in dieser Untersuchung entwickelte Prozessmodell ist es gelungen, dem gedanklichen Schöpfertum eine organisationale Struktur zu verleihen und damit planvoll divergente und konvergente Phasen Erfolg maximierend zu kombinieren. So erfolgt zu jeder Zeit eine bewusste Ausrichtung an den verfolgten Zielen und den hierfür benötigten Mitteln.

Weiterhin ist hervorzuheben, dass das im Rahmen dieser Arbeit vorgestellte Modell der schrittweisen Generierung und Evaluierung von Ideen unmittelbar in der betrieblichen Praxis entstanden ist und damit insgesamt einen hohen Grad der Umsetzungsfähigkeit aufweist.

Zusammenfassend lässt sich damit festhalten, dass das vorgestellte Prozessmodell der Ideenphase grundsätzlich ein hohes Potential aufweist, den Erfolg des ICV positiv zu beeinflussen.

Dennoch lassen sich auch einige Kritikpunkte an dem erarbeiteten Modell konstatieren. Auf diese wird im Folgenden näher eingegangen:

Zunächst ist festzustellen, dass der aus dieser Untersuchung hervorgegangene Prozess der Ideenphase naturgemäß einen modellhaften Charakter aufweist und damit ein idealtypisches Vorgehen impliziert. Es wird damit ein optimaler Weg aufgezeigt, der auf der Ausführung einzelner Arbeitsschritte in ihrer logischen Reihenfolge basiert. Tatsächlich lässt sich jedoch in der praktischen Umsetzung nicht immer vermeiden, dass ein Rückspringen auf vorgelagerte Prozessstufen notwendig wird. So werden beispielsweise im Rahmen der Ideenfindung erfahrungsgemäß neue Chancen erkannt, die zuvor unbeachtet blieben. Weiterhin ist die Ideenkonsolidierung ein Arbeitsschritt, der tendenziell zur Generierung gänzlich neuer Ideen führt, die bislang nicht Bestandteil des Ideenpools waren. Und schließlich ist es auch die iterative Anwendung des Pro-

[358] Vgl. Bragg / Bragg 2005, S. 52.

zessmodells selbst, die aufzeigt, dass es in der Praxis kaum möglich ist, den lupenreinen Modellbedingungen Rechnung zu tragen.

Das punktuelle Zurückspringen und iterative Wiederholen einzelner Stufen im Prozessmodell ist jedoch keineswegs als hinderlich zu betrachten. Vielmehr ist es so, dass durch diese Erkenntnis die Bedeutung des Prozessmodells als Handlungsleitfaden erneut zum Tragen kommt. Selbst bei punktuellem Vor- und Zurückspringen ist mithilfe des Modells sichergestellt, dass die Beteiligten wissen, in welchem Prozessschritt sie sich gerade befinden und welcher Schritt als nächstes erfolgen muss. Im Sinne eines stringenten Fahrplans durch die Ideenphase wird somit zu jeder Zeit eine bestmögliche Zielorientierung gegeben.

Die Voraussetzung hierfür ist jedoch, dass alle Beteiligten ein tiefes Bewusstsein für den Wechsel zwischen divergenten und konvergenten Arbeitsphasen entwickeln und sich planmäßig hierfür entscheiden.

5.2.2 Bewertung der Tools

Im Rahmen der vorliegenden Untersuchung wurde eine Komposition aus verschiedenen Tools zusammengestellt, die sich für die spezifische Umsetzung der einzelnen Schritte im Prozessmodell eignen.

Es lässt sich insgesamt festhalten, dass die ausgewählten Tools sich allesamt als effektiv und effizient erwiesen haben. Dies resultiert aus der Vereinbarkeit eines geringen Schwierigkeitsgrades mit einer gleichzeitig hohen erzielbaren Ausbeute bei der praktischen Anwendung. Insbesondere im Rahmen der Chancensuche und Ideenfindung haben die vorgestellten Werkzeuge einen wichtigen Beitrag geleistet, um eine große Anzahl von Einfällen zu generieren und dabei ein zielorientiertes Vorgehen zu gewährleisten.

Auf das Tool Scoresheet, das den größten Innovationscharakter im Rahmen dieser Arbeit aufweist, soll im Folgenden näher eingegangen werden.

Das im Rahmen dieser Arbeit entwickelte Scoresheet hat sich für das Unternehmen HELLASIMAGE als überaus erfolgreiches und wertvolles

Werkzeug erwiesen. Dies ist auf zwei wesentliche Dimensionen zurückzuführen:

- Inhaltliche Gestaltung: Die inhaltliche Ausgereiftheit und Durchdachtheit des Scoresheets hat eine sachliche und effiziente Bewertung der Ideen ermöglicht und damit die Erfolgschancen des ICV bei HELLASIMAGE fundamental erhöht. Insbesondere die Bestimmung aller praxisrelevanten Kriterien zur Bewertung von Ideen für neue Geschäftsfelder, die detaillierte Ausformulierung der jeweiligen Benotungsklassen der einzelnen Kriterien sowie die sinnvolle Anordnung der Kriterien auf drei verschiedenen Filterstufen sind hierbei hervorzuheben.
- Technische Gestaltung: Die anspruchsvolle technische Umsetzung des Scoresheets hat es ermöglicht, die Masse an vorhandenen Ideen und dazugehörigen Datenbeständen effizient und wirkungsvoll zu organisieren, beziehungsweise durch den gesamten Prozess der Ideenphase hindurch zu lenken. Das Scoresheet verfügt dabei über ausgeklügelte technische Raffinessen, die ein systematisches und zielgerichtetes Vorgehen in hohem Maße begünstigen. Insbesondere die Datenbank-Funktion wurde von HELLASIMAGE als besonders positiv befunden, da diese einen Ideen-Speicher mit jederzeitiger Rückgriffmöglichkeit impliziert.

Trotz des erheblichen Mehrwertes, der durch das Scoresheet generiert werden konnte, ist auch dieses Tool nicht völlig frei von Kritik. Im Folgenden sollen einige kontroverse Anstöße gegeben werden, die als Ausgangspunkt für eine weitere Entwicklung des Tools verstanden werden können:

- Die Modellierung der Bewertungskriterien erfolgte gemäß der allgemeingültigen Gesetzmäßigkeiten der Wirtschaftswissenschaften bezogen auf Geschäftsfelder in einer freien, polypolen Marktwirtschaft. Wenngleich anzunehmen ist, dass diese Kriterien für die meisten Ideen zutreffende Bewertungen ergeben, so gibt es auch Ausnahmen, die nicht in dieses Schema passen und anhand dieser Bewertungskriterien nicht korrekt bewertet werden. Somit ist eine uneingeschränkte Allgemeingültigkeit der Filterkriterien des Scoresheets nicht gegeben. Beispielsweise werden im Scoresheet Ideen schlecht bewertet, die unverändert Konkurrenten nachahmen und die sich auch anschließend selbst vor Nachahmern nur schlecht schützen können. Wenngleich dies für die überwiegende Mehrheit von Ideen eine sinnvolle Bewertung sein mag, gibt es dennoch eine Reihe von Ideen, die trotz dieser Eigenschaften ökonomisch durchaus interessant sein können. Dies kann zum Beispiel dann der Fall sein, wenn es sich um ein Einheits-Produkt mit völlig identischen Eigenschaften handelt, für welches der Staat über einen langen Zeitraum die Abnahme zu einem Festpreis garantiert, unabhängig davon, wie viele weitere Anbieter den Markt betreten. Dies ist derzeit in einigen Staaten beispielsweise im Rahmen der Förderung erneuerbarer Energien der Fall: Den Gründern von Windrad-Parks und Solaranlagen wird bei Einspeisung ihres Stroms in das öffentliche Stromnetz langjährig die Abnahme ihres Stroms zu einem Festpreis staatlich garantiert.

Es ist anzunehmen, dass sich noch weitere Beispiele für Ideen finden lassen, die nicht uneingeschränkt von allen Kriterien des Scoresheets korrekt bewertet werden. Dies ist insbesondere dann der Fall, wenn es sich um Ideen handelt, die nicht in einem freien, polypolen Markt operieren, sondern in einem Markt, der gewissen Verzerrungen unterliegt, z.B. durch signifikante staatliche Subventionen oder durch nicht-polypole Marktformen im Sinne von Monopolen, Oligopolen, Monopsons, etc. In solchen Situationen erfordert es die fachkundige Urteilsfähigkeit des Anwenders des Scoresheets, um solche Ideen zu erkennen und diese auch dann in die nachfolgenden Filterstufen weiterzureichen, wenn das Scoresheet sie entsprechend der Vorgaben schlecht bewertet oder gar mit *KO!* ausgestoppt hätte.

Dieser beschriebene Mangel des Scoresheets betrifft jedoch nur *Selektionsfehler*, also die fälschliche Verwerfung von guten Ideen (zu Selektions- und Akzeptanzfehlern siehe 4.1.2, S. 90 f.).

- Als weiteren Kritikpunkt an dem Scoresheet kann man anführen, dass die *MECE-Regel* (*mutually exclusive and collectively exhaustive*, siehe 4.2.1, S. 100 f.) zur Modellierung der Bewertungskriterien in der Praxis kaum zu 100% gewährleistet werden kann. Insbesondere die Anforderung *disjunkt* bereitet in der praktischen Umsetzung mitunter erhebliche Schwierigkeiten. Dies ist insbesondere darauf zurückzuführen, dass die einzelnen Bewertungskriterien teilweise stark miteinander verwoben sind und als Bestandteile einer komplexen Welt kaum absolut isoliert voneinander betrachtet werden können. Dadurch kommt es zwangsläufig zu Überschneidungen der Kriterien. So wird im Scoresheet zum Beispiel in zwei getrennten Bewertungskriterien jeweils das Vorhandensein von Eintritts-, bzw. von Austrittsbarrieren bewertet. Jedoch kann unter Umständen eine hohe Austrittsbarriere in einen Markt auch gleichzeitig als hohe Eintrittsbarriere für Nachahmer interpretiert werden, weil sie eine schnelle Gewinnmitnahme im Sinne einer *Hit-and-run-Strategie* verhindert. Somit ist eine Grenzziehung im Sinne der klar definierten Bewertungskriterien nicht immer eindeutig möglich. Weiterhin können Wechselwirkungen zwischen den Kriterien das Ergebnis beeinflussen. Beispielsweise nimmt mit dem positiv zu bewertenden Neuheitscharakter eines Produktes tendenziell auch die Schwierigkeit der Erklärbarkeit zu. Die Ergebnisse könnten sich in der Bewertung also kompensieren.

Weiterhin soll auf die generelle Kritik an quantitativen Bewertungsverfahren Bezug genommen werden:

Das in diesem Fall vorliegende Punktbewertungsverfahren hat sich als äußerst positiv erwiesen im Hinblick auf die erzielbare Transparenz der Entscheidungsfindung im Selektionsprozess. Weiterhin wäre es außerdem mit einem rein qualitativen Verfahren nicht möglich gewesen, die Masse an Ideen, die zwangsläufig erforderlich ist, um eine gewünschte Anzahl erfolgsträchtiger Ideen für neue Geschäftsfelder zu erzeugen, effizient zu bewältigen.

Dennoch lässt sich nicht leugnen, dass diesem quantitativen Verfahren ein wesentlicher Kritikpunkt inhärent ist: Die scheinbare Objektivität, die durch numerische Werte zum Ausdruck gebracht wird, unterliegt dennoch der Subjektivität des Bewertenden. Wenngleich das vorliegende quantitative Bewertungssystem mit den ausformulierten Bewertungskriterien die emotionale Distanz und objektive Urteilsfähigkeit der Bewertenden fördert, so kann beides nicht vollständig garantiert werden. Weitere unterstützende Maßnahmen sind zum Beispiel:

- Diskussion der Bewertungen und Konsensbildung im Team, so dass eine möglichst starke Objektivierung von Einzelmeinungen erzeugt wird
- Kritisches Hinterfragen der Beeinflussung von Bewertungen aufgrund individueller Interessen und Präferenzen

Zusammenfassend lässt sich bezüglich des Scoresheets Folgendes konstatieren:

Es handelt sich hierbei in erster Linie um ein technokratisches Hilfsmittel zur Reduktion der Komplexität bei der Generierung und Bewertung von Ideen für neue Geschäftsfelder. Dieses Hilfsmittel dient dazu, Ideen zu sammeln, zu ordnen und Ressourcen sparend zu evaluieren. Die Bewertungskriterien stellen dabei eine Art Checkliste dar, mit deren Hilfe gewährleistet wird, keine wesentlichen Elemente bei der Evaluierung einer Idee zu vergessen. Es handelt ich bei diesem Tool um ein Managementinstrument, das versucht, mithilfe von Methoden und Verfahren, die komplexe Realität auf wenige, überschaubare Eckdaten zu reduzieren.

Es ist jedoch nicht möglich, mithilfe derartiger Instrumente den unternehmerischen Erfolg zu automatisieren. Niemals kann ein derartiges Tool entsprechendes unternehmerisches Talent und Sachverstand vollständig ersetzen. Das vorgestellte Tool kann einen wesentlichen Beitrag leisten, um erfolgversprechende Ideen zu identifizieren, jedoch niemals garantieren, dass das Venture erfolgreich wird.

Mit guten Geschäftsideen ist es wie mit der Beschaffung von exzellentem Personal: Kein noch so guter Auswahlprozess kann absolut garantieren, dass der neue Mitarbeiter hält, was er verspricht.[359]

5.2.3 Grad der Zielerreichung

Die wesentlichen Ziele der vorliegenden Untersuchung bestanden in

- der Entwicklung eines praxistauglichen, ganzheitlichen Konzeptes,
- das als Handlungsleitfaden fungiert und
- der Unternehmensführung eine optimale Vorgehensweise aufzeigt.

Als Nebenbedingung wurde dabei im Rahmen der Untersuchung formuliert, dass

- zu verwendende Methoden einen geringen Schwierigkeitsgrad aufweisen und mit den gegebenen Ressourcen realisierbar sein sollen
- IT-basierte Lösungen auf vorhandener Standard-Software basieren sollen
- am Ende der Ideenphase eine Auswahl von zwei möglichst erfolgversprechenden Ideen zur Präsentation für die Geschäftsleitung bereit steht

Für die vorliegende Untersuchung wurde ein Prozess modelliert, der von HELLASIMAGE selbst in dieser Weise praktisch durchgeführt wurde. Eine Praxistauglichkeit des Konzeptes wurde somit von Beginn der Entwicklung gewährleistet.

Weiterhin konnte eine Ganzheitlichkeit des Prozessmodells sichergestellt werden, indem alle relevanten Sub-Prozessschritte der Ideenphase in das Konzept eingebunden wurden. Von der Generierung bis hin zur finalen Selektion der am meisten erfolgversprechenden Ideen für neue Geschäftsfelder wurden alle wesentlichen Elemente der Ideenphase abgedeckt.

---

[359] Vgl. Bragg / Bragg 2005, S. 178 f.

Aufgrund des prozessualen Charakters des vorgestellten Modells und der Anreicherung mit spezifischen Verfahrensanweisungen sowie Gestaltungsempfehlungen, kann man diesem eine bedeutende handlungsanleitende Funktion zusprechen. Unter Bezugnahme auf vorliegende Erfahrungswerte in der betrieblichen Praxis sowie in der Literatur beschriebene Sachverhalte, konnte der Unternehmensleitung auf diese Weise konkret aufgezeigt werden, wie das Vorgehen in der Ideenphase ihres spezifischen ICV-Projektes optimal gestaltet sein sollte.

Bezüglich der geltenden Nebenbedingungen lässt sich festhalten, dass bereits bei der Auswahl der verwendeten Kreativitätstechniken und Tools, aus der Vielzahl möglicher Alternativen, höchster Wert auf eine einfache, schnelle und möglichst ressourcensparende Umsetzung gelegt wurde. So erfolgte beispielsweise eine detaillierte Analyse der gängigsten Kreativitätstechniken, um bewusst diejenigen zu selektieren, die den geäußerten Anforderungen am nächsten kamen.

Es hat sich gezeigt, dass sowohl die ausgewählten Kreativitätstechniken als auch die entwickelten Tools im Unternehmen schnell verstanden wurden und erfolgreich umgesetzt werden konnten.

Weiterhin ist es gelungen, dass sämtliche IT-basierte Tools im Rahmen des vorgestellten Gesamtkonzeptes auf bereits existierender und somit bekannter Software aufgebaut werden konnten. Dies hat zum einen eine erhebliche Kosteneffizienz mit sich gebracht und zum anderen die Praxistauglichkeit des Gesamtkonzeptes positiv verstärkt.

Bezüglich der letzten genannten Nebenbedingung lässt sich Folgendes feststellen: Es ist mithilfe des dreistufigen Filterverfahrens im Laufe der Ideenevaluierung erfolgreich gelungen, aus der anfänglich sehr hohen Anzahl von 124 Ideen sukzessive die am meisten erfolgversprechenden Ideen für neue Geschäftsfelder herauszufiltern. Die Entwicklung des inhaltlich höchst anspruchsvollen und technisch ausgefeilten Scoresheets stellt die Basis für dieses Gelingen dar. Es ist damit nicht nur ermöglicht worden, eine Auswahl von zwei für HELLASIMAGE äußerst chancenträchtigen Ideen für neue Geschäftsfelder zu generieren; vielmehr konnten darüber hinaus als Nebenprodukte der Untersuchung weitere Werte gewonnen werden: eine erhebliche Methodenkompetenz im Bereich der Ideenphase des ICV sowie professionell ausgestaltete Tools für deren wirkungsvolle Umsetzung.

Basierend auf dem Vorgenannten lässt sich zusammenfassen, dass insgesamt ein sehr hoher Grad der Zielerreichung realisiert werden konnte.

Abschließend bleibt festzustellen, dass in Bezug auf die spezifischen Venture-Ziele des betrachteten Unternehmens HELLASIMAGE ebenfalls ein zufriedenstellendes Ergebnis erzielt wurde. Unter Beachtung des durch die ICV-Determinanten vorgegebenen Rahmens wurde eine überaus aussichtsreiche Geschäftsidee identifiziert und ausgewählt, die in die anschließende Aufbauphase übergeleitet werden soll.

5.3 Weiteres Vorgehen im Internal Corporate Venturing-Prozess

Die vorliegende Untersuchung hat sich schwerpunktmäßig mit der Ideenphase im Rahmen des ICV auseinandergesetzt. Da diese Ideenphase erfolgreich abgeschlossen werden konnte, wird der Blick nunmehr auf die verbleibenden Prozessschritte gelenkt. Abb. 57 stellt die Einordnung der Ideenphase in den ICV-Prozess graphisch dar und zeigt auf, welche Prozessphasen hieran anknüpfen. Der gesamte ICV-Prozess wurde bereits im Abschnitt 2.2 (S. 30) detailliert betrachtet.

Abb. 57: Nachfolgende Prozessschritte des ICV-Prozessmodells

Quelle: Eigene Darstellung

Die im Rahmen der Ideenphase gewonnenen Informationen und Erkenntnisse über die Idee, bilden die Grundlage der sich anschließenden Aufbauphase, welche die sukzessive Realisierung der Idee darstellt. Die Aufgabe des Venture-Teams besteht im Folgenden darin, an den bislang vorhandenen Untersuchungen und Rechercheergebnissen der ausgewählten Idee anzusetzen und diese mit einem hohen Detaillierungsgrad weiterzuführen. Dabei sollten insbesondere die in der Ideenevaluierung getroffenen Annahmen schrittweise überprüft werden. Dies kann zum

Beispiel durch gezielte Marktforschung in Form von Befragungen erfolgen. Das Ziel besteht in erster Linie in der Erhebung von Daten, die benötigt werden, um eine möglichst solide finanzielle Kalkulation aufzustellen sowie Annahmen weitestgehend durch Gewissheit zu ersetzen.

Erst wenn die Idee tiefgründig und in allen wichtigen Facetten beleuchtet sowie die zugrunde liegenden Annahmen im Detail ausgearbeitet wurden, ist das Verständnis und das verfügbare Datenmaterial ausreichend, um zielorientiert einen Businessplan zu entwickeln.[360]

5.4 Ausblick

In der vorliegenden Untersuchung wurde ein spezifischer Internal Corporate Venturing-Handlungsleitfaden für das Unternehmen HELLASIMAGE entwickelt.

Es bleibt im Folgenden empirisch zu untersuchen, in welchem Ausmaß dieses Konzept unverändert auch für andere KMU im Dienstleistungsbereich oder für andere Unternehmensgrößen und -arten Erfolgsbeiträge bei der Durchführung von Internal Corporate Venturing-Projekten leisten kann.

Darüber hinaus bietet es sich an, eventuell notwendige Anpassungen des vorgestellten Konzeptes für unterschiedliche Kategorien von Unternehmen zu untersuchen und zu vergleichen.

Vertraut man vorliegenden Studien, so sind langfristig etwa 50 Prozent aller Corporate Ventures nicht von Erfolg gekrönt.[361] Eine weitere, wesentliche Aufgabenstellung, die sich an diese Untersuchung anschließt, ist deshalb die empirische Messung des Zielbeitrags den das entwickelte Prozessmodell zur Erhöhung dieser Erfolgschancen leisten kann.

---

[360] Vgl. Mullins 2003, S. 208.
[361] Vgl. Block / MacMillan 2003, S. 25.

Anhangsverzeichnis

Anhang

A.1 Kreativitätstechniken

A.1.1 28 gängige Kreativitätstechniken

Kreativitätstechnik	Verfahren	Geeignet für	Teilnehmer
Anonymes Brainstorming	Intuitiv	Einstieg in ein Problemfeld; Ideenfindung in der Werbung; Produktentwicklung; als Zwischenschritt bei festgefahrenen Kreativitätssitzungen	4-8
Bionik	Intuitiv	Produktneuentwicklungen	1-15
Bisoziation	Intuitiv	Unkonventionelle Lösungsansätze konkreter Probleme; technisch-kreative Aufgabenstellungen	8-20
Brainstorming	Intuitiv	Einstieg in ein Problemfeld; Ideenfindung in der Werbung; Produktentwicklung; als Zwischenschritt bei festgefahrenen Kreativitätssitzungen	5-12
Brainwriting-Pool	Intuitiv	spontane Stoffsammlung wenig strukturierter Themen; Kreativleistungen in Werbung und Journalismus	4-8
Clustering	Intuitiv	Ideenfindung im sprachlichen Bereich	1 / 3-5
Denkhüte nach de Bono	Kombimethode	Bearbeitung komplexer Probleme; Bewertung und Optimierung von bereits erarbeiteten Lösungsideen aus unterschiedlichen Perspektiven	6
Destruktiv-konstruktives Brainstorming	Intuitiv	Verbesserung einer schlechten Ausgangssituation	5-12
Flip-Flop-Technik	Intuitiv	Impulsgebung bei festgefahrenen Diskussionen; Verbesserung einer schlechten Ausgangssituation	5-8
Funktionen- oder Wertanalyse	Diskursiv	Ermittlung von Kostentreibern in der Fertigung oder Verwaltung, die nicht zur Wertsteigerung eines Produktes oder zur Wertschöpfung innerhalb einer Organisation beitragen	5-15
Galeriemethode	Intuitiv	Kreativarbeit in Gruppen, die aus unterschiedlichen Bereichen kommen	3-12
Imaginäres Brainstorming	Intuitiv	Einstieg in ein Problemfeld; Ideenfindung in der Werbung; Produktentwicklung; als Zwischenschritt bei festgefahrenen Kreativitätssitzungen	5-12
Kartentechnik	Intuitiv	Analyse und Lösung von Problemen; Bewertung und Strukturierung von Problemlösungen	4-10
Kollektives Notizbuch	Intuitiv	Lösungssuche komplexer Fragestellungen	Unbegrenzt
Methode 6-3-5	Intuitiv	Konkrete Fragestellungen einfacher oder mittlerer Komplexität	6
Mind Mapping	Intuitiv	Planung, Strukturierung von Wissen; Protokollerstellung	1-3
Morphologische Matrix/ Morphologischer Kasten	Diskursiv	Produktinnovation oder -verbesserung; Neukombination von Produktmerkmalen	1-10
Osborn-Checkliste	Diskursiv	Weiterentwicklung einer bereits existierenden Lösung; Nachbearbeitung eines Brainstormings	1-12
Progressive Abstraktion	Diskursiv	Ideenfindung im Veränderungsmanagement; Erstellung eines Anforderungsprofils für ein neues Produkt	1-8
Reizwortanalyse	Intuitiv	Ideenfindung in Werbung und Medien; Suche von Produktnamen; Neu- und Weiterentwicklung von Produkten	4-8
Relevanzbaumanalyse	Diskursiv	Beschreibung komplexer Sachverhalte, dadurch Aufspüren des eigentlichen Kernproblems	1-5
SCAMPER	Diskursiv	Weiterentwicklung einer bereits existierenden Lösung; Nachbearbeitung eines Brainstormings	1-12
Semantische Intuition	Intuitiv	Entwickeln von neuen Produktideen und -namen	1-8
Synektik	Intuitiv	Komplexe Probleme; Produktneu- und Weiterentwicklung; Überwindung eingefahrener Denkstrukturen	4-10
TRIZ	Kombimethode	Erfindungen, Produktinnovationen und -verbesserungen im technischen Bereich	Unbegrenzt
Ursache-Wirkungs-Diagramm	Diskursiv	Systematische Ermittlung von Ursachen eines Qualitäts-, Organisations- oder Ablaufproblems	4-12
Walt-Disney-Methode	Kombimethode	Überprüfung und Weiterentwicklung bereits gefundener Lösungen, vor allem hinsichtlich Umsetzbarkeit und Alltagstauglichkeit	1-6
Zukunftswerkstatt	Kombimethode	Bürgerinitiativen, soziale Einrichtungen, Arbeit mit Kindern und Jugendlichen	15-25

Quelle: In Anlehnung an Boos 2007, S. 27 f.

A.1.2 Osborn-Checkliste[362]

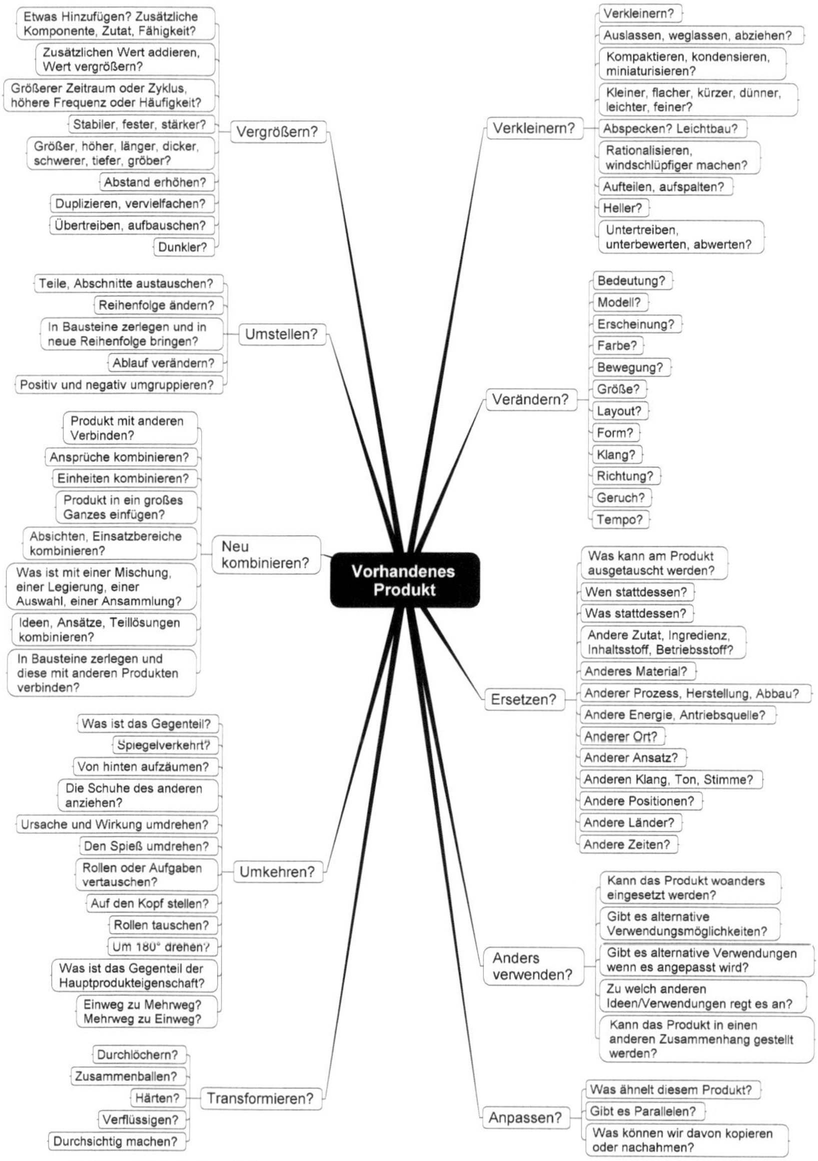

Quelle: Eigene Darstellung

---

362 Vgl. Boos 2007, S. 109 in Verbindung mit Nöllke 2006, S. 93 f. und wikipedia.org [Osborn-Checkliste].

A.2 Tools zur Ideengenerierung und Ideenevaluierung

A.2.1 Generische Wertkette nach Porter

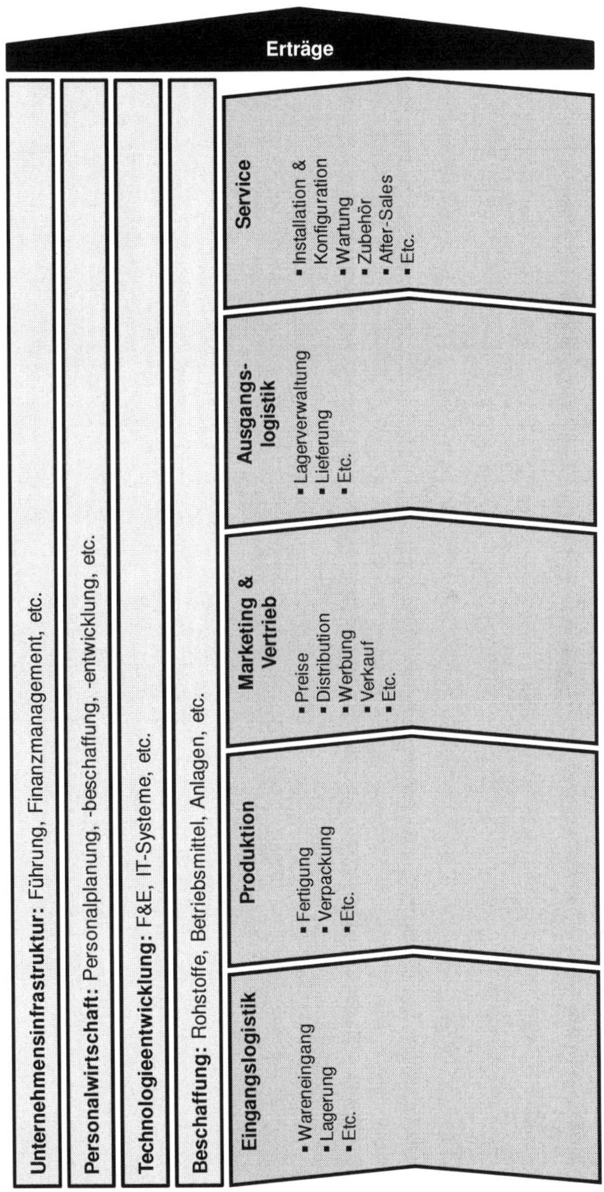

Quelle: In Anlehnung an Kerth / Asum / Nührich 2007, S. 67

A.2.2 Vorlage zur Wertkettenanalyse

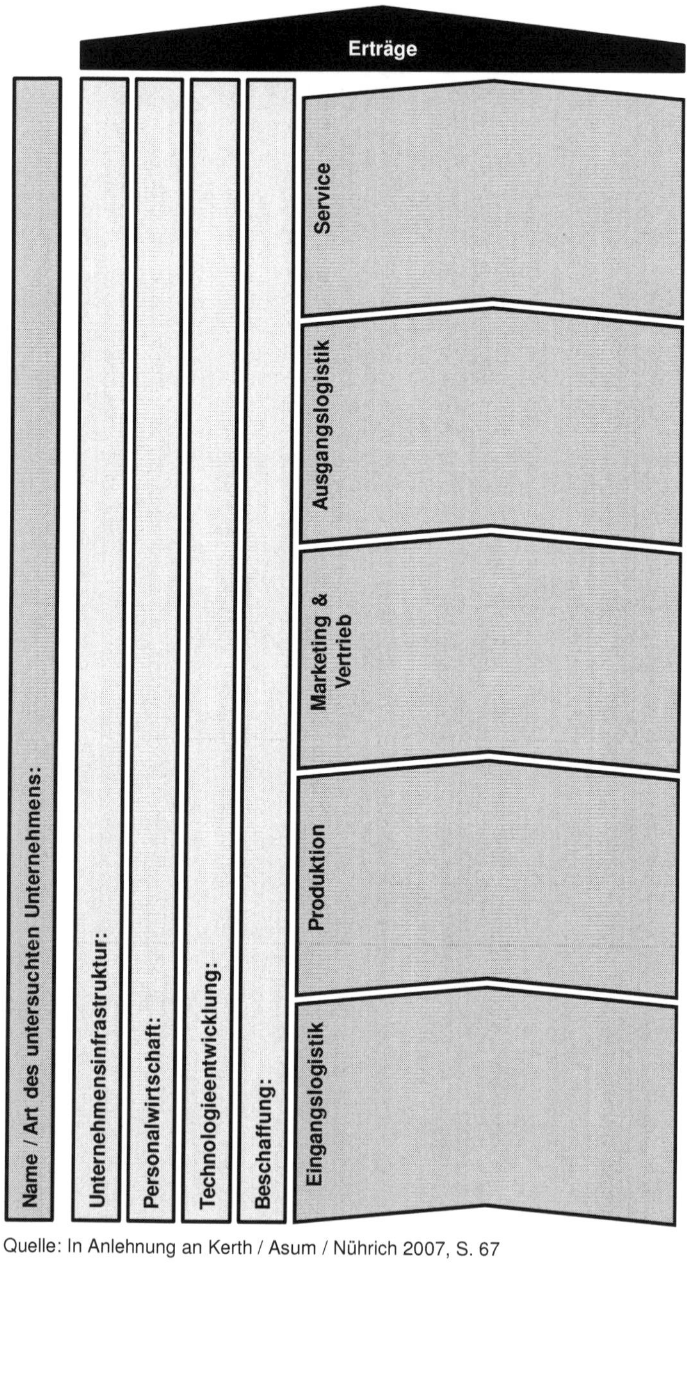

Quelle: In Anlehnung an Kerth / Asum / Nührich 2007, S. 67

Literaturverzeichnis

BARRINGER, BRUCE R. / IRELAND, R. DUANE:
Entrepreneurship – Successfully Launching New Ventures
Upper Saddle River 2006

BECKER, JOCHEN:
Marketing Konzeption – Grundlagen des ziel-strategischen und operativen Marketing-Managements
München 2002

BEREKOVEN, LUDWIG / ECKERT, WERNER / ELLENRIEDER, PETER:
Marktforschung - Methodische Grundlagen und praktische Anwendung
Wiesbaden 1996

BHIDÉ, AMAR V.:
The Origin and Evolution of New Businesses
New York 2000

BLOCK, ZENAS / MACMILLAN, IAN C.:
Corporate Venturing – Creating new businesses within the firm
Washington D.C. 2003

BODENMÜLLER, RALPH:
Steuerplanung bei Funktionsverlagerungen ins Ausland – Ertragssteuerliche Folgen, Strategien, Modelle
Düsseldorf 2004

BOOS, EVELYN:
Das große Buch der Kreativitätstechniken – Fantasie fördern, Ideen strukturieren, Geistesblitze umsetzen, Lösungen finden
München 2007

BRAGG, ANDREW / BRAGG, MARY:
Developing New Business Ideas – A step-by-step guide to creating new business ideas worth backing
Harlow 2005

BRÖCKERMANN, REINER:
Personalwirtschaft – Lehr und Übungsbuch für Human Resource Management
Stuttgart 2003

CARR, NICHOLAS:
How to be a smart innovator
in: The Wall Street Journal, o. Jg. 2006, o. Nr. vom 11. September 2006, S. R7

DRUCKER, PETER F.:
Innovation and Entrepreneurship
New York 1993

ELSER, THOMAS:
Statistik für die Praxis, Vom Problem zur Methode
Weinheim 2004

FAHRMEIR, LUDWIG / KÜNSTLER, RITA / PIGEOT, IRIS ET. AL.:
Statistik – Der Weg zu Datenanalyse
Berlin 2004

FIET, JAMES O.:
The Systematic Search for Entrepreneurial Discoveries
Westport 2002

GARDNER, HOWARD:
Multiple Intelligences: New Horizons in Theory and Practice
New York 2006

GILLIES, JUDITH-MARIA:
Kreativitätstechniken – Ideen unter Druck
in: Absatzwirtschaft, o. Jg. 2003, Nr. 4 vom 01. März 2003, S. 104-106

GOOLD, MICHAEL / CAMPBELL, ANDREW:
Desperately Seeking Synergy
in: o. Hrsg.: Harvard Business Review on Corporate Strategy, Boston 1999, S. 63-93

GREVE, GUSTAV / STIPPEL, PETER:
Marketing Leadership – Im Focus – Die Glorreichen Sieben
in: Absatzwirtschaft, o. Jg. 2005, Nr. 2 vom 01. Februar 2005, S. 14-19

HERZIG, NORBERT:
Geleitwort
in: Bodenmüller, Ralph, Steuerplanung bei Funktionsverlagerungen ins Ausland – Ertragssteuerliche Folgen, Strategien, Modelle
Düsseldorf 2004

HINTERHUBER, HANS H.:
Strategische Unternehmensführung – I. Strategisches Denken
Berlin 2004 [2]

HINTERHUBER, HANS H.:
Strategische Unternehmensführung – II. Strategisches Handeln
Berlin 2004 [1]

HOUGAARD, SOREN:
The Business Idea – The Early Stages of Entrepreneurship
Berlin 2005

HUNGENBERG, HARALD:
Strategisches Management in Unternehmen – Ziele, Prozesse, Verfahren
Wiesbaden 2004

KERTH, KLAUS / ASUM, HEIKO / NÜHRICH, KLAUS P.:
Die besten Strategietools in der Praxis – Welche Werkzeuge brauche ich warum? Wie wende ich sie an? Wo liegen ihre Grenzen?
München 2007

KIM, W. CHAN / MAUBORGNE, RENEÉ:
Creating New Market Space
in: o. Hrsg.: Harvard Business Review on Innovation, Boston 2001, S. 1-30

KIM, W. CHAN / MAUBORGNE, RENEÉ:
Der Blaue Ozean als Strategie – Wie man neue Märkte schafft, wo es keine Konkurrenz gibt
München 2005

KLEIN, HOLGER:
Internal Corporate Venturing – Die Überwindung von Innovationsbarrieren in DAX 100-Unternehmen
Wiesbaden 2002

KOTLER, PHILIP / BLIEMEL, FRIEDHELM:
Marketing Management – Analyse, Planung und Verwirklichung
Stuttgart 2001

LAURIE, DONALD L. / DOZ, YVES L. / SHEER, CLAUDE P.:
So schaffen Sie Plattformen für neues Wachstum
in: Harvard Businessmanager, o. Jg. 2006, Nr. 7 vom Juli 2006, S. 64-79

LEIDIG, JOCHEN:
Die Ideenbewertung von Start-ups
München 2004

LÜTHJE, CHRISTIAN:
Die Gewinnung von Geschäftsideen
in: Hommel, Ulrich / Knecht, Thomas C. (Hrsg.): Wertorientiertes Start-up Management – Grundlagen, Instrumente, Strategien, S. 39-58.
München 2002

MARKIDES, CONSTANTINOS C. / GEROSKI, PAUL A.:
Fast Second – How Smart Companies Bypass Radical Innovation to Enter and Dominate New Markets
San Francisco 2005

MCKNIGHT, THOMAS K.:
Will it Fly? How to Know if Your New Business Ideas Has Wings ... Before You Take the Leap
Upper Saddle River 2004

MCNALLY, KEVIN:
Corporate Venture Capital – Bridging the equity gap in the small business sector
London 1997

MEFFERT, HERIBERT:
Marketing – Grundlagen marktorientierter Unternehmensführung – Konzepte, Instrumente, Praxisbeispiele
Wiesbaden 2000

MICIC, PERO:
Das ZukunftsRadar – Die wichtigsten Trends, Technologien und Themen für die Zukunft
Offenbach 2006

MORSE, ERIC A. / MITCHELL, RONALD K.:
Cases in Entrepreneurship – The Value Creation Process
Thousand Oaks 2006

MÜLLER, HORST:
Mind Mapping
Planegg 2005

MULLINS, JOHN W.:
The New Business Road Test – What entrepreneurs and executives should do before writing a business plan
Harlow 2003

NÖLLKE, MATTHIAS:
Kreativitätstechniken
Planegg 2006

O. V.:
Handelsgesetzbuch
München 2004

O. V.:
New Business Development – Schritte zum Wachstum
in: Absatzwirtschaft, o. Jg. 1999, Nr. 7 vom 10. Juli 1999, S. 24

O. V.:
Wissen: Innovationsmanagement I – Durchbruchinnovation, wie eine geniale Idee den Markt erobert
in: Absatzwirtschaft, o. Jg. 2001, Nr. 8 vom 01. August 2001, S. 40

PORTER, MICHAEL E.:
Competitive Advantage – Creating and Sustaining Superior Performance
New York 1998

PORTER, MICHAEL E.:
Competitive Strategy – Techniques for Analyzing Industries and Competitors
New York 1980

RAUSER, INGO:
Value Added of Corporate Venture Capital: How do CVC Units Benefit From Their Organizational Core? Case studies of the relationship between CVC-Unit and Business Units
Bamberg 2002

SAHLMAN, WILLIAM A.:
How to Write a Great Business Plan
in: Harvard Business Review, o. Jg. 1997, o. Nr. vom Juli-August 1997, S. 98-108

SCHNETZLER, NADJA:
Die Ideenmaschine – Methode statt Geistesblitz – Wie Ideen industriell produziert werden
Weinheim 2006

SCHWARZ, ERICH / KRAJGER, INES / DUMMER, RITA:
Innovationskompass für klein- und mittelständische Unternehmen – Neue Ideen finden und entwickeln
Wien 2006

SEELIGER, CARSTEN W.:
Corporate Venturing in der Praxis – Rolle im Rahmen des Innovationsmanagements und Ansätze für ein Konzept zur Beurteilung und Steuerung seiner Erfolgsbeiträge
Wiesbaden 2004

SIEDENBIEDEL, GEORG:
Organisationslehre
Stuttgart 2001

STERN, THOMAS / JABERG, HELMUT:
Erfolgreiches Innovationsmanagement - Erfolgsfaktoren, Grundmuster, Fallbeispiele
Wiesbaden 2007

STEVENSON, HOWARD H. / ROBERTS, MICHAEL J. / GROUSBECK, H. IRVING ET. AL.:
New Business Ventures and the Entrepreneur
Boston 1999

TIMMONS, JEFFRY A. / SPINELLI, STEPHEN:
New Venture Creation – Entrepreneurship for the 21st Century
New York 2007

WAHREN, HEINZ-KURT:
Erfolgsfaktor Innovation – Ideen systematisch generieren, bewerten und umsetzen
Berlin 2004

WIEHLE, ULRICH / DIEGELMANN, MICHAEL / DETER, HENRYK ET. AL.:
100 IFRS Kennzahlen / IFRS Financial Ratios Dictionary - Deutsch / Englisch
Wiesbaden 2007

ZOOK, CHRIS / SEIDENSTICKER, FRANZ-JOSEF:
Die Wachstumsformel – Vom Kerngeschäft zu neuen Chancen
München 2004

ZOOK, CHRIS:
So finden sie ihr neues Kerngeschäft
in: Harvard Businessmanager, o. Jg. 2007, Nr. 6 vom Juni 2007, S. 72-86

Verzeichnis zitierter Internet-Quellen

Die Datumsangaben beziehen sich jeweils auf den Tag des letzten Zugriffs auf die angegebenen Adressen.

bain.com [1]
http://www.bain.com/bainweb/PDFs/cms/Public/Brussel_Results_May01_05_Management_tools.pdf
[2008-04-15]

bain.com [2]
http://www.bain.com/management_tools/Management_Tools_and_Trends_2007.pdf
[2008-04-15]

bitpipe.com
http://www.bitpipe.com/tlist/Entrepreneurship.html
[2008-04-15]

bnet.com
http://jobfunctions.bnet.com/whitepaper.aspx?docid=175995
[2008-04-15]

Donahoe / Schefter / Harding, Corporate Venturing: Management fad or lasting trend?, Boston 2001
http://www.bain.com/bainweb/PDFs/cms/Public/BB_Corporate_venturing_management_fad_lasting_trend.pdf
[2008-01-04]

europa.eu [1]
http://ec.europa.eu/enterprise/enterprise_policy/sme_definition/index_de.htm
[2008-04-15]

europa.eu [2]
http://ec.europa.eu/research/sme/leaflets/de/intro02.html
[2008-04-15]

existenzgruender.de
http://www.existenzgruender.de/selbstaendigkeit/erste_schritte/gruenderperson/index.php
[2008-04-15]

Ferreira, Joao, Corporate Entrepreneurship: a Strategic and Structural Perspective, 2002
http://utd.edu/~chasteen/paper%20on%20corp%20ent.pdf
[2008-04-15]

gmarketing.com
http://www.gmarketing.com/articles/read/31/New_Business_Development.html
[2008-04-15]

harvard.edu
http://harvardbusinessonline.hbsp.harvard.edu/b02/en/common/item_detail.jhtml;jsessio-nid=OLAP0FPD0JWWWAKRGWDR5VQBKE0YIISW?id=302091&referral=8636&_requestid=40853
[2008-04-15]

heise.de
http://www.heise.de/newsticker/Google-in-Deutschland-ueber-90-Prozent--/meldung/78315
[2008-04-15]

leo.org [corporatlon]
http://dict.leo.org/ende?lp=ende&lang=de&searchLoc=0&cmpType=relaxed&sectHdr=on&spellToler=on&search=corporation&relink=on
[2008-04-15]

leo.org [venture]
http://dict.leo.org/ende?lp=ende&lang=de&searchLoc=0&cmpType=relaxed&sectHdr=on&spellToler=on&search=venture&relink=on
[2008-04-15]

manager-magazin.de
http://www.manager-magazin.de/it/gruender/0,2828,488287,00.html
[2008-04-15]

mo.gov
http://ded.mo.gov/researchandplanning/industry/newbusiness2006.stm
[2008-04-15]

onpulsion.de
http://www.onpulson.de/lexikon/rueckwaertsintegration.htm
[2008-01-16]

Patalong, Frank, Musiklabels dementieren Verträge mit Qtrax
http://www.spiegel.de/netzwelt/web/0,1518,531418,00.html
[2008-01-28]

pinchot.com
http://www.pinchot.com/MainPages/BooksArticles/InnovationIntraprenuring/InnovThruIntrapreneuring.html
[2008-04-15]

quickmba.com
http://www.quickmba.com/entre/definition/
[2008-04-15]

schaude.de
http://www.schaude.de/downloads/Download-HP/NeueProdukte.pdf
[2008-04-15]

tagesspiegel.de
http://www.tagesspiegel.de/wirtschaft/;art271,2321082
[2008-04-15]

taz.de
http://www.taz.de/index.php?id=start&art=5346&id=internet-artikel&src=AR&cHash=add29a37ef
[2008-04-15]

utexas.edu
http://www.utexas.edu/news/2000/01/25/nr_workshop/
[2008-04-15]

vend-consulting.de
http://www.vend-consulting.de/upload/pdf/CorporateEntrepreneurship.pdf
[2008-04-15]

wikipedia.org [Ableger (Wirtschaft)]
http://de.wikipedia.org/wiki/Ableger_(Wirtschaft)
[2008-01-24]

wikipedia.org [Business incubator]
http://en.wikipedia.org/w/index.php?title=Business_incubator&oldid=183604463
[2008-04-15]

wikipedia.org [Cash-Burn-Rate]
http://de.wikipedia.org/w/index.php?title=Cash-Burn-Rate&oldid=41393199
[2008-04-15]

wikipedia.org [Cashflow]
http://de.wikipedia.org/w/index.php?title=Cash-Flow&oldid=44699583
[2008-04-15]

wikipedia.org [Demographie]
http://de.wikipedia.org/w/index.php?title=Demografie&oldid=43688383
[2008-04-15]

wikipedia.org [Desktop Publishing]
http://de.wikipedia.org/w/index.php?title=Desktop_Publishing&oldid=40877256
[2008-04-15]

wikipedia.org [Disjunkt]
http://de.wikipedia.org/w/index.php?title=Disjunkt&oldid=43257301
[2008-04-15.

wikipedia.org [Economies of scale]
http://en.wikipedia.org/w/index.php?title=Economies_of_scale&oldid=204167832
[2008-04-15]

wikipedia.org [Erfahrungskurve]
http://de.wikipedia.org/w/index.php?title=Erfahrungskurve&oldid=41179884
[2008-04-15]

wikipedia.org [Existenzgründung]
http://de.wikipedia.org/w/index.php?title=Existenzgr%C3%BCndung&oldid=41831
182
[2008-04-15]

wikipedia.org [Franchising]
http://de.wikipedia.org/w/index.php?title=Franchising&oldid=44666518
[2008-04-15]

wikipedia.org [Go/No go]
http://de.wikipedia.org/w/index.php?title=Go/No_Go&oldid=17135249
[2008-04-15]

wikipedia.org [Halo (Psychologie)]
http://de.wikipedia.org/w/index.php?title=Halo_%28Psychologie%29&oldid=44274075
[2008-04-15]

wikipedia.org [Heureka]
http://de.wikipedia.org/w/index.php?title=Heureka&oldid=42988941
[2008-04-15]

wikipedia.org [Ideenfindung]
http://de.wikipedia.org/w/index.php?title=Ideenfindung&oldid=44211407
[2008-04-15]

wikipedia.org [Innovation]
http://de.wikipedia.org/w/index.php?title=Innovation&oldid=44660642
[2008-04-10]

wikipedia.org [Intrapreneurship]
http://en.wikipedia.org/w/index.php?title=Intrapreneurship&oldid=187367480
[2008-04-15]

wikipedia.org [Kannibalisierung]
http://de.wikipedia.org/w/index.php?title=Kannibalisierung&oldid=33784537
[2008-04-15]

wikipedia.org [Käufermarkt]
http://de.wikipedia.org/w/index.php?title=K%C3%A4ufermarkt&oldid=44558484
[2008-04-15]

wikipedia.org [Kreativität]
http://de.wikipedia.org/w/index.php?title=Kreativit%C3%A4t&oldid=43125153
[2008-04-15]

wikipedia.org [Kunst]
http://de.wikipedia.org/w/index.php?title=Kunst&oldid=43134935
[2008-04-15]

wikipedia.org [Laterales Denken]
http://de.wikipedia.org/w/index.php?title=Laterales_Denken&oldid=42286017
[2008-04-15]

wikipedia.org [Lernende Organisation]
http://de.wikipedia.org/w/index.php?title=Lernende_Organisation&oldid=44496278
[2008-04-15]

wikipedia.org [Martschranke]
http://de.wikipedia.org/w/index.php?title=Marktschranke&oldid=44015061#Marktaustrittsschranken
[2008-04-15]

wikipedia.org [MECE-Regel]
http://de.wikipedia.org/w/index.php?title=MECE-Regel&oldid=39040328
[2008-04-15]

wikipedia.org [Offsetdruck]
http://de.wikipedia.org/w/index.php?title=Offsetdruck&oldid=44777318
[2008-04-15]

wikipedia.org [Opportunitätskosten]
http://de.wikipedia.org/w/index.php?title=Opportunit%C3%A4tskosten&oldid=43417248
[2008-04-15]

wikipedia.org [Organisationsentwicklung]
http://de.wikipedia.org/wiki/Organisationsentwicklung
[2008-01-11]

wikipedia.org [Osborn-Checkliste]
http://de.wikipedia.org/w/index.php?title=Osborn-Checkliste&oldid=32848595
[2008-04-15]

wikipedia.org [Primärforschung]
http://de.wikipedia.org/w/index.php?title=Prim%C3%A4rforschung&oldid=40771924
[2008-04-15]

wikipedia.org [Print]
http://de.wikipedia.org/w/index.php?title=Print&oldid=19710497
[2008-04-15]

wikipedia.org [Produkt (Wirtschaft)]
http://de.wikipedia.org/wiki/Produkt_%28Wirtschaft%29#Angebotsorienti*erte_Definition*
[2008-01-22]

wikipedia.org [Prognose]
http://de.wikipedia.org/w/index.php?title=Prognose&oldid=44048010#Arten_von_ Prognosetechniken
[2008-04-15]

wikipedia.org [Risikokapital]
http://de.wikipedia.org/w/index.php?title=Risikokapital&oldid=39094973
[2008-04-15]

wikipedia.org [Satz (Druck)]
http://de.wikipedia.org/w/index.php?title=Satz_%28Druck%29&oldid=39236455
[2008-04-15]

wikipedia.org [Sekundärforschung]
http://de.wikipedia.org/w/index.php?title=Sekund%C3%A4rforschung&oldid=3130 2370
[2008-04-15]

wikipedia.org [Still life photography]
http://en.wikipedia.org/w/index.php?title=Still_life_photography&oldid=197403138
[2008-04-15]

wikipedia.org [StudiVZ]
http://de.wikipedia.org/w/index.php?title=StudiVZ&oldid=43290475#Plagi*atsvorw. C3.BCrfe*
[2008-04-15]

wikipedia.org [Substitutionsgut]
http://de.wikipedia.org/w/index.php?title=Substitutionsgut&oldid=42300434
[2008-04-15]

wikipedia.org [Tendenz zur Mitte]
http://de.wikipedia.org/w/index.php?title=Tendenz_zur_Mitte&oldid=36726657
[2008-04-15]

wikipedia.org [Testimonial]
http://de.wikipedia.org/w/index.php?title=Testimonial&oldid=43074463
[2008-04-15]

wikipedia.org [Trade-off]
http://de.wikipedia.org/w/index.php?title=Trade-off&oldid=41295542
[2008-04-15]

wikipedia.org [Umsatzrendite]
http://de.wikipedia.org/w/index.php?title=Umsatzrendite&oldid=41673428
[2008-04-15]

wikipedia.org [Unternehmensgründung]
http://de.wikipedia.org/w/index.php?title=Unternehmensgr%C3%BCndung&oldid=39898019
[2008-04-15]

wikipedia.org [Unternehmertum]
http://de.wikipedia.org/w/index.php?title=Unternehmertum&oldid=41957674
[2008-04-15]

wikipedia.org [Verzerrung (Empirie)]
http://de.wikipedia.org/w/index.php?title=Verzerrung_%28Empirie%29&oldid=42404619
[2008-04-15]

wikipedia.org [Wissensmanagement]
http://de.wikipedia.org/wiki/Wissensmanagement
[2008-01-22]

wikiquote.org
http://en.wikiquote.org/w/index.php?title=Thomas_Alva_Edison&oldid=671316
[2008-04-15]

Hinweis zur *Permalink–Funktion* von WIKIPEDIA:

Die in diesem Verzeichnis aufgeführten Links zur WIKIPEDIA öffnen die jeweils verlinkte Seite in ihrem zum Zeitpunkt der Referenznahme befindlichen Zustand, unabhängig davon, ob die Seite in Zwischenzeit weiteren Veränderungen unterlag.

1336943R0012

Printed in Germany
by Amazon Distribution
GmbH, Leipzig